타로와 심리학

가능성의 스펙트럼

Tarot and Psychology

by Arthur Rosengarten

Korean Translation Copyright ⓒ 2010 by Hakjisa Publisher

The Korean translation rights Published by arranged with
Paragon House Publishers.

Copyright ⓒ Paragon House

타로와 심리학

가능성의 스펙트럼

아서 로젠가르텐 저 · 이선화 역

학지사

역자 서문

　오랜 세월 동안 인류는 상징을 통하여 의사소통하며 진화해 왔다. 체계화된 상징은 문자 체제로 발전하여 남아 있기도 하고, 그림의 형태로 남아 인류 문화 속에 깊이 자리 잡고 있다. 그림의 형태로 표현되는 상징적 표상의 가장 대표적인 예로 여러 세대를 통한 인류의 보편적이고 전형적인 경험을 반영하고 있는 이미지들의 집합인 타로를 들 수 있다.

　타로에 대한 대중적 관심이 증가되고 있는 현상은 사람들이 자신의 삶의 의미에 대한 탐구와 이해를 소망하는 소박한 욕구의 반영인 것으로 보인다. 그러나 많은 사람은 타로라는 것을 투시력이나 신비스러운 것과 관련이 있는 것으로 여긴다. 이러한 신비스러운 능력은 이미 영적인 능력을 가지고 있거나 투시력과 같은 특별한 능력을 가지고 있는 사람에 해당되는 것, 혹은 금기시 되는 것들이나 마법에 사로잡혀 있는 사람들에게 해당이 되는 것처럼 보인다. 물론 특별한 능력을 지닌 사람들도 있겠지만, 타로는 그 이미지들이 인류의 보편적인 원형적 상징들로 그려져 있기에 평범한 대중의 시각으로도 무언가를 읽어 내는 능력을 쉽게 발견할 수 있다.

　비록 타로가 점을 보는 형태로 오랫동안 유지되어 왔지만, 타로 속에는 우리의 삶을 반영하는 다양한 상징이 내포되어 있기 때문에 우리가 일상생활 중에 경험하는 여러 가지 사건에 대한 연상을 불러 일으키는 도구로 사용될 수 있다. 이러한 연상은 상담 장면에서 개인 내면의 무의식을 자극하여 의식화하는 과정에 직접 개입하여 내담자의 성장에 촉진적 역할을 한다. 특히 여러 사람이 한자리에 모였을 때, 여러 가지 게임을 즐겨하는 우리의 집단문화에서 타로는 집단원의 내면을 표현할 수 있는 건전한 도구로 자리 잡을 가능성이 충분하다.

심리 내면을 표현할 수 있는 도구의 기능뿐 아니라 타로라는 것이 본래 깊은 의미를 지닌 영적 가르침의 도구였다는 가설은 초월심리학적 관점에 수긍하는 심리학자들의 호기심을 끈다. 참 진리에 대한 가르침을 그림으로 전하고자 했다는 신비스러운 기원설은 타로를 통한 수행이 참 진리에 이르게 한다는 믿음을 낳았고, 서양의 신비주의 전통에서는 그러한 믿음을 토대로 수행 절차가 만들어지기도 했다. 이러한 점에서 타로에 대한 깊이 있는 학습은 삶에 대한 진지한 탐구이며 참 진리에 다가가는 고요한 발걸음이라 할 수 있다.

타로에 대한 진지한 탐구는 심리학 영역에서 이루어져 왔다. 특히 무의식, 융의 분석심리학, 매슬로의 자아실현이론과의 관련이 연구되었다. 이러한 관련성을 바탕으로 국내에서는 최근 개인상담, 집단상담, 진로상담 등의 분야에서 연구되고 있다. 상담에 접목한 연구들에서 타로의 활용은 연구 대상의 관심을 모아 상담 장면에 유의미한 효과가 나타나는 결과를 보이고 있다. 최근의 국내 연구들에서 타로는 그 이미지들이 정서와 대면을 쉽게 하여 자기노출을 돕고 의식화할 수 있는 도구로 활용되었다. 그런데 연구자들이 타로를 사용하는 데 가장 대표적인 어려움은 타로가 점성술의 하나로 치부되며 비과학적 · 비학문적이라는 시각이 존재하고 있다는 것이다.

이러한 현실적인 문제는 타로에 대한 지속적인 연구와 저술에 그 해답이 있다. 이 책의 저자는 심리학자로서 타로에 대한 학술적 가치를 입증시키고자 노력한 선구자라 할 수 있다. 이 책에서 심리학적 지식을 배경으로 타로를 설명하였는데, 타로와 심리학의 관계를 제1부 심리학과 타로, 제2부 타로의 심리학, 제3부 경험적 연구로 구분하여 설명하고 있다. 심리학자의 눈으로 타로를 바라보며 기술한 이 책의 이론적인 부분에서 우리는 리딩의 과정이 어떻게 일어나는지 심리학적으로 설명할 수 있게 될 것이다. 이론적인 면뿐 아니라 상담 실제에서 저자가 타로를 사용한 사례들이 경험적 연구에 실려 있다. 개인상담과 집단상담에서 타로를 사용한 실제적 사례를 통하여 다양한 활용 방법을 고려해 볼 수 있을 것이다. 『타로와 심리학』은 타로 리더들에게 리딩의 이론적 배경을 단단히 다져 주는 역할을 할 것이고, 상담자들에게는 새로운 도구를 사용할 수 있는 용기와 신선한 아이디어를 제공할 것이다.

이선화

타로 카드의 이색적인 영역과 현대 심리치료법의 전문적인 영향력에 대해 설명하는 것은 솔직히 무하마드 알리가 링 위에서 헤비급 새뮤얼을 마주 대하고 있는 것과 비슷하다. 이상하게 들리겠지만, 생각의 순환 속에서 논쟁은 진짜 골리앗과 다윗의 싸움을 밤새도록 이어 가는 것만큼이나 실행 가능하다기보다는 좀 더 익살맞게 보인다.

나타난 바와 같이, 나는 '타로와 심리학'이라는 일반적인 제목처럼 이 관계를 증명하는 무모한 과정을 진행시키고자 했다. 그러나 나의 동기는 희생자의 허세이기보다는 직업적인 책임감에 더 가깝다. 나는 사실상 타인에게 큰 이익을 줄 수 있는 치료적인 원석이라는 소중한 가방을 이기적으로 간직하고 있었으며, 형이상학적인 일몰 속에서 간단하면서도 조용하게 내려오기 위해, 타로에서 일어난 놀라운 심리학적인 우아함과 통찰력을 목격하기도 했다. 앞에서 말한 것처럼, 이어지는 페이지에서는 심리-영적인 탐구의 향상된 서비스를 타로에 진지하게 사용하기 위하여 탁자 위에 카드를 놓는 대신 철학적으로나 실제적으로 중요한 기초 작업이라고 믿고 있는 것을 설계하기로 결정하였다.

그러나 앞에서처럼 서로 대항하는 두 가지 의식의 큰 매개물을 맞대응시키는 것은 은유적으로 엄청난 실수다. 그와 반대로 타로와 심리학은 결투하는 적이 아니라 경쟁하는 연인으로 이해되어야 한다. 본질적인 양립성은 이 책의 전체적인 중심 주제다. 부분적으로 나의 직업은 관습에 좀처럼 얽매이지 않는 결혼 상담가적인 수용력을 가지고서 용감하게 어려운 관계를 해결해 주는 것이다. 이제 이 치료법의 첫 국면은 공식적으로 시작되었다. 직면한 과제가 엄청나기 때문에 나는 이 일이 크게는 미완성으로 끝날 수도 있다고 생각했다. 그러나 우리의 목적을 위해서 대화와 그 과정 자체를 충분히 다루었다.

나는 타로의 이면에서 움직이는 힘이나 재능, 그리고 엄청난 잠재력에 좀 더 가까이 접근하고자 하는 생각을 가지고 타로를 활용했다. 그러나 실제로 내가 심리학자이고 가족치료사로서 살아가는 만큼 심리학에 대한 애정과 존경하는 예우를 가지고 이 작업을 진행했다. 약간의 편집증적인 면이 있지만, 나의 경우에 임상의학자는 우선 책임감을 가지고 관계 자체, 혹은 존재하지 않는 관계를 다루어야 한다고 생각한다. 아마도 사례들에서는 불완전한 부분들이라 하더라도 충분히 가치가 있고, 성숙함 또한 내포하고 있을 것이다. 하지만 잠자리를 함께하는 미숙한 두 사람은 행복과 번영된 결혼 생활을 원해야 할 뿐 아니라, 사실상 인간의 모든 가능성의 영역에서 영적이고 심리적인 차원을 깊고도 숙련되게 통합하려는 노력을 해야만 한다고 생각한다. 그것은 21세기 정신건강과 웰빙의 새로운 표준의 출현을 위해 절대 빼놓을 수 없는 것이다.

다음은 각각의 분야에서 높이 인정받는 두 명의 공헌자가 이 책에 대해 관대하고도 간략하게 쓴 서문이다. 심리학과 타로 사이에서 자신들에게 우호적이지만 뚜렷하게 상반된 스펙트럼의 양끝에서 자신의 길을 찾고 있는 론 밀로 두켓(Lon Milo DuQuette)과 제임스 A. 홀(James A. Hall)에게 무한한 감사를 전한다.

아서 로젠가르텐

머리말 1

> 절대로 리비도 이론을 저버리지 않겠다고 약속해 주십시오. 이 이론은 가
> 장 중요합니다. 그대도 알다시피 이 이론을 보호하여 교리화해야 합니다. 오
> 컬트적인…… 진흙과 같은 검은 물결에 대항해야 합니다.
> – 프로이트가 융에게 쓴 글(1913)

> 나는 그러한 태도를 결코 수용할 수 없습니다. 프로이트가 '오컬트'라 언
> 급한 것은 최근 성장하는 초심리학을 포함하여 철학 및 종교가 심리에 대해
> 서 배운 모든 것을 지칭합니다.
> – 프로이트의 글에 대한 융의 답신

적어도 5세기 동안 타로는 교회의 비난, 주 정부의 박해, 학계의
조롱에도 끈질기게 살아남았다. 추악한 성격의 소유자는 아니지만,
의심스러운 사람과 점술사의 오랜 도구인 타로는 타락한 천사로 변
장하여 새로운 밀레니엄의 고요 속으로 들어오고 있다. 그러나 타로
는 밀턴(Milton)의 반역적인 주인공과는 달리, 위험하지만 구원과도
밀접하게 관련된다. 나는 이런 고대의 관심을 불러일으키는 형태들
이 현대 정신건강 분야 전문가들의 지대한 관심을 받고 있다는 것이
전혀 놀랍지 않고 만족스러울 따름이다. 이 분야에서 가장 저명한
아서 로젠가르텐 박사는 간결한 문체로 호기심을 자극하면서도 읽
기 쉬운 글들을 썼다.
19세기 중반 이후 서양의 신비주의에 정통한 자들은 타로가 카발
라라는 히브리 신비주의의 기본 원리들과 완전히 일치되게 구성되

었음을 증명하려고 노력했다. 그들은 22개의 트럼프에서 보이는 타로의 이미지들이 아주 먼 과거의 어느 시점에 미명의 히브리 현자가 항문기적 보유에 대한 열의를 가지고 범주화시킨 신성의 다양한 측면을 시각적으로 묘사한 것이라고 주장했다.

고대의 히브리 철학자들은 인간이 신의 형상으로 창조되었다는 성서적 전제를 만들었다. 후에 비밀주의자들은 자연 속에서 반복된 패턴의 현상을 관찰하고 "위에서도 그러하듯 땅에서도 그러하다." 라는 연금술적 이치를 중점으로, 편협하게 생각하지 않고 이에 동의하는 경향을 보여 왔다. 그들은 타로의 이미지가 신성한 의식의 은유적인 형태라고 보았다. 그리고 그 이미지들은 각각 우리의 동료들과 공유하는 원형적 사람의 마음이라는 심리의 핵심적 요소와 같은 수준을 반영한다.

나는 심리학의 분야와 관련된 문제에 대한 어떤 권위 있는 방법을 동원해서 가정하여 말하지는 않지만, 카발라와 타로의 연관성 문제에 대해 언급할 수 있는 어느 정도의 권한은 있다고 생각한다. 타로의 원형적 이미지의 '신비적인' 개념은 융의 보편적 집단무의식의 핵심과 동일하다. 더 나아가 어떤 특정한 배경에서 타로는 이런 원형이 대표하는 특별한 역동을 자극하고, 움직이고, 억제하고, 안내하고, 힘을 가져다준다는 것을 확고하게 믿고 있다.

유감스럽게도 몇몇 전문가만이 타로의 실용적인 잠재력을 알고 있다. 그보다 더 소수의 전문가들은 치료의 환경에 기술적으로 이 도구를 적용시키기 위한 연구를 시작함으로써 기꺼이 동료들의 비난을 감수하려고 한다. 로젠가르텐 박사는 이 두 분야의 전문가로서 그러한 염려에 어느 정도 면역력이 있는 듯하다. 그는 말에 대해 가장 순수한 감각을 가진 선구자다. 그는 용감하게도 아직 만들어지지 않은 영역에서 모험을 하고, 필연적으로 이 길을 가야 하는 사람을 위해 고착화된 기반을 부수고 획기적인 사건을 일으키는 길을 가고 있다.

이상하게도 타로와 심리학 사이에 존재하는 실재 혹은 상상과 같은 대립은 동양과 서양의 신비주의 사이에서 보이는 많은 근본적인 차이점들과 일치한다. 정통에 의한 동양의 신비주의는(아마도 절제 때문에) 그들에게 '참나'를 만나기 위해 내면으로 조용히 뛰어들라고 가르친다. 게다가 이 내면의 참나와의 친교를 막는 마음의 방해를 정복하기 위해, 그들은 순수한 빛이 이론적으로 쏟아붓게 될 진공상태를 창조하여, 생각의 괴물을 없애기 위한 엄청난 명상을 하며 분투한다.

다른 한편으로, 서양의 마음은 주관적인 문제를 객관적으로 다루기를 선호한다. 우리는 주관적인 문제에 도달하면, 구체화한 뒤 우리 앞에 던져 놓고 당장 그 문제를 해결하려 한다. 그러나 그 문제를 알아보고 개입할 수 없다면 내적인 실재를 객관적으로 다루는 것은 불가능하다. 우리는 무한한 조합으로 다룰 수 있는 여러 가지 색깔의 원형적 이미지를 지닌 덱보다는 더 완전한 도구를 구할 수도 있다. 이에 저자는 다음과 같이 지적한다.

전형적인 10장의 카드를 배열할 때, 78장의 서로 다른 그림 덱에서 정확하게 반복적으로 나타날 가능성을 확률로 계산한다면 아주 경이로운 것이다. 그러나 타로와 더불어, 초월적 공통점은 인간의 개성화와 차이에 영향을 함께 미치고 있다는 것이다. 이것이 바로 타로의 빛이 심리학적 우주의 모든 사면을 통해 빛나고, 이론적으로 다양한 설득을 하기 위해 가지각색으로 적용할 수 있는 이유다.

타로의 상징적 언어는 각 카드의 그림 속에 다양한 수준의 의미를 함축하고 있다. 동시성에 의해 타로(혹은 삶)에서 우연이란 없으며 달라 보이는 사건 자체도 본래부터 의미 있는 것이라는 것을 곧 배우게 될 것이다. 인간 경험의 우주적인 주제는 인간적인 고통과 성취, 인간의 발전에 대한 심리학적 과제와 요구, 인간 영혼의 신비와 잠재력의 지속적인 단계와 같은 일반적인 신비에 대한 무수한 변화를 반영하며 타로를 기반으로 한 본래의 기본적인 변형 속에서 드러난다.

로젠가르텐의 획기적인 작업은 심리학과 신비주의의 크나큰 틈을 이어 준다. 놀랍게도 이 작업은 예술이나 과학적인 요소를 감소시키지 않고 이어 주는 역할을 한다. 실로 그의 지대한 공헌으로 예술과 과학은 어마어마하게 풍요로워졌다. 그것이 정신건강 전문가들의 지속적인 교육을 위해 최초로 집필되었다는 것은 명백하다(확실히 책의 세심한 주석, 총망라한 참고문헌, 인용문헌, 다량의 색인은 이전 출판된 타로의 모든 책과 분리하여 정리하였다). 그럼에도 불구하고, 이 책은 우리에게 희귀하고 전적으로 고대의 전통에 대해 새롭게 보는 시각을 주었으므로, 우리는 타로/형이상학적인 공동체에 대해 특별한 감사와 흥미로서 환영해야 한다.

- 캘리포니아의 뉴포트 해변에서
『의식적인 마술의 타로』(Ceremanial Magick Tarot)의
저자이며 창시자인 론 밀로 두켓, 1999.

머리말 2

　나는 타로를 청소년기부터 알고 있었지만, 단순히 점을 치는 방법
으로만 여겼다. 취리히에서 공부하는 동안 나는 타로의 더 깊은 의
미를 헤아리게 되었다. 융은 점성학, 흙점, 주역, 타로와 같이 예언
에 많은 관심이 있었으며, 자신의 측근들에게 그것들을 연구하게 하
였다. 린다 피에르츠는 타로 연구를 선택하였고, 그녀가 죽은 다음
에는 정신의학자인 그녀의 아들 헤인리가 그 연구를 계속하였다. 나
는 융 연구소에서 피에르츠 박사로부터 타로에 대한 비공식적인 개
별 지도 과정을 듣게 되었다.

　나는 타로의 심오한 상징적 의미를 주시하였다. 타로의 설명대로
메이저 아르카나와 트럼프는 일반적인 개성화 과정의 외형 그 자체
였다. 두 장의 카드(1번 마법사, 0번 바보)를 따로 놓고, 메이저 아르
카나는 다섯 열씩 4개의 기둥으로 열거된 순서로 배열하였다. 그것
은 각 열에서의 논리적인 움직임과 전체적 발전 형태를 드러냈다.
예를 들어, 첫 번째 열은 2번 카드인 고위 여사제로 시작하는데, 이
는 바로 심리학적인 발전의 시작이다. 유명한 라이더 웨이트 덱의
고위 여사제의 옷은 다른 트럼프에서도 볼 수 있는 강의 기원으로
연상된다. 다음 3번 카드인 여황제는 심리학적으로 감정적인 변화
의 자각이 될 수 있다. 변화가 의식적인 생각임을 의미하는 4번 카

드인 황제는 그녀를 추종한다. 첫 번째 줄의 5번 카드인 신비 사제는 그 생각을 선언하기에 충분하다는 것을 알고 있다. 그는 그가 안다는 것을 알고 있는 것이다.

마법사로 시작해서 바보로 끝나는 심리학적인 발전 과정에 대한 전반적인 상징적인 개요를 알려 주는 의미뿐만 아니라 유사한 발전적인 움직임은 다른 열에서도 찾을 수 있다. 이런 시작과 끝의 이미지는 둘 다 심오하게 양면적인 가치를 지닌다. 마법사의 앞에는 융의 네 가지 기능들과 유사한 네 가지 짝패의 상징물들이 놓여 있다.

컵 = 느낌
검 = 생각
펜타클 = 지각
지팡이 = 직관

마법사는 주된 기능인 완전함보다는 전체적인 무의식의 부름을 무시하여 기능들의 적절한 부분을 확실히 정의하는 의식적인 에고나 자신의 의식적인 목표를 성취하기 위해 능숙하게 처리해 나가는 영웅적인 에고로 보일 수 있다. 마법사에 대한 가장 좋은 관점은 위로 향한 오른손의 지팡이를 통해 왼손이 지적하는 낮은 영역으로 여행하는 더 높은 영역으로부터의 힘의 통로로서 그를 상상하는 것이다. 또한 바보는 절벽으로 막 떨어지려는 것을 알아차리지 못하는 어리석은 꿈꾸는 자다. 그러나 모든 것이 그를 보호하기 위해 작용하는 수준에서 네 가지 기능을 통합하는 존재로 상상할 수 있고, 심지어 그를 위험으로부터 보호하기도 한다.

30년 동안 타로에 대한 이해는 나의 개인적인 삶을 잘 살아가도록 했다. 모래상자처럼 또 다른 반영적인 도구와 같은 타로 리딩은 내가 간과했던 무의식적이고 무언의 요소를 허용함으로써 나의 태도에 대해 성찰하게 도와주었다. 더욱이 타로는 작동이 가능한 어떤 신비적이고 초월적인 힘을 함축적으로 의미하고 있었다. 심리치료 과정 중 꿈과 모래상자를 더 자세히 사용할 필요가 있을 경우, 나는 타로 이미지를 사용한다. 로젠가르텐의 원고를 읽고 나서야 타로의 잠재성에 대해 지각하게 되었다. 만약 치료 과정 중에 있다면 나는 타로를 확실하게 사용하려고 시도했을 것이다. 나는 과거에 카드 리더와 같은 오컬트적인 힘과 접촉하는 것을 의미하는 샤머니즘적인 전이를 만드는 것이 두려워 사용하기를 유보했었다.

로젠가르텐은 이 문제에 대해 다음과 같이 논했다.

특히 리딩이 의미가 깊어지면, 치료 과정 그 자체에서 적어도 그 순간만큼은 어떤 보이지 않는 지성과 같은 치료자와 내담자 사이에 공유된, 거의 신비적인 위엄으로 묘사할 수밖에 없는 초월의 단계까지 올라간다.

이것은 변형적 장면에서 전이/역전이를 바라보는 최근의 경향과 일치한다. 변형적 장면이 효과적이라면, 분석가와 정신분석을 받는 사람 모두를 변화시킨다.

타로는 아마도 22장의 트럼프와 마이너에서 4장의 기사를 뺀 친근한 놀이 카드의 부모 혹은 자손일 수도 있다. 로젠가르텐 박사는 "대다수의 사람이 알고 있듯이, 현대의 게임용 카드들은 구조적으로나 역사적으로 타로 카드와 친숙하게 연결되어 있다. 게임용 카드와 타로 카드 사이에서는 오랫동안 닭이 먼저인가, 계란이 먼저인가와 같은 논쟁이 이어지고 있다. 두 가지 덱의 사용은 크게는 다르다. 타로에서 게임은 전체로서의 당신의 삶이고, 더 주관적으로는 당신 자신이다." 흥미롭게도 저자는 게임용 카드에 타로 기사가 빠진 것에 대해서 다음과 같이 설명했다.

> ……몇몇 학자들은 이 기사 카드가 생략된 것은 십자군 전쟁 동안 숫자가 늘어난 종교적 군인들의 비밀협회인 위협적인 기사단 모임 때문이라고 추측했다(p. 35).

저자는 몇 가지 인상적인 사례를 통해 치료 과정에서 타로와의 통합을 설명했다. 나는 특히 오랫동안 잘 유지되어 온 여성 단체를 대상으로 한 집단 타로 리딩에서 감추어진 갈등을 어떻게 드러내게 되었는지를 설명한 그가 아주 놀라웠다. 예언적인 방법이 과학적으로 논증될 수 있다는 것에 대해 의심스러워하면서도, 저자는 가정폭력의 범죄자와 피해자를 대상으로 용감한 시도를 하였다. 저자는 치료자가 뽑는 '선물과 안내'라는 11번째 카드를 첨가함으로써 전통적인 켈트 십자가에 혁명적인 변화를 만들었다.

요약 부분에서, 저자는 많은 심리치료법에 타로를 통합해서 사용하는 장점에 대해 열거했다. 한 가지 좋은 점을 말하자면, 그는 유명한 타로 연구가 신시아 자일스가 말한 '일반적으로 환자는 치료법에 대해 방어하지만, 내담자는 예언에 대해 방어하지는 않는다.' (p. 77)를 인용했다. 어떤 경우에 타로를 사용하는 것에 대해, 어떤 불리한 점이나 금지 사항이 생기므로 무분별하게는 사용하지 말아야 한다. 항상 심리치료사는 자신의 의학적인 판단으로 사용해야만 한다. 자일스의 제안과는 반대로, 특별한 의학적 상황에 대해 로젠가르텐은 다음과 같은 사항을 발견했다.

타로는 내담자에게 전통적인 치료법보다 실제로 더 위협적일 수도 있다. 예를 들면, 모성적인 보살핌이 크게 필요하거나 강한 의존성과 전이 문제들을 가지고 있는 내담자들에게는 아무리 특별한 통찰력을 카드가 제공해 준다 할지라도, 여전히 그 어떤 초월적이거나 예언적인 근원에 대한 피와 살을 입은 치료자의 변장 속에서도, 대리 대상 부모의 관심과 인정을 선호하기가 쉽다(pp. 77-78).

적절한 상황이라 해도 타로를 자주 사용하지 말아야 한다(예를 들면, 나는 대략 타로를 일 년에 서너 번도 사용하지 않는다). 치료 과정에서 타로를 몇 번 사용하는 것이 알맞은 것인가? 저자 로젠가르텐은 다음과 같은 안내를 따르도록 제한한다.

일반적으로, 타로를 도입하기 위한 가장 유리한 시점은 문제를 해결하거나 이해하려고 했던 일반적인 시도들이 불만족스럽고, 오랜 치료 기간을 거치면서 안정기가 정체되었으며, 더 깊고 더 동적인 목적을 바라거나, 치료 기간 동안 내재된 주제에 접근하기에 부적합하거나, 마지막으로 에고가 개입되지 않은 원천을 통해(즉, 내담자와 치료사가 모두 이미 알고 있는 참고 사항의 틀을 넘어) 미래의 목표와 비전을 추구할 때 유용하게 사용된다. 그러한 때에 타로를 이용하는 것은 그 과정을 훌륭하게 진보적으로 나아갈 수 있게 한다(pp. 81-82).

고전, 발전, 원형, 상상에서 심오하게 진화된 융의 사상의 세 학파 중에, 타로의 사용은 전이/역전이에 대한 분석을 강조하는 발전적인 패러다임을 강조하기보다는 고전적이고 상상적인 치료자에게 더 적합한 것 같다. 또한 타로의 사용(혹은 어떤 예언적 방법)은 분석된 이원성의 두 성향의 사람을 개념화하여 성장하는 경향에 대해 환기를 불러일으키고, 타로를 사용함으로써 영향을 미치며 그 속에 내재하지만 이원성보다는 상위에 있는 초월적인 것 속에 있다.

내가 아직 심리치료를 하는 중이었다면, 이 책은 나에게 용기를 주어 어떤 분석으로 (다른 예언적인 방법과) 타로의 통합을 위해 나 스스로 시험을 하고 싶었을 것이다. 나는 이것이 이성적인 답변이 아니거나, 이전의 비이성적인 추측에 의존하는 이성적인 응답일 수 있는 더 큰 질문의 부분임을 깨달았다. 그대는 어디에서 심리학과 삶이 나눠지는 선을 그릴 것인가?

-『융의 꿈의 해석과 융의 경험』의 저자
텍사스의 댈러스에서
제임스 A. 홀, MD. 1999.

서 문

10월답지 않게 따뜻한 저녁, 시카고 북쪽 해변에 각국을 대표하는 타로 전문가 20명이 자리했다. 우리는 국제타로회의(World Tarot Congress)에서 후원하는 3일간의 회의 중 첫째 날 세계타로협회를 창립하는 위원회의를 위해 모였다. 수백 명이 모인 그곳은 마치 운명을 거스르거나 각성을 기대하는 집단 같았다. 그 방은 레드 카펫과 편안한 의자, 갖가지 꽃들로 아주 화려했다. 1997년 대규모 첫 타로 행사는 3대륙 40여 개국에서 온 다양한 남녀 지지자들과 함께 시작되었다.

솔직히 나는 큰 강당을 훤히 밝히는 크리스털 샹들리에의 불빛과 꽃내음을 느끼면서, 패널 가운데 유일한 임상의학자로서 잘못 온 것이 아닌가 하고 주말 내내 느끼고 있었다. 이는 사회자가 각 전문가에게 '타로는 전적으로 반영적인가? 예언적인가?' 라는 긴 질문을 하고 난 후부터 그렇게 느끼게 되었다. 그것은 논쟁을 위한 뜻하지 않은 주제였다. 다른 패널들이 각자 지적인 설명을 시작하자, 나의 뇌 뉴런들은 정확하게 생각하기를 멈추었다. 바로 이 주제(사실상, 지금 당신이 읽고 있는 이 책인)를 토의하기에는, 지난 세월 동안 집필 계획에 깊이 숨어 있었던 것이 조금의 도움도 되지 않았다.

마이크를 잡고 대답할 때, 나는 더듬거리면서 경험의 '가능성과 투명성'에 대한 학설적 개념을 설명하였다. 그러나 나는 분명히 그 대답과는 동떨어져 있었다. 질문은 전적으로 나에게 역설적이었고, 나는 철학적으로 깊이 생각했다. 정확하게 무엇에 대한 반영이고 예언인가? 나는 어렵고도 직관적인 궁지에 몰려 있었다. 확실히 그 대답은 나의 참견처럼 내 생각에 가까운 것 같았지만, 나는 그것을 보지 못했다. 그러한 경우에 이성은 항상 좋은 것이다. 행위, 인식, 감정, 이야기, 무의식, 살아 있던 순간, 카르마, 리비도의 대상-찾기, 모든 것 혹은 이 외에 아무것도 아닌 것을 지칭하는 질문이었던가? 타로는 반영적인 동시에 예언적일 수는 없는가? 나는 그 외에 몇 가지가 더 궁금하였다. 예를 들면, '창조적인' 어떤 경우와 같이, 중심 속에서 새로운 가능성을 불러일으키는 감각과 같은 것이었다. 더 자세한 설명이 필요하지 않다는 것은 더 명확하다는 것인가? 너무 일을 과하게 하여 뇌가 일시적으로 멈추었거나 정신이 갑자기 몽롱해진 것인가?

이런 불합리함을 무시한 채, 나는 심리학자와 유관 임상의학자 모임 그리고 APA 정기총회에서 같은 주제를 논의한다면 그것이 얼마나 다를 수 있는지를 생각했다. 내가 알고 있는 경험주의자들은 예상한 것을 측정할 수 있고 연구할 수 있는 요인으로 정의한다. 인지-행동주의자는 예언의 결과는 타로 카드의 인지 자극과 자아에 대한 핵심적인 추측에서 비롯한다고 주장한다. 역동주의 치료사는 내면화된 대상 표현의 활동화에 대한 예언적인 면을 상술한다. 융은 에고와 원형 사이에 피상적인 대립의 반영적인 면을 강조한다. 어떤 것도 수습하지 못한 채, 나는 이야기를 계속했다. 내가 언급한 인본주의자들은 개인의 독특함을 주장하고 반영적인 면을 옹호하여 함께 예언을 앞서 가려고 한다. 구성주의자들은 예언과 반영이 본능적으로 자기 스스로의 이야기 식의 허구라는 것을 상기시키며 재빨리 인본주의자를 따른다. 마지막으로 현상학자들은 지금까지 마음에서 신선하게 하고, 반영적이거나 예언적인 속성에서 벗어난 타로 그 자체의 개인적인 경험을 강조하는 질문을 다시 만들곤 한다.

공상은 바쁜 주말 동안 나의 사적인 주제가 되었다. 그런 토론 현장의 변화로 나의 혼란을 덜어 줄 수는 없을 것이라고 느꼈다. 그러나 내가 선택했다면, 아마도 현상학적 해결책에 의지했을 것이다. 타로 경험은 정확하게 무엇이었는가? 모든 이가 그것에 대해 이야기하는 것 같지만, 어떤 누구도 소의 뿔을 잡을 수는 없다. 후에 샌디에이고로 돌아오는 비행기에서 신발 한쪽을 잃어버렸다는 것을 알았는데, 그 생각이 나를 안심시켰다. 그 신발을 호텔 옷장에 두었다고 생각했다. 덴버 상공 높이 어딘가에서, 땅으로 내려오게 했던 것은 비행기의 하강만은 아니었다. 나의 왼쪽에 앉아 있는 전문가답게 옷을 입은 승객과 함께하는 격식 없는 대화가 나를 땅으로 내려오게 했다.

"시카고에는 사업차요?" 그는 물었다.

"예, 그렇습니다. 회의에 참석했어요." 나는 답했다.

"오, 그래요. 무슨 일을 하세요?"

"저는 개인적으로 치료하는 임상심리학자입니다."라고 나는 말했다.

"정말요. 회의에서는 어떤 내용을 다루었나요?" 그는 관심이 있다는 듯이 몸을 나에게 돌리며 물었다.

"타로요." 나는 말했다.

"무엇이라고요? 당신은 그러니까……." 그는 어리둥절해했다.

"네, 맞아요. 타로 카드." 나는 심하게 고개를 끄덕이며 불쑥 말했다. "점을 칠 때 사용하는 작은 카드를 아시나요?"

그때 나는 나 자신에게 말을 했다. 부끄러운 줄 알아라! 나는 간단하게 타로를 심리학과 종합하여 더 쉽게 만들려고 노력한다고 말했다. 그러나 다시 한 번 심리학과 타로라는 기묘한 동반자를 혼합하려는 지칠 줄 모르는 집념에 따라 오는 어색함과 신비함을 연상시켰다. 그것은 나에게 실재적인 문제였다. 자신의 삶에 더 위대한 영성을 열망하는 개인의 위대한 선행으로 타로를 적절하게 사용하는 사람에게 타로를 설명하는 방법은 심리학적인 통찰력과 깊이를 포함하고 있어야 하고, 단지 결합이라는 이론으로 여기지 않고 불변하는 믿음의 한 쌍으로 공존해야 한다. 그들은 타로가 가장 진실된 감성으로 섞이지 않은 채 순수하게 심오한 의미의 많은 단계에서 작용한다는 것을 알게 될 것이다. 타로는 사용자의 자격이나 믿음에 대한 선호도 거의 없이 심리학적이고 영적인 가능성으로 가득한 스펙트럼에 대한 자각으로써 접근 가능하다. 게다가 마술적으로, 타로는 심장박동이 뛰는 경험을 가지게 한다. 즉시 매일 경험하는 심장박동을 다루어야 하는 전문직을 도와주는 것에 연관성이 있다는 것이라고 타로를 지칭해야만, 이러한 사실만이 인간 가능성의 덱을 만들 수 있다.

그러나 오늘날 대부분의 타로 책은 역사적인 덱의 발전을 주로 추적하거나 설명을 위한 카드의 의미를 묘사하는 데 주력한다. 타로의 예언이라는 자각을 창조하거나 특정한 징후, 문제, 질문에서 통찰력을 얻기 위한 계시와 같은 타로의 사용은 다른 명상적인 실습과 대안적인 스프레드 배열과 함께 재고하는 것으로 언급된다. 그러나 20세기에는 타로의 경이와 신비를 발견한 대다수의 개인은 예언의 경험을 통해 그렇게 해 오고 있다. 의심이 없는 타로 리딩은 타로의 가장 미혹적인 것이며, 잠재적으로 이익을 가져다주는 정신이다. 왜 마술 주위에서 춤을 추어야 하는가? 21세기에서도 진화를 계속하는 타로에는 더 강한 적용이 필요하다. 즉, 그것은 사람의 삶과 변화하는 외형에 더욱 상관성과 접근성을 지니고 있으며, 깊은 의미를 가지고 있어야 한다. 그것은 단지 뉴 에이지의 작은 분열을 함께하는 것이 아니라 더 큰 의미, 창조성, 자각을 구하는 모든 이와 함께 공명한다.

덴버 상공에서의 실수로 나는 이 종잇조각이 자신의 목적에 이바지하고 있음을 발견했다. 나는 그때 그곳에서 치료사, 분석가, 상담가로서 중대한 소란 속의 서비스 산업에서 재치 있는 흐름으로 향해 가는 전문가에게 도움을 주기 위해 나의 각고의 노력의 방향을 바꾸기로 맹세했다. 그들은 심리치료 단체에 실망하여 그 분야에서 시작할 때 한 번이라도 관심을 가지고 지성적인 도전을 하도록 열망하는 나 자신과 비슷한 사람이었다.

다음에 나는 지성적인 삶의 학생들, 그리고 계속 내적인 분야에서 더 많은 이해와 통찰력을 열망하는, 이른바 '인간 실험'에 대해 설명했다. 더 관습적인 도구에 근거해 실습하는 심리학자에 의해 소개된 깊이 있는 타로 연구는 '뉴 에이지' 혹은 오컬트로 조롱받는 영역에 더 가깝게 접근하여 설득할 수 있게 되기를 희망한다. 나는 역시 '의식'이 출현하는 과학에 흥미를 느끼는 진지한 연구자, 철학자, 학자들이 모든 것에 대해 무작위적 선택과 동시성을 이용하는 방법을 통해 리딩을 가능하게 하는 초월적인 지성의 어떤 독특하고 강력한 예를 타로 속에서 발견할 수 있으리라 믿는다.

마지막으로 나는 타로의 심리적이고 치료적인 영역과 가능성에 대해 더 많이 배우는 데 흥미를 가지는 정통한 타로 마스터, 연금술사, 예술가, 신비가, 마술사 및 여러 방면의 비밀적인 것을 생각하는 사람들에게 새로운 초석을 제공하기 바란다. 내가 그들에게 선보인 심리학은 타로 그 자체의 구조와 방법에서 본질적인 것이다.

본문에서 설명된 것을 읽겠지만, 우리 주제의 문제는 이론과 실습에서 흘러나오는 부드러운 산들바람에 의해 흔들린다. 그것의 초석은 역동적 현대 심리치료 분야에서 강하고 건강한 뿌리를 찾아보게 될 것이며, 인간의 상상력이라는 초록빛의 이끼로 두껍게 덮힐 것이다.

선한 믿음 속에서 '영혼들의 숲'의 싹이 지속적으로 돋아나게 하소서.

캘리포니아의 엔시니타스에서, 1999.

아서 로젠가르텐

차 례

제1부 심리학의 타로

32

제 **1** 부

심리학의 타로

01
가능성의 덱

불가능한 것을 추구해서
가능한 최선의 것을 얻어 내라.

— 이탈리아 속담

타로의 수레바퀴

나의 연구소에는 회전하며 움직이는 큰 수레바퀴가 있다. 이 수레바퀴는 카지노에서 흔히 볼 수 있는 운명의 수레바퀴처럼 생겼는데, 이것은 기회와 '행운'의 게임을 할 수 있도록 만들어진 것이다. 금속 바퀴의 가운데부터 원의 바깥으로 52장의 카드 덱이 붙어 있고, 바깥으로 검은색과 흰색의 광선이 길게 뻗어 교차되어 있다. 이 바퀴가 어린아이의 자전거 바퀴처럼 고정되어 타닥거리는 소리를 내며 돌아가면 최면 효과가 어느 정도 느껴지기도 한다. 더 빨리 돌아갈 때의 타닥거리는 소리는 승리로 기뻐하는 것 같다. 천장에 닿을 듯한 바퀴 위쪽에는 각 회전을 마무리 짓는 '승리' 카드로 플라스틱 소재의 빨간 포인트가 표시되어 있다. 몇 년 전 아내는 동네 서점에서 아주 흥미로운 예술 작품 같은 놀랍고 기묘한 물건을 찾아냈는데, 우리는 이 물건을 팔라고 주인을 가까스로 설득했다.

형이상학적인 것에 미쳐 있는 해적이 잠자리로 돌아가는 것처럼 나는 타로 카드의 덱과 게임용 카드가 아주 질서 있게 놓여 있는 것에 커다란 기쁨을 느꼈다. 나는 접착제를 사용해서 한 시간도 안 걸려 완벽하게 이것을 고쳤다. 그러나 유감스럽게도 원래 바퀴에는 52개 카드를 장식할 수 있는 공간만 있었는데, 그 카드들은 타로의 마이너 아르카나(마이너 4종류 카드들)였다. 나를 비롯하여 엘리자베스 시대의 엘리트주의적인 문인들은 함께 있어야 하는 어린 시종 카드는 없어도 상관없다고 판단했다. 즉, '수레바퀴의 의무'에는 시종 카드 4장을 제외한 52장을 기본으로 하였다. 대다수의 사람이 알고 있듯이, 현대의 게임용 카드들은 구조적으로나 역사적으로 타로 카드와 친숙하게 연결되어 있다. 게임용 카드와 타로 카드 사이에는 오랫동안 닭이 먼저인가, 계란이 먼저인가와 같은 논쟁이 이어지고 있다.

게임용 카드는 타로의 마이너 아르카나와 매우 비슷하다. 이 둘은 네 가지 세트에서 우리가 익히 알고 있는 모양의 에이스에서 10으로 숫자가 높아진다. 그리고 타로는 시종(Jack 또는 Page), 여왕, 왕 3종류의 각각의 기본적인 궁정 카드에 기사가 첨가된 것이다. 정확하게 설명할 수는 없지만, 타로의 기사들은 600년 역사 동안 현대의 게임용 카드에서 존재하지 않았다. 몇몇 학자들은 이 기사 카드가 생략된 것은 십자군 전쟁 동안 숫자가 늘어난 종교적 군인들의 비밀 협회인 위협적인 기사단 모임 때문이라고 추측했는데, 지금까지도 어떤 것이 진실인지에 대한 추측이 계속 이어지고 있다. 그러나 타로의 역사는 깊이 연구해야 할 필요성이 있는 주제는 아니다.

이 문제에 대해 다시 논하자면, 게임용 카드는 상징적인 의미가 결여된 타로 카드라고 말할 수 있다. 예를 들어, 게임용 카드에서 다이아몬드 카드는 타로에서 디스크나 펜타클과 상응하고, 하트는 컵과, 클로버는 지팡이와, 스페이드는 검과 각각 상응한다. 이 각각의 카드들은 영적이고 심리학적인 깊은 영역과 연결되어 상징적으로 암호화되었다. 그러나 현대의 카드놀이는 이와 같은 의미를 잃어버렸다. 현대의 카드 사용자는 카드에 적혀 있는 수량이 의미하는 일차원적인 표시만을 본다. 예를 들면, '8' 두 장이 항상 '7' 두 장보다 '높은' 것처럼 같은 종류의 세 장은 항상 두 장을 이긴다. 반면에 카드 리더(reader)는 자신의 경험 속에서 신비한 가능성을 의미하고 개인적인 다양한 영역을 상징하는 '다양한 측면'을 본다. 카드점(카드를 이용한 점술)에서는 경쟁이라는 것이 없으며, 또한 구분되는 낮거나 높은 숫자 값도 존재하지 않는다.

마이너 아르카나의 56장 카드와 같이 타로에서는 '힘 있는 카드(power card)'라 불리는 또 다른 세트가 있다. 이것은 메이저 아르카나라고 불리며, 기본적으로 핵심적인 의미의 '트럼프' 22장으로 구성되어 있다. 타로가 심리학에서 명백하게 일치하게 보이는 것은 융(Jung)의 집단무의식의 원형 이론 때문이다. 이른바 트럼프 카드는 트럼프 1(마법사)에서 21(세계)이라 이름을 붙인 순서대로 번호가 매겨져 있다. 메이저 아르카나의 숫자가 없는 바보 카드(22번째 트럼프로 간주되는)는 현대 게임용 카드에서 그 중요성을 잃어 인정받지 못하는 조커로 존재하고 있다. 마이너와 메이저 아르카나는 모두 78장의 완벽한 타로 덱으로 구성된다.

자신을 위한 게임

나는 이 책을 통해서 타로를 심리학적으로나, 영적으로 유용하게 사용할 것이고, 주목할 만한 도구로써 접근할 수 있는 기초를 마련할 것이며, 현대의 심리요법과 타로를 관련지어 논의할 것이다. 나는 실제 치료에 타로를 거의 사용하지 않지만, 타로를 이용하여 직접적으로 완벽하게 치유되는 경우를 수없이 목격해 왔다. 나는 수레바퀴라는 단어가 타로를 위한 적당한 은유라고 생각하기 때문에 앞에서 내가 개조한 타로 수레바퀴를 언급한 것이다. 타로는 삶의 수레바퀴이며, 운명의 수레바퀴이자, 미국 인디언의 의술 수레바퀴이고, 불교의 다르마 수레바퀴다. 그 수레바퀴는 마음의 수레바퀴이고, 모든 이들의 가능성의 수레바퀴다. 수레바퀴의 진화적이고 개방적인 본성은 자연의 순환성, 계절의 다채로운 변화, 변화의 순환, 인간의 심리와 잠재력의 '원형'과 전체성을 내포한다.

원칙적으로 앞에서 언급한 나의 연구실에서 돌아가는 수레바퀴는 타로를 사용할 때 무작위로 뽑는 것을 기본적인 규칙으로 적용한다. 카드는 열 번 혹은 그 이상 섞어야 하지만(수학자는 78장 카드를 '있는 그대로' 보기 위해 꼭 필요하다고 설명했다), 이 바퀴로는 간단하게 한 번만 돌리면 된다. 순서는 직접적이고 간단하다. 예를 들어, "내가 어떻게 X라는 것을 주목해야 합니까?"라고 질문하고, 산란한 마음을 비운 뒤 의미 있는 가능성을 가진 카드를 무작위로 선택한다. 원래의 질문에 대해 주어진 답을 보고 나서 당신이 이해한 것을 보라(신빙성을 보장하고 수레바퀴를 돌리는 데 기계적인 오류가 없도록 하기 위해서 빛나는 장식이 달린 고급스러운 기둥 두 개를 설치했다).

막연하게 말하자면, 타로의 방법은 '예언'을 의미하고, 그것이 어떻게 작용하는지를 보여 준다. 습관적인 서구의 정신적인 반영(심리학적인 설명에 대해서 원인과 동시성의 선호도를 검증할 때 제기되는)과는 달리, 타로의 배열은 순수한 지성 속에서 순간적으로 그 사건에 의해 일어나는 지고한 믿음을 가지고 배열해야 한다. 그러므로 '성스럽고' '힘 있는' 무작위성이라 일컫는 지각력의 비정형적인 방법을 알아야 한다. 이 주어진 모든 결정적인 결과의 원인을 찾기보다는 그 사건이 '왜' '어떻게' 일어났고 작용하는지를 물어보아야 한다. 즉, 내담자로 하여금 자연스럽게 반복되는 양상과 동시에 일어나는 사건을 알게 하는 것보다는 이 사건에서 '무엇이 반영되었는가?'를 물어보아야 한다. 타로를 더 명확하고 광범위하게 이해하기 위해 카드를 보지 않고 선택하는 것과 같은 '힘 있는 무작위성'은 새롭고 흥미로운 가능성의 지각의 문을 열어 준다.

그러나 돌아가는 수레바퀴와 놀이용 카드와 같이 자연스러운 방법들은 타로가 여느 게임과 같으며, 사실상 타로는 어떤 면에서는 게임과 같다고 결론을 짓는다. 어떤 리더는 선택의 과정, 전략, 일정치 않은 사건, 발견, 승리, 패배를 겪는 우리의 인생이 마치 게임인 것처럼 타로 역시 게임과 같은 것이라고 한다. 전통적인 게임은 배우는 데 효과적인 도구이고, 그 게임이 상담과 심리적인 치료법의 중요한 부분을 차지한다는 것은 이미 알려진 사실이다. 치료자들은 어린이나 사춘기 아동을 치료하기 위해 필수적으로 게임이 포함된, 잘 구성된 놀이치료법에 익숙하다. 성인의 치료를 위한 게임으로는 사이코드라마와 상상요법, 표현예술치료법, 모래놀이치료법과 같은 역할연기 연습 등이 있다. 게임을 하기 위한 퍼즐, 수학과 말놀이 등을 치료법에 사용하고, 투사된 이야기를 끌어내기 위해서 분명하지 않은 사진을 사용하여 어간을 형성하는 주제통각검사(TAT)에도 사용하며, IQ를 측정하는 웩슬러성인지능척도(WAIS)와 같은 아주 잘 만들어진 도구에도 역시 사용된다.

의학적인 도구로 소개된, 게임처럼 아주 잘 구성된 소수의 기법도 있는데 이런 것들은 내담자의 기량을 필요로 하기도 한다. 게임과 관련된 활동들은 중요한 능력과 특성을 향상시킨다. 예를 들면, 창조적인 상상력, 문제 해결, 자기 표현, 방법 나누기, 경쟁적인 일, 기술, 조화, 계획, 위기 대처 능력, 이야기하기, 자발적 행위, 성공과 실패, 약간의 유머 감각 등을 향상시켜 준다. 게임이 엄격한 경쟁과 오락을 기초로 하는 것과 달리, 심리적 게임은 지각력을 길러 주고 감정적인 발전과 접근법의 숨겨진 목적이 있다. 타로라는 게임은 전체적으로는 인생이고, 좀 더 주관적으로 표현하면 게임이 바로 자신이라는 것이다. 게임판은 '스프레드'이고, 조각들은 78장의 카드들이다. 그 목적은 이기는 것이 아니라 배움 그 자체다.

아주 흥미롭게도(날짜가 표기되지 않음에도 불구하고) 타로의 역사적인 기원과 관련된 신화 중 하나는, 이 게임은 본래 제작자에 의해 면밀하게 변화되었다는 것이다. 그 이론은 19세기 스페인에서 태어난 의사이자 심리학자이고 카발리스트(Kabbalist)인 제라드 앙코스 박사(Dr. Gerard Encausse)의 설명을 뒷받침하는데, 그는 파푸스 (Papus)로 더 잘 알려져 있다. 파푸스에 따르면, 타로의 창시자가 대중의 수요를 증가시켜 인기 있는 게임의 형태로 타로를 만들었고, 보헤미안의 타로에서 쓰인 타로의 비밀을 모호하게 만들어 버렸다. 즉, 타로를 오래도록 보존하기 위해서 교묘한 방법을 사용하였고, 종교적인 수행과 비교되는 그 게임에 대해 지속적인 관심을 가질 만큼 믿게 되었다. 고대 이집트의 성직자를 타로의 원작자로 여기는 것이 그 시대의 풍조였는데, 파푸스는 다음과 같이 추론하였다.

초기에(성직자들은) 미덕을 가진 이들에게 이 비밀들을 전해야 한다는 생각으로 다음 세대에 그 비밀들을 전하기 위해 입문자들을 모집하였다. 그러나 미덕이라는 것은 가장 깨지기 쉽고, 가장 찾기 어려운 것으로 여겨져 아직도 계속해서 그러한 이들을 찾고 있는 실정이다. 어떤 경우에는 과학적인 전통이 부도덕한 곳(예, 게임)으로 전수되기를 제안하기도 했다. 그는 오랫동안 지속적으로 그 원리들을 완벽하게 후대로 전하기 위해서는 후자의 경우로 전수하는 것이 성공적으로 보존될 것이라고 확신하였다. 이와 같은 의견을 분명하게 받아들여, 사람들은 부도덕한 게임을 선택하였다.[1]

그러나 포스트모더니즘의 관점에서 이에 설득당하든 동의하든 간에, 이러한 추론은 그들이 설명한 사건이 아니라 궁극적으로는 저자의 정신적인 구조물인 셈이다. 그러나 이것이 심리학의 이익과 흥미를 사라지게 하는 충분한 원인이 되지는 않는다. 인간의 영혼이나 심리의 범주를 다룰 때에는 그 타당성을 위해서 인간의 상상력이 역사적 사실이나 물리적인 사실에 순응할 필요는 없다. 때때로 지성과 분리될 때, 블레이크와 반 고흐와 같은 예술가들은 훌륭한 작품을 만들었고, 라마나 마하리쉬(Ramana Maharshi)부터 테일라르 드 샤르댕(Teilhard de Chandin) 같은 신비론자들은 비세속적인 관점으로 우리를 심적인 실재의 더 깊은 단계와 연결시켜 지성 너머의 영감을 주었다. 추상적인 것과 상징적인 것은 무한한 속성을 지니고 있기 때문이다. 그러나 그것들은 역사적인 기록이나 물질적인 세계의 지식의 관점에서는 그 이유나 유용성을 만족스럽게 증명을 하기가 어렵다. 이에 칼 융은 다음과 같이 설명하고 있다.

인류의 역사를 고려하여 볼 때, 우리는 전통에 대해서는 희미한 반영만을 보고 있다. 실제로 일어난 일에 대해 역사적인 탐구는 이루어지지 않고 있는 실정이다. 실재했던 역사적 사건은 깊이 숨겨지고, 모든 이에게 생생하지만 어느 누구에 의해서도 인식되지 못하기 때문이다.

그것은 아주 사실적이고, 주관적이며, 심리학적인 삶과 경험이다. 전쟁, 시대, 사회 혁명, 정보, 종교와 같이 알려지지 않은 사실들은 개인에게 비밀스러운 심리의 기본적인 관점에서 가장 피상적인 징후인 것이다. 그러므로 사건 기록자에 의해 기록되지 않는다. 세계사에서 위대한 사건 그 자체들은 그리 중요하지 않다. 결과적으로 각 개인에게 아주 중요한 것은 단지 주관적인 삶이다.[2)]

파푸스의 모호한 이론은 타로가 이집트에서 전해 내려온 뿌리라고 하지만 실재적인 증거가 없으므로 달리 판단된다. 그 이론은 사실적인 오류와는 관련 없이 심리학적인 의미에 대해 더 올바르고 흥미로운 가능성을 우리에게 열어 준다. 어떤 역사적인 사실보다도 19세기의 상상으로 만들어졌다고 받아들일 때, 게임의 역설, 도박, '행운'의 신화라는 타로를 통해 주관적인 원형의 주제를 엿볼 수 있다.

또한 현상은 중심적이고 '기초 부재(foundationlessness)'의 원리로 알려진 포스트모더니즘의 심리학적인 이론과 연관성을 지닌 주제를 의미한다. 이론을 체계화한 사람들은 우리가 세상을 단지 우리의 지각 작용의 산물로써 보고 그 자체를 보지 않는다고 생각한다. 즉, 순수한 인상 혹은 감성을 이해하기보다는 우리의 지각력과 연관성을 짓는다. 우리는 그 의미를 우리의 지각력에 덧붙이기 때문에, 우리의 예상에서 벗어난 지식이란 존재하지 않는다. 일반적으로 우리의 신념은 자신의 내면에 기초를 두지 않고, 경험에서 비롯된 주관적인 의미가 주는 지각적인 구조 위에 세워져 있다. 다음 장에서 이에 대해 살펴볼 것이다.

자기 탐구의 도구

이 책에서는 타로를 단지 게임이 아니라 심리학적인 탐구를 위한 매우 중요하고도 힘 있는 도구와 방법으로 다루고 있다. 오늘날 상업적으로 이용되는 덱은 300여 개가 있는데, 타로는 다시 인기를 얻게 되어 창조적인 발견, 직관력의 기술, 다양한 영적인 수행을 하도록 도와주고 있다. 특히 지난 30년 동안 이 오묘하고도 확실히 이상하게 들리는 과정들이 신뢰를 받고 있으며, 전 세계의 많은 사람은 타로의 독특한 경이로움, 지혜, 신비를 재발견하고 있다. 주관적인 경험을 반영하는 타로의 신비로운 답이 잠재적으로 고귀한 의미를 가져다주는 것은 바로 내가 믿는 78장의 카드들에 있다. 인간의 선택과 가능성의 무수한 변화를 전해 주는 비범하게 체계화된 그림, 즉 상상의 마술적인 작은 창조물은 바로 타로의 가슴과 영혼이다.

그러나 약간의 흥미를 돋우기 위해 아르카나라는 도구가 나오게 되었지만, 정확한 메시지를 유용하게 쓰려는 사람들에게 바르게 전해지지 않고 있다. 21세기에 (그 이상으로) 어떤 의미 있는 부분을 끌어내기 위해서 타로는 아주 강력한 적용의 강조성, 유용성, 접근성을 포함해야만 한다. 즉, 타로는 사람의 인생에 호소해야 한다. 이 점을 고려해 보면 타로를 의학적으로 적용하는 것이 기법적으로 자연스러운 내용이 될 것이다. 일반적으로 타로기법은 심리학적인 기회와 이익을 제공할 것이다.

그러나 유감스럽게도, 타로는 현대 심리학 및 교리와 연관된 세련미, 정교함, 경험주의, 훈련, 윤리라는 코드를 가지고 있지 않았다. 나는 타로에 대한 전문적인 정보가 부족하여 '표준화'하려는 시도를 포기하게 되었다. 표준화에 대한 생각은 본질적 생명력과 직관적인 기술의 가변성 사이에서 상반되는 것이었고, 타로의 효과적인 실행을 보증하기보다는 더 많은 어려움을 속출하였다. 나는 타로가 많은 다양성과 창조성, 보편성의 모체를 보존하도록 하기 위해 건전한 철학 연구와 심리학적인 기초에 근거한 '가능성의 영역'을 가진 것으로 받아들이기를 원한다. 이와 같은 흐름이 이 작업의 중심 주제다.

변화하는 의학 실습 시장의 강세와 학문적인 연구의 과학적 허용 범위에서, 오늘날 심리학을 배우는 사람들에게 주된 흐름의 타로 카드 리딩(reading)은 거리의 건물 앞에 있는 점술가, 유럽의 신비주의자, 심리적 프로그램과 뉴 에이지 유행가로 얽힌 것처럼 많이 의심스럽게 비칠 수도 있다. 이것은 이해할 수 있는 것이지만 결코 좋은 양상은 아니다. 타로의 정확한 메시지는 사라지고, 이 문제는 두 방향으로 나뉘게 되었다.

1990년대에 타로를 진지하게 배우는 사람들이 세분화되고 축소되는 경향 때문에 학회와 전문성에서 동떨어지게 되었지만 그들의 노력은 사회에 크게 공헌하고 있다. 뚜렷하게 보이지는 않지만 그 양면성은 모호하게 성장하였고, 무의식적이고, 상호적으로 이질적인 차이점을 다시 강조하는 경향이 있었다. 심리학은 실험, 고통의 경감, 약물학, 지능, 의학적 기준, 민영화를 향한 방향으로 나아가려는 경향성을 드러내었다. 반면에 타로는 이국적인 영성, 여성해방주의, 신비주의 및 상업적이고, 상식에 벗어나며, 신화적이고 기술적인 상상력의 전문학교로 뻗어 나가려는 경향성을 가지고 있다. 여러 방법적인 측면에서 그 차이점은 좀처럼 좁혀지지 않고 있다. 이러한 추세에서 인간의 상상력은 심리학적인 의미와 깊이의 탐구에서 틀림없이 가장 뒤처지게 되었을 것이다.

이 책은 심리학적 영역에서 잘못 평가된 타로의 집시풍의 복장과 주술적인 면을 제거하여 그 간격을 좁히려는 시도를 하였다. 그러한 측면은 과도한 열정주의자에게 작은 부분만을 충족시킬지도 모르지만, 실습자 자신에게 꼭 필요한 풍부한 적용과 더 광범위한 지각은 절대 심어 주지 못할 것이다. 다음 장에 제시하는 메시지는 내가 25년에 걸쳐 개인적이고 의학적인 측면의 포괄적인 리딩과 연구, 조사, 탐구한 것으로, 특히 타로의 방법, 통찰력과 함축적인 의미에 관한 것이다.

심리학을 탐구하는 새로운 세대들이 마법사의 막대기를 쥐고 마법사 지혜의 영감을 받게 하는 것이 나의 희망이다. 나는 심리치료 기술을 전수하는 방법들이 동시대의 (잘 발달되지 않는) 직관에 대한 열망을 증가시켜, 각자의 기호에 적절히 흥미를 유발시킬 것이라고 확신한다. 논의한 문제에 대해 결정적인 언급을 하기를 원하지는 않지만, 이와는 반대로 타로의 심리학적 가능성에 대해서는 더 진지한 탐구가 이루어지기를 기대한다. 많은 면에서 나는 점성학, 연금술, 주역, 마술 혹은 타로와 가장 유사한, 신성한 카발라인 다른 연관성이 있는 예언과 연금술과 같은 영역에서 고도의 훈련을 받지 않았으므로 타로의 초심자이며, 그 이상은 아니다. 특히 예언과 관련한 이런 연구들은 타로 전문가의 관점과 기술의 전문성을 더 깊게 만들

것이다. 그러나 나는 신비학, 세계사, 서양과 동양 철학, 예술, 인류학, 언어, 문학, 수학, 물리학, 심리학, 정신의학과 종교에 관련한 연구를 마무리하고 있다. 자기(self)에 대한 지식과 인간에 대한 봉사의 실질적인 영역인 타로에서 중요한 의미를 이끌어 내기 전에 이와 같은 심오한 주제들에 대해서 정통할 필요성이 없음을 수년간에 걸친 경험으로 나는 알게 되었다. 초심자에게 가장 중요한 자산은 참된 열정, 진실성, 잘못된 믿음을 제거하는 능력, 탐구하는 용기다.

말을 통한 치료법

상업적으로 심리학이 '평범함 장(normaloid)'으로 사랑스럽게 표현되는 것과 마찬가지로 광범위하게는 치료자 혹은 내담자와 우리 모두에게 적용되는 주제다. 예를 들면, 당신은 지금 인식하고, 이해하고, 기억하고, 조사하고, 투자하고, 방어하고, 저장하고, 회복하고, 냄새 맡고, 접촉하고, 먹고, 판단하고, 미워하고, 소망하고, 기대하고, 해체시키고, 저항하는 것과 같은 개인적인 심리작용을 통하여 여기 있는 모든 단어를 되풀이하고 있다. 우리가 아무리 심리학을 피하려고 노력할지라도, 죽을 때까지 절대 피할 수 없다는 것을 인식하지 못하고 있다. 시어도어 로삭(Theodore Roszak, 1995)은 심리학 분야는 인간의 본성에 대한 깊은 연구와 관련되어 "본질적으로 사색적이며……영감에 의한 추측과 직감과 예감을 사용하지 않을 수 없다."[3]라고 했다. 이는 특히 고대 지혜의 표본이 몇몇의 선례를 통해 드러나 있다고 알려져 현대와 포스트모던의 변수 속에서 나타나듯이 '타로와 심리학' 속에서 명확하게 드러나 있다.

이 정보들은 본래 융의 분석적인 접근법을 바탕으로 한 것이지만, 4장에 논의할 인종차별의 자세(절충주의)에 대해 근본적으로 다룰 것이다. 나는 인문학적인 관점을 가지고 있으므로 정신병리학의 무거운 분석은 하지 않을 것이다. 왜냐하면 정신병리학은 공정성과 전 개인의 인간적인 면을 드러내지 못하기 때문이다. 나는 흥미로운 역사적 연결을 심리학적인 내용과 함께 심오하게 학문적으로 넓혀 가는 것은 일상적인 상담에 도움이 된다고 생각하지 않는다. 나는 모든 이론적 배경을 가진 학생과 실습생이 연구하려고 할 때, 그들이 자각, 장애 요소, 가능성에 대해 심사숙고하기를 원한다. 나는 의학적인 면을 선호함과 함께 타로의 편안하고 우월하면서도 효과적인 면을 고려하기를 바란다.

그러나 더 나아가 우리의 목적인 타로와 심리학의 융합을 바르게 토론하기 전에, 특히 이 주제에 대해 완전히 처음 접하는 사람을 위해서 타로의 실제 상황에서 진정한 삶의 양상을 그리는 것에 도움을 줄 것이다. 그러므로 다음 장에서는 치유의 내용으로 사용된 타로의 예를 들어 도입 부분에 세 가지 사례를 소개하고자 한다.

▶각주 ─────────────────────────────────

1) Giles, Cynthia, *The Tarot: History, Mystery, and Lore;* Simon and Schuster (Fireside) New York, 1992, p. 35.
2) Jung, C. G. *The Collected Works* (Bollingen Series XXVII); Trans. R. F. C. Hull. Princeton University Press, p. 55.
3) Roszak, Theodore, Gomes, Mary E., Kanner, Allen D., *Ecopsychology: Restoring the Earth/Healing the Mind;* Sierra Club Books, San Francisco, 1995, p. 14.

02
치유 배경: 세 가지 사례

태양을 향해 얼굴을 돌려 보라.
그러면 그림자는 당신의 뒤로 가 버릴 것이다.

– 마오리 속담

다음에 설명하는 세 가지 이야기는 타로가 심리치료에 사용된 사례들이다. 이 사례들은 오랫동안 진행된 것이므로 수백 개의 사례 가운데 잠정적으로 선택된 것이다. 나는 각 이야기들 속에 특별하고 친밀한 특징이 포함되어 있다고 믿는다. 그러나 우리는 모든 타로 리딩은 실질적으로 반복되지 않는 그 자체가 하나의 독자적인 사건이라는 것을 알고 있다. 오직 내담자의 주관적인 경험을 통해 궁극적으로 타당하고 의미 있는 것으로 판단할 수 있다.[1] 이와 같은 타로 리딩은 인간 관계, 영적인 경험, 아이스크림의 맛을 느끼는 것 또는 예술 작업과 다르지 않다.

여성 후원 단체

몇 년 전에 나는 한 여성 후원 단체에 초대되어 타로에 대한 강의를 하게 되었다. 나는 점술에 대해 실험해 보는 것이 가장 알맞다고 생각하여 카드를 가지고 조금 증명해 보자고 제안했다. 여성들은 나의 제안을 이해하며, 기쁘게 동의했다. 이 집단은 3~4년 동안 한 달에 한 번씩 만남을 가져왔는데, 이들은 대학 교육을 받았으며, 대부분 중년의 부유한 전문직 종사자로 구성된 12~15명의 여성들이었다. 서로의 집을 순회하면서 이루어지는 만남에서 구성원들은 보통 저녁을 같이 먹었다. 이들 중에 몇몇은 이미 타로를 경험해 보았고, 그 외 모든 이가 타로에 대해 흥미로워 했다.

　나는 타로를 집단에서 사용할 때 타로 진행상의 전형적인 사건이 일어나는 것은 자연스러운 치료의 매개로서 도움이 될 것이라고 생각했다. 구성원들은 탁자 주위에 둘러앉아, 3/4 정도가 원하는 질문을 만드는 사전 준비 작업을 하였다. 그때 그들 마음의 모든 기대감과 장애물, 방해 요소가 사라지도록 명상을 하도록 했고, 그러고 나서 탁자 위에서 카드를 충분히 섞었다. 카드 그림이 보이지 않게 뒷면이 부채꼴로 펼쳐진 카드 가운데에서 몇 명의 지원자들이 4장의 카드를 뽑았다. 나는 탁자 위의 스프레드(배열) 위치에 선택한 카드 4장을 놓았다. 간단한 리딩을 할 때에는 오직 22장의 카드만을 사용한다. 먼저 4장을 선택하고, 처음 4장의 카드에서 더하고 빼는 고대로부터 전해진 일반적인 규칙인 수비학적 방법으로 다섯 번째 카드가 결정되었다. 5장의 카드 스프레드(배열)에서 고정된 자리는, 첫째 우리를 위해서 작용하는 것, 둘째 우리에게 반대적으로 작용하는 것, 셋째 우리가 아는 것, 넷째 우리가 모르는 것, 다섯째 우리에게 필요한 것이다.

　개인적인 질문을 한 다음, 효율적인 성과를 가져오는 10분의 활동 후에 가장 중요한 질문을 결정하는 것은 어렵지 않았다. 즉, '이 단체의 미래의 방향은 무엇인가?' 나는 스프레드에서(우리를 위해 작용하는/우리에게 반대로 작용하는) 첫 번째, 두 번째 카드를 뒤집은 후에 설명했다. 카드에 존재하는 역동적인 긴장감을 포함하여 각 카드의 의미에 대해서 입증된 간결한 설명을 시작했고, 그때 집단 구성원들은 초점에 맞는 스프레드 위치와 질문의 내용에 대해 각각의 카드와 그들 자신의 개인적인 연관성에 대해 이야기했다. 다음에 일어난 사건은 (타로 마스터에게는 꽤 흔한 경우지만) 구성원들이 전혀 예상하지 못한 것이었다.

첫 번째 카드는 역방향의 죽음 카드였다. 간단히 말해서, 특히 초대받은 손님이 선택한 카드를 리딩하는 것은 그다지 좋은 방법이 아니다. 그러나 모르는 사람이 뽑은 카드라 하더라도 우리를 위한 결과로서, 미리 지명된 위치에 놓이게 된다. "이 카드는 무엇을 의미할까요?"라며 크게 놀라워했다. 나는 사람들에게 "이것이 진실이거나 거짓인가?"라고 권위적으로 묻거나 "이것은 X를 의미한다."라고 반응하는 것보다는 사람들에게 다른 질문을 하여 점술로 이끄는 올바른 접근법인 교훈적인 방법의 대답하는 방식을 강조하였다. 후자의 태도는 신비롭고 가능성에 대한 감성과 같은 자기성찰에 대한 기회로 이끌어 주고, 전자는 의식하고 있는 평가, 재조사, 판단, 결과를 이끈다. 때때로 전자의 태도도 도움은 되지만, 가능성에 대한 영역을 좁힌다.

그때 나는 낙담하고 있는 구성원들에게 죽음 카드의 역방향은 오히려 단체에서 나타나는 아주 중요한 내적인 변화를 의미하는 좋은 위치에 있다고 말해 주었다. 게다가 나는 그 카드가 주로 끝과 새로운 시작과 관련이 있고, 이 역방향이 어떤 변화에 대한 부인이나 저항뿐만 아니라 (우리가 후에 배울) 암시된 변형이 개인에게 내적으로 작용하고, '에고의 죽음'과 같은 주관적인 영역을 가리킨다고 하였다. 구성원들은 이 의견에 대해 곰곰이 생각했다.

나는 다음 두 번째 위치에서 '우리를 대항하여 작용하는 것'인 여황제 카드로 관심을 돌렸다. 여기에서 나는 감정적인 격려, 풍요, 무조건적인 사랑, 열정, 치유 등 여황제의 '지고의 어머니'적 특성을 간략히 설명하였고, 설명했던 위치는 이 집단의 미래에 이런 속성이 이 방향으로 작용하지 않을 것이라고 설명했다. 리딩에 따르면 사실 상, 그들은 어떤 끔찍한 사건을 향해 다가가고 있었다. 이것은 무엇을 의미하는가? 다시 나는 집단의 구성원들에게 설명했다. 그 순간까지는 여러 해 동안 함께 만나 온 따뜻하고 밝은 여성 집단에 기대하듯이, 이 방의 분위기는 아주 진실하고, 호의적이고, 지지적이고, 수용하고, 환영하는 (바로 완벽하게 여황제와 같은) 분위기였다. 그런데 지금 두 가지 간단한 타로 카드가 펼쳐진 후에 성 헬렌 산의 뜨거운 증기와 용의 불처럼 폭발하기 시작했다. (나는 나중에 알게 되었지만) 타로는 표면적으로 올바르게 기능하는 이 집단의 변칙적인 어떤 불만을 이야기할 기회를 제공한 듯하였다.

한 여성이 자신의 의견을 말할 적절한 시점을 찾기 위해 몇 달 동안 기다렸으며, 자신은 단호하게 단체를 떠날 것이라고 말했다. 사람들은 이 말을 듣고 깜짝 놀라며 큰 충격을 받았다. 그녀는 당연히 그 카드에 대해 반응을 하고 있었지만, 그에 관한 언급은 없었다. 또 다른 여성은 부정적인 느낌이 사라지고 난 다음 조금 침착하게 '오로지 안전과 좋은 상호 관계' 만을 묵묵하게 장려하려는 '어떤 구성원' 들에게 화가 났다고 했다. 그래도 그녀는 "때때로 나는 그 뚱뚱한 여황제 때문에 숨이 막혀 왔어요. 솔직히 그녀는 나를 짜증나게 해요."라고 거침없이 선언하면서 탁자 위에 놓인 세 번째 카드를 손가락으로 가리켰다.

주최자는 그 비난에 아주 기분이 상해서 "그게 당신 선택인 것 같군요. 메리, 이런 분위기는 예전에도 있었고 지금까지도 항상 그래 왔답니다."라면서 방어적으로 맞받아쳤다. 짧은 논쟁은 계속되었다. 또 다른 여성은 미안해하면서 막 유방암을 진단받았다는 이야기를 불쑥 꺼냈다. 그런 소식은 저녁을 망칠지도 모른다는 두려움 때문에 "전 아무 얘기도 하지 않으려고 했어요."라고 하였다. 내 생각에는 이런 중요한 소식은 단체를 통해서 위로받을 수 있을 것 같지 않은 슬픈 소식이었다. 하지만 "그래서 우리가 여기에 있잖아요. 당신이 그렇게 느꼈다니 믿을 수 없군요."라고 또 다른 여성이 빨리 대답을 하였다. 나는 가족(정확하게 그 상황에 빠지도록 도운)의 큰 다툼의 침울한 흐름 속에 놓여 있는 것처럼 느꼈다. 그러므로 우리는 치료의 '태풍의 눈'과 같은 중요한 면을 맞이하고 있다는 것을 알게 되었다. 수년간의 경험상 본능적으로 나는 최소한 20분 동안 거실을 에워싼 격렬하고 생생한 폭로의 현장에 있었다.

'우유부단한' 세 번째 그룹은 불안해하면서 약간 놀라워하는 반면에 두 개의 상반된 그룹은 정면으로 맞서고 있었다. 한 그룹은 의견의 차이점과 직접적인 대립의 손실에서 (그리고 이전에 나누지 않았던) 긍정적인 지원에 대해 언급하지 않은 것에 대해 오랫동안 정체된 불만을 토로하였다. 그들은 집단 내에서 의견의 차이를 수용할 수 없다고 불평했다. 카드를 빌려 다소 정확하게 언급하자면, 이것은 '역방향의 죽음 카드'에 해당하는 그룹이었다. '여황제'의 그룹인 또 다른 그룹은 아주 상반되게도, 탁자 위에서 쉬고 있는 위대한 여신의 미덕을 다시 연상시키듯이 이 집단을 현재 그대로 유지하고 보호하려 하였다. "우리 삶에서 누구나 부정적인 면을 가지고 있어요. 여기가 바로 우리의 마음을 열고 상처를 치유할 수 있는 곳이에요."라고 어떤 우아한 여황제 그룹의 대변인이 말했다. "그래서 우리는 여기 왔어요."라고 또 다른 여성이 말을 이었다. 심지어 카드의 문제가 있는 위치는 집단이 털어놓고 이야기하기 위해 꽤 다른 운명을 제시한다고까지 했다. 그 문제는 더 명확히 한정되고 있었다.

그리고 나는 그 집단의 미래의 방향에 속하는 문제에 관한 '우리가 아는 것'과 '우리가 모르는 것'을 나타내는 다음 두 장의 카드로 넘어갈 것을 권하였다. 세 번째 위치(우리가 아는 것)에 내가 뒤집은 것은 1번 마법사 카드였다. 일제히 모두 한숨을 쉬었다. 아! 당신은 아마 그 카드를 산타할아버지 혹은 아마 다소 다른 성격의 그룹을 나타내는 웨인 뉴턴 혹은 알란 알다와 같은 사람의 깜짝 방문으로 생각했을지도 모른다. 집단 구성원들은 막 타오르던 긴장감에서 이 마법사를 보고 안도하는 것처럼 보였다. 대조적으로 마법사는 이 맥락에서 조용히 위로해 주는 것으로 나타났다. 마법사는 개인적 성장, 변형 그리고 개인적 권한 부여에 직면하여 집단이 가진 허용에 쉽게 연합되었다. 나의 간략한 설명에 대해 구성원들은 약간의 반응을 보였고, 카드의 관련성은 명백해 보였다. 더 이상의 설명은 필요 없었다.

이것은 흔히 전체 타로 리딩에서 확실한 의미와 연결되는 카드를 사용한 경우이고, 타로의 의식적으로 알려진 것을 명확하고 투명하게 반영하는 고유한 특성이 나타난 것이다. 한 장의 카드가 펼쳐지고 그것에 대해 간단한 설명이 필요할 때, 고귀한 성자가 "당신은 항상 X에 대해 어떻게 느끼는지를 알고 있습니다. 자, 당신이 그렇게 느끼는 것은 올바른 것입니다. 잘했어요. 그렇게 계속하세요!"라고 하는 것처럼 당신의 옆에서 그의 자비로운 손을 당신의 어깨에 올려놓고 귀에 부드럽게 속삭이는 것과는 아주 다른 것이다. 우리가 그렇게 되리라고 궁금했던 것을 카드가 설명해 줄 때, 카드가 지닌 전통적인 의미에 대한 가벼운 궁금증이 일어나고 이 문제의 새로운 기준이 다시 의식적으로 세워지기도 한다. 여기에서 마법사(Magus)의 적절한 출현은 집단이 더 나은 방향의 더 높은 비전을 갖도록 하기 위해, 그리고 우리가 왜 여기에 모여 있는지에 대한 이유를 알게 하기에 적합한 조언으로 보였다.

그러나 다음 카드는 그렇게 반가운 것이 아니었다. 네 번째 위치(우리가 모르는 것)에서 메이저 10번 운명의 수레바퀴였지만 역방향이었다. 그것은 드러나지 않은 곳에 위치하여 변화, 순환, 리듬, 시기와 관여된 문제에 대한 집단 내의 어려움을 암시한다고 해석하였다. "변화의 법칙은 그들의 자연의 흐름을 거부하고 있습니다. 집단의 발전적인 흐름의 적절한 시기에 대한 혼란의 상태일 겁니다."라고 전했다. 게다가 나는 구성원들이 감추어진 역동성에 더 큰 관심을 보여야 한다고 주장했다.

그리고 나서 그들의 개인적인 친밀감을 위해 그들의 의견을 따르려고 할 때 집단의 두 그룹은 다시 싸움이 불붙기 시작했다. 유방암에 걸린 여성은 이 집단이 엄격하고 자신에게 진정으로 필요한 것에 대해서는 답하지 않는다고 불평했다. 그녀는 변화를 원했지만, 그것에 관해 어떻게 질문할지 몰랐다. 이제 그녀는 분노를 드러내었다. 그녀는 "꼭 변하려는 노력을 하지 않는다 해도 이제는 고통과 아픔과 같은 현실적인 일에 관해 이야기할 수 있는 진실한 사람이 필요해요!"라고 몹시 불평하였다. 그녀는 마술보다는 자신의 삶에서 핵심적인 현실을 더 좋아했다. 다른 여성은 반대하면서 그녀와는 다르게 되기를 희망하며, "삶에서 우리를 낙담시키는 부정적인 것을 논의하기보다 솔직히 마술적이고 놀라움이 있는 것이 약간 더 좋아요!"라고 말했다. 어떤 여성은 여전히 이상하게도 지난 몇 번의 모임부터 '집단에 속하지 못한다.'고 느끼는 이유를 알지 못했다. 그녀에게는 뭔가 이 집단이 더 이상 올바르다는 느낌이 들지 않았다. 다른 사람들도 비슷한 느낌을 이야기했다. 한 여성은 "아마 이것이 집단 내 운명적인 흐름의 한 부분이 아니겠습니까?"라고 말했다. 나는 정말 아무 말도 하지 않았다. 그 순간에는 카드가 훨씬 설득력이 있었기 때문이다.

나는 리딩을 하지 않고 조용히 앉아 있었다. 이것은 예언을 드러나게 하는 좋은 신호다. 심지어 어떤 여성은 타로의 주제에서 벗어난 것에 대해 나에게 사과했다. 나는 단지 웃으면서 "가끔 그럴 수도 있습니다."라고 말했다. 집단치료사들은 이렇게 자발적인 분위기와 하위 집단의 상호작용이 자연스럽게 일어나는 것에 익숙해져 있다. 사실 집단치료사들은 이런 과정이 일어나는 것을 마음속으로 바라고 있다.[2] 이제 의사 결정과 안건 일정의 문제에 대해 역방향의 죽음 카드 그룹과 여황제 카드 그룹 사이에서 뜨거운 논쟁과 내분이 일어났다. 사실 몇몇 구성원들은 이 집단을 위해 새롭고 신선한 관찰을 함으로써 긴장을 느끼고 개방적으로 표현하게 된 것에 대해 박수를 보냈다. 다른 이들은 이런 혼돈과 감정적인 나눔이 불편하다고 했다.

나는 그들이 지금까지 리딩에서 내가 본 것에 대해 설명해 주기를 원하고, 구성원 간에 더 많은 결속력이 필요하며, 개인적인 표현의 공간 사이에서 말하지 않는 긴장감이 있다는 것을 알아차렸다. 나는 변화와 개인차는 이 집단에서 토의하기에는 좀 불편한 문제 같지만, 그래도 역시 중요한 문제라고 말했다.

그리고 첫 번째 네 장의 카드의 수비학적인 환원법에 의해 결정된

다섯 번째 위치에 있는 마지막 카드로 넘어가자고 제의했다. 그래서 나는 다섯 번째 위치, '무엇이 필요한가?'를 결정하기 위해 죽음(13), 여황제(3), 마법사(1), 운명의 수레바퀴(10)를 더했다. 정답은(종종 그렇듯) 놀랍고도 확실했다. 이 경우에 다름 아닌 메이저 9번은 등불을 들고 있는 엄격한 고행자인 종교적 은둔자다. "이것이 무엇을 의미하는가?"라는 질문은 이제 모든 구성원이 반사적으로 묻는 형태가 되어서 내 귀에 감미롭고 신비한 음악처럼 들렸다. 집단의 미래 방향을 위해 필요한 것은 더 훌륭한 인격, 영적 집중, 성찰, 자기성찰이었다. 사실상 개별성과 개인차가 많으면 많을수록, 인정과 수용에 대한 관심도는 떨어지게 되어 있다. 적어도 이것을 은둔자가 당신에게 말해 주는 것이다.

나는 9번 은둔자 카드가 개성화 과정에 유지자의 역할을 하는 최상의 것이라고 설명했다. 그래서 외부의 압력에 관계없이 그 자신의 내면의 방향으로 끈기 있게 따라가야 한다고 했다. 물론 항상 이 카드의 의미를 설명하는 방식대로 질문의 문맥, 스프레드 위치, 그리고 내담자의 성격을 고려하여 간단히 설명하고 있었다. 나는 마지막 위치에 있는 현명한 노인의 강한 외적 모순이 여황제 그룹을 입도 떼지 못하게끔 아주 불편하게 만들었다고 확신한다. 나에게는 다행이지만, 대다수가 올바르지 못하다고 여기는 치료적 폭발이 일어나는 시간을 통해, 자발적인 희생자와 같은 이 상호적인 감정적 전이는 전달자에 의해서가 아니라 메시지 내용 그 자체로 인도한다. 치료학적으로 감정적 전이 내용으로 작용하는 것은 좋은 기회가 되었다. 다방면에서 비개인적이며 권위적인 인물인 타로의 은둔자와의 대면은 내담자에게 투사되었다. 치료자가 더 조용히 고통에 근접하도록 도움을 주어 내담자의 상처받은 과거를 더 드러나게 하였다. 이 카드는 상징적인 의미에서 이른바 '선택의 행운'으로 여겨진다.

오래전에 내가 배운 설명을 모호하게 하려는 것은 결코 아니다. '선택의 행운'은 삶 자체의 꾸밈없는 진실이다. 그것은 중요한 카드를 선택하는 행운이 주변에 모이게 한 후 우리가 선택하는 방법이다. 타로 리더로서 나는 각각 선택된(또는 관련이 있는) 카드는 항상 정확하다고 확실하게 믿고 있다. 그러나 '이것은 무엇을 의미하는가?'와 같은 질문을 하고 겸손한 태도로 존중하면서 내담자에게 물어보면 처음에는 좋아하지 않을 수도 있다. 어떤 교훈과 가능성을 내가 탐구할 수 있는가? 이 카드에서는 나 자신의 어떤 부분을 반영하고 있는가? 바로 이것이 이런 의미가 정확하게 어디에서 어떻게 제공되었는지를 발견하기 위해 리더와 내담자인 우리에게 올바르게 남겨져야 할 질문들이다.

그리고 집단은 이 시점에서 꽤 평온을 되찾았다. 즉, 매우 차분해지고 사려 깊어졌지만, 긴장되고, 내부 지향적이며, 확실히 자신을 성찰하는 은둔자처럼 되었다. 두 그룹은 개인적으로 그들 자신과 집단 전체에 대한 그의 암시적 내용을 심각하게 받아들이는 것 같았다. 이제 할 이야기가 얼마 남지 않았다. 은둔자는 이제 임무를 잘 수행했고, 씨앗은 뿌려졌다. 그리고 은둔자 자신은 최상의 대변인이었다. 진단이 끝나자 구성원들은 다소 빨리 흩어지기 시작했다. 그들은 집으로 돌아가기 전에 멋진 밤을 보낸 것을 나에게 감사하기 위해서 내가 있는 곳으로 정중히 왔다. 그날 저녁 이후 그 단체가 어떻게 지속되었는지는 알지 못한다. 그러나 나는 타로가 자신의 의무를 잘 수행했다고 확신한다. 다음은 이 다섯 장 카드의 스프레드 배치도다.

질문: 이 집단의 미래 방향은 어떠한가?

다섯 장의 카드 스프레드

3. 우리가 아는 것

1. 우리를 위해서
작용하는 것

5. 우리에게
필요한 것

2. 우리에게 반대로
작용하는 것

4. 우리가 모르는 것

에이즈로 죽어 가는 남자

에이즈라는 불치의 바이러스에 걸린 환자가 자신의 죽음을 준비하기 위해 치료를 받으러 왔다. 그는 '카포시 육종(Kaposi Sarcoma)'이라는 진단을 받았고, 이상한 증상들이 그의 몸 전체에 퍼졌다. 그는 몸무게가 20kg이나 빠져 허약해졌고, 만성적으로 피로하다고 했다. 검사를 위한 화학요법으로 팔로알토에 있는 스탠퍼드 병원에서 치료를 시작했지만, 그의 증상은 호전되지 않았다. 55세의 박사학위를 가진 은퇴한 교장으로 평생 교육자의 삶을 산 데이비드는 이상한 병으로 죽어 가고 있는 현실을 받아들였고, 이제 정신적으로 그 자신(과 그의 연인)은 이 비극적인 운명을 받아들일 준비가 되었다.

4~5커플의 모임이 끝난 지난주에, 우리는 대부분 그 관계의 결말에 대해 다루었다. 10명의 커플은 함께 울면서 스트레스를 받는 상황에서도 놀랄 만큼 침착했다. 나는 그들이 관계를 지속하려고 하는 것이 놀라웠다. 데이비드는 죽음에 대해 이제 감정적으로나 영적으로 자신이 중심이 되기를 원했다. 그의 주치의는 이제 몇 주 밖에 더 살지 못할 것이라고 하였으며, 나는 타로 사용을 그에게 제안했다. 그는 카드에 익숙하지 않았지만, 이 제안을 받아들였다.

비록 슬프지만 데이비드의 운명은 정해져 있었으므로(의학적 기적을 바라지 않는 한) 이 상황에서 미래를 예언하는 것은 의미가 없어 보였다. 그도 미래를 보는 것에는 그다지 관심이 없었다. 데이비드는 죽음 자체에 관한 믿음이 부자연스러웠고, 흔해 빠진 종교적인 말에는 특히 관심이 없었다. 단지 그의 현재 상황을 성찰하려고 한다면, 반영적 예언은 다소 소용이 없는 것이었다. 게다가 그는 약간의 성찰의 기미도 거의 보이지 않았다. 극심한 고통이 그에게 더해져 갔고, 이제 그는 셀 수도 있을 만큼 남은 현재 생활에서 소중한 관계를 합리적으로 정리하고 싶어 했다. 그는 뉴욕에 있는 몇 명의 가족과 가끔 연락을 했고, 그것으로 충분하다고 느끼고 있었다. 그는 더 이상 일할 수 없었고, 지난달 대부분 침대에 누워 있던 생활에 싫증이 나 있었다. 데이비드가 해야 할 일은 남은 시간 동안 자신을 찾는 것이었다. 지각할 수 있는 질서 속에서 그는 삶의 의미에 대해 말하고 싶었고, 삶의 의미의 대부분은 과거에서 벗어난 기억 속에서 존재하고 있었다. 현재의 생각, 신념, 회상 등 그와 접촉된 정신적인 부분이 건강 상태의 스트레스 요인들 때문에 압도되었다. 하지만 프랭클(Frankl)이 가장 절박하고 죽음의 기운이 드리워진 나치 수용소에서 『인간의 의미를 찾아서』라는 책을 집필하였듯이, 이러한 상황에서 일관성 있게 의미를 찾으려는 것은 기본적인 인간의 본성이다. 타로는 이러한 욕구에 도움을 줄 수 있는 자연스러운 도구다.

　나의 에이즈 환자에게 여러 개의 덱 가운데 감정적으로 가장 크게 느껴지는 카드 덱 하나를 선택하라고 했다. 그는 마음에 들면서도 위로받을 수 있을 것 같은 색과 이미지를 지닌 물병자리 덱을 선택했다. 그리고 나는 테이블에 78장의 카드 전체를 무작위로 놓았다. 그리고 각 카드를 잘 볼 수 있도록 뒤집었다. 이 과정은 꽤 간단했고, 그에게 아주 큰 의미를 주었다. 나는 그에게 천천히 모든 이미지를 잘 보고 그의 감정을 풍요롭게 하여 어떤 면에서 그를 감동시키는 카드들을 고르라고 했다. 그가 그 카드의 전통적인 의미를 아는 것은 중요하지 않다. 단지 그의 상상을 자극하고 혹은 감정을 건드리는 것이 중요했다. 그는 그 일을 즐거워했고, 카드의 4분의 3이나 되는 그림을 한 장씩 고르면서 천천히 이미지를 통해 자세하게 이야기를 나누었다. 보통의 상황에서 같은 임무가 주어진 누구라도 타로 이미지가 가진 본질적으로 연상시키는 영역과 가능성에 대해 긍정적으로 반응하리라 믿는다.

나는 선택된 카드를 모두 펼쳤다. 그리고 데이비드에게 자신이 느끼는 대로 어떤 의미 있는 내용으로 분류해 보라고 했다. 그가 무엇을 느끼든 간에 카드의 구조와 의미에서 그 자신의 느낌과 연결시키게 했다. 그림에 대해 자세히 이야기하는 시간을 몇 분 보낸 후, 그는 이 과정을 빨리 이해하고 현실화시켰다. 그는 '좋아하는 카드, 좋아하지 않는 카드, 신비롭고 호기심을 자아낸다고 느껴지는 카드' 등 세 가지로 분류했다. 그리고 그에게 가장 먼저 알고 싶은 것을 선택하라고 했다. 그는 '좋아하지 않는 카드'를 골랐다. 그 과정은 개인적으로 선택해야 하는 감각에 힘을 실어 주었고, 그 카드의 그림들은 일관성 있게 개인적인 의미를 불러일으키는 것 외에도 악화된 말기의 병에서 깨어나게 함으로써 작지만 고귀함을 내포하고 있었다.

분류된 나머지 두 그룹을 치우고, 나는 탁자에 그가 좋아하지 않는 카드만 올려 두고 특별한 순서 없이 다시 뒤집었다. 데이비드는 정해진 규칙 없이 정서적 감각에 따라 어떤 방식으로 더 발전된 순서로 그 카드들을 놓게 되었다. 몇 분 후에 '아동기와 사춘기, 성인기, 그리고 나의 현재 삶'이라고 부르는 세 가지 하위 분류를 만들었다. 이런 하위 분류 내에서 나는 어떤 카드가 서로 속해 있고 연결됨을 느꼈는지 혹은 분리되어 고독해 보이는지를 물었고, 그 특징들을 반영하여 더 나은 배열을 만들어 보라고 다시 요청했다.

데이비드가 싫어하는 18장의 카드 중, 7장은 아동기와 사춘기에, 6장은 성인기, 그리고 5장은 현재에 속했다. 그의 선택의 기준은 어떤 방법으로 각 카드가 죄, 후회 또는 절망의 감정을 일으켰는지였다. 비록 각 카드들의 그룹들이 데이비드에게 놀라운 감정적인 느낌을 일으켰지만 구조적인 타로 관점에서 카드 그룹들은 뚜렷한 리듬이나 이유를 드러내지 않았다. "여기 이 그룹은 나의 어머니와 관련이 있어요."라고 그는 말했고, "이 그룹은 나의 성욕."이라고 연이어 말했다. 이 작업은 핵심에 관해 데이비드가 다소 빠르게 자신의 삶의 주제를 분류하고 조직화하도록 하였다. 그 카드들은 데이비드의 좌절된 심리 상태의 조각을 다시 그리도록 하는 상징적인 자석과 같은 것이다. 이 과정은 대부분 비언어적이었고 분석이나 해석을 하지 않았다. 오직 데이비드만이 그런 결정을 할 수 있었다.

눈물과 웃음을 통해 우리는 이 카드라는 자극제로부터 융합되고 회상하면서 성찰의 시간을 자유롭게 보냈다. 나는 데이비드가 싫어하는 카드를 놓아 버리고, 가능하면 평화롭게 편히 쉬라고 격려했다. 이런 상황에서 이미지들과 동일시하고 감정적으로 연결하는 것은 필요한 작업의 과정이었다. 시간은 아주 빠르게 흘러갔다. 모임을 마치고, 나는 데이비드에게 두 번째 하위 그룹인 '내가 좋아하는 것'에 관한 카드를 집에 가지고 가서 탐구하라고 과제를 주면서 다음에도 이런 그룹화 과정과 비슷한 것을 할 것이라고 하였다.

다음날 아침 데이비드는 아주 고요했으며 차분한 모습으로 돌아왔다. 그는 전날 밤 연인과 그가 좋아했던 카드를 탐구하며 시간을 보냈으며, 이러한 경험은 '아주 치유적'이었으며, 삶에 대한 확신을 가지게 되었다고 했다. 그는 울고 웃으면서 삶의 많은 경이로운 부분을 열거했는데, 나는 그에게 그것이 무엇인지를 물었다. 그는 책을 사랑했고, 무엇보다도 아이들을 가르치는 일을 가장 사랑했다고 말했다. 진단과 평가의 심리학적인 테스트에서 반영되는 기술들이 무의식을 자극하는 데 사용되는 만큼 어떤 카드는 그런 기억들을 드러나게 했다. 그 치료 과정은 긍정적인 이미지와 과거에 그의 건강하고 생산적인 자아와 연관된 감정들이 일어나도록 도왔고, 이제 그는 현재 상황의 혼란과 고민만을 가지고 있다. 타로 카드는 그들의 이미지가 지닌 힘을 통해 현재 상황에 개의치 않는, 혹은 덧없는 정서 상태를 일으키는 과거 경험을 시각적으로 보여 주고 그만두게 하는 데 도움을 준다.[3]

회기가 끝나갈 무렵, 나는 데이비드에게 그가 '신비롭고 호기심을 자아내는' 것이라 생각하는 그의 세 번째 카드 묶음을 건네주었다. 나는 그에게 다른 집단들과 함께 카드들에 대해 탐구해 보자고 주말에 초대했고, 그 주는 빨리 돌아왔다. 그다음이 내 사무실에서 데이비드를 본 마지막이었다. 병은 더 악화되었고, 그는 일주일 후에 죽음을 맞이하였다. 그러나 그날 우리의 모임은 우리 둘에게 굉장한 것이었다. 나는 죽음에 다다른 사람의 수용력에 감동을 받았다. 데이비드가 발견한 가장 흥미로운 것은 바로 완전한 메이저 아르카나 그 자체였다. 각 타로 카드가 색다른 감흥과 희망을 가져왔다고 그는 말했다. 타로 카드들의 광범위함은 그가 거의 잊었던 철학 공부를 하던 청년기의 기억을 되살아나게 했다. 그는 이제 자신의 고통 너머의 거대한 원리에 연결된 것에 감사했다. 그는 더 이상 질병을 언급하지 않았고, 환영과 꿈과 같은 병의 일반적인 실재의 본성, 즉 그의 '반응하는 마음'을 떠올렸다. 그 경험은 그를 아주 고요하게 만들었다. 그는 죽음이라는 더 큰 미스터리로 접근하는 데 최소한의 의지 또는 준비를 했던 것이다.

커플 상담을 넘어서

존은 붙임성 있고 느긋한 성격을 지닌 48세의 인쇄업을 하는 사람이었다. 그는 다섯 번의 결혼과 이혼, 두 명의 성장한 자녀가 있었다. 그는 11세의 어린 나이부터 어른이 된 30세까지 인상적인 경력을 갖고 있었고, 알코올 중독, 헤로인 중독 등 여러 가지 마약에 중독된 사람이 되었으며, 그 후 18년간의 금단생활을 하고 있었다. 그의 세 번의 결혼은 일반 사람들이 말하는 익숙한 경향성을 따랐다. 예를 들어, "그들은 내가 줄 수 있는 그 이상을 요구했고, 그것이 너무 힘들어서 이혼했어요."라고 말하는 것과 같은 경우였다. 두 아이가 태어난 그의 첫 번째와 두 번째 결혼은 아주 무질서했고, 그것을 잊기 위해 그는 마약에 빠졌다.

그러나 지난 3년 동안 존은 이전에 만났던 여자와는 다른 여인인 줄리와 행복을 찾게 되었다. 줄리는 그보다 열두 살이나 어렸는데, 한 번 이혼한 적이 있고, 잠시 동안 알코올 중독을 겪었고, 그녀 또한 7년간의 금주생활을 하고 있었다. 둘은 공통적으로 알코올 중독 경험자였고, 금주회(AA)의 도움을 받은 적이 있었다. 하지만 지금 상황에서는 줄리가 확실히 둘의 관계를 더 많이 걱정하고 있다. 그녀는 존과는 달리 수완가였고, 자립심이 강했다. 그녀는 상담학 석사를 마쳤으며, 권위 있는 치료 시설에서 일을 했다. 줄리는 두 사람 사이에서 행동가였지만, 존은 양육자였고 감정의 닻의 역할을 하는 사람이었다. 그녀는 존의 이런 자질을 소중하게 생각했고, 다른 사람에게서는 그것을 찾을 수 없음을 확신했다.

서로의 문제는 악화되었지만, 줄리는 결혼해서 아이를 가지기를 원했다. 사실 그녀에게 결혼은 평생의 꿈이었다. 그녀는 아이를 원했고, 결혼하는 것에 반대하지 않았다. 그러나 이러한 관계의 발전은 존에게 작은 걱정, 그 이상이었다. 그는 줄리와 반대로 아이 양육의 어려움을 겪었고 이제 50세가 되어 다시 한 번 아빠가 되어야 한다는 생각에 그녀의 소망을 나누기가 싫었다. 그들은 어떻게 할 것인가? 그들은 용기를 얻어 문제를 해결할 방법을 강구했다. 지난해에 그들은 그 문제에 대해 많은 것을 생각했다. 그들은 확실한 결정을 내리기 위해 기도했다. 그들은 그 문제를 놓고 매일 의논했다. 그녀는 정신과에 가기도 했다. 그는 긍정적인 생각의 힘을 키우려 하였고, 커플 상담을 받았다. 그러나 아무것도 효과가 없었다. 그들은 심지어 헤어지려고 했지만 (약 일주일 만에) 다시 만나게 되었다. 이제 동거하면서 약혼하는 것만이 유일한 해결책이었다(이 얼마나 이성적인 마음의 경이로움인가!). 그들은 새 아파트를 구하고 새 주소를 만들었다. 심지어 결혼 날짜도 정했다. 그녀는 스승을 통해 많은 용기를 얻었지만, 여전히 그들은 결혼하는 것을 두려워했다.

친구들과 가족은 설득하기를 포기했다. 사람들은 그들이 미쳤다고 생각했다. 왜냐하면 그는 너무 나이가 많았고, 그의 삶의 기록이 말해 주고 있었기 때문이다. 그녀는 너무 강하여 이해심이 부족했다. 두 사람은 서로 아주 다른 생각을 가진 사람들이었지만, 그 결합은 운명적인 것이었다. 그들의 머리로는 뻔한 실패와 파멸이 보였지만, 자신들의 가슴이 함께하기를 원하는 것을 부정할 수 없었다. 가장 고통스럽고 계속된 상반된 감정의 확실한 양상은 그들이 네 번이나 결정했다가 취소하고 다시 예약한 그의 정관수술에 대한 문제였다. 이것이 바로 상반된 감정 상태였다. 심지어 외과 의사도 의심이 커져 갔고, 수술의 가능성에 의문을 가지기 시작했다.

그들은 그다음 주에 나의 사무실로 왔다. 우리의 신뢰감에 가능성을 만들기 위해 "그래서 타로의 신에게 당신들의 관계에 대한 운명을 물어볼 준비가 되었나요?"라고 덜 심각해 보이기 위한 농담을 던졌다. 그들은 긴장하면서도 웃었고, 분명히 그 내용을 자각하고 있었다(처음에는 불편할지라도). 나는 그와 같은 복잡한 상황에서 타로의 정확도와 신뢰도를 조성해야 하고, 어떤 예언이 나타난다고 할지라도 분명히 잘 작용하도록 연관성을 지어야 한다는 것을 알고 이임무에 임했다. 그리고 때가 되었다. 때로는 진정한 리딩의 함축적의미를 완벽하게 알아차릴 때까지 그냥 몇 주가 지나가기도 한다. 그러나 적어도 중요한 씨앗은 무의식적으로 어느 날에 심어지기도한다.

격식을 차리지 않고 우리는 함께 준비했고 리딩에 관한 질문이 정해졌는지 다소 과장되게 물어보았다. 그들의 대답은 빠르고 요약적이었다. "우리가 결혼할 수 있을까요?" 줄리가 물었다. 하지만 분명히 그녀의 목소리에는 약간의 떨림이 있었다. 이 관점에서 그들에게 중요한 것은 거의 없었다. 모든 예언자가 그러하듯 진퇴양난에 빠져있지만, 친숙하고도 이례적인 상황에서 타로 리딩을 시작하는 것이 완전한 것이라고 생각하기도 한다. 이러한 상황을 자신의 의식적인 조절의 외부적 조정이라고 부른다.

나는 그들이 받아들이는 책임감을 내담자 스스로 정면으로 받아들이도록 하기 위해서 그와 그녀의 카드를 번갈아 가면서 그 카드들의 연속적인 그림들을 커플에게 설명했다. 나는 주제의 책임감과 점술에 대한 흥미가 증가됨을 알게 되었다. 부가적으로 '선물과 안내'로 불리는 마지막 카드(11번째)를 보지 않고 선택했다. 이 마지막 제한은 리딩의 확장 면에서 두 가지 기능을 의미했다. 첫째는 그 질문의 우연성(예, 다른 것과 우연한 만남) 외에 일어나는 중재와 영향력을 의미한다. 둘째는 타로 리더와 질문을 하는 자 사이에 인지되고 만들어진 연결이 리딩이 일어나는 곳에서 창조된다. 그리하여 서로 협력으로 만든 면을 리딩에서 강조하는 것이다. 점성학 차트와 심리검사와는 달리 타로 예언은 '지금-여기' 리더와 내담자 간의 관계를 형성하는 것을 필요로 한다. 이런 방식으로 심리치료가 볼륨 댄스처럼 더욱 가까워진다.

우리는 전체적으로 신탁과 같은 메시지의 내용과 함께 그와 그녀의 개인적인 융합과 각 카드의 함축적 의미를 탐구하고 카드를 읽는데 치료적 조언의 시간을 보냈다. 그 이상은 아니었지만 무거운 무기 아래에 있는 전쟁과 같은 결혼 직전 상황에서 이 과정은 그들을 침착하고, 사려 깊게 생각하도록 만들었고, 그 주제에 대해 더 많이 대화하도록 인도했다. 다음은 (다음 장에서 논의할) 배열법을 설명하는 요약본이다. 카드에 대한 설명은 부록 A에 되어 있다. 각 카드에 대해 해석자를 통해 전달된 가장 눈에 띄는 설명을 적어 보았다.

질문: 우리는 결혼할 수 있을까요?

(선물/안내)

컵의
10번

(목표/이상)

검의
8번

(결과)

컵의 7번
(역방향)

(상황)

지팡이의
9번

(희망)

컵의 9번
(역방향)

과거
(원인)

검의
왕

현재
(장애물)

컵의 2번

미래
(영향)

지팡이의
시종

(대상)

은둔자

(기초)

펜타클의
기사
(역방향)

(자아)

검의
7번

핵심

현재 상황: 지팡이의 9번- 힘과 승리, 반대적인 힘, 창조적인 힘, 심리적 일치

장애물: 컵의 2번- 가슴에서의 감정적인 교감, 사랑에 빠짐, 결합, 사랑하는 관계

저자의 해석: 현재의 풍부한 창조성과 앞으로 나아가기 위한 열정적인 에너지가 있지만, (이전에 강력한 힘 속에 있었던) 내재된 결합의 연결성이 현재는 막혀 있으며, 먼저 이것에 관심을 기울여야 한다.

위와 아래

목표: 검의 8번- 자기 스스로 부여한 자아, 인식된 왜곡들, 자기 자신의 부정적인 생각에 묶여 있고 올바로 보지 못함

기초: 역방향의 펜타클의 기사- 둔하고, 고정되어 있지 않고, 편의주의의, 드러난 것과 과장된 동일시

저자의 해석: 결혼의 긍정적이고 미래적인 목표를 세울 힘과 미래를 함께 시각화하고 투자할 힘이 염려되며, 부정적인 사고, 인식, 왜곡으로 방해를 받고 있다. 당신들이 다소 확고하지 않고 뿌리를 내리지 않을 때는 이러한 부정성은 물질적인 안전성에 지대한 관심을 부여할 때 찾을 수 있다.

원인과 영향

과거의 원인: 검의 왕- 공평하고 객관적인 지식, 객관적인 사실들과 드러난 정보에 근거하여 편견 없는 심판을 하는 법정의 판

사, 명령과 권위

현재의 장애: 컵의 2번- [배열 1과 같음] 감정적인 교감, 가슴으로 함께함, 사랑에 빠짐, 결합, 사랑하는 관계

미래의 영향: 역방향의 지팡이의 시종- 책임의 두려움, 부적절한 인격, 마법사의 계시

저자의 해석: 당신들에게는 자신과 주위 세상을 분명하고 객관적으로 본 과거의 중요한 시간이 있었다. 당신들은 삶을 통제함으로써 자신의 방법들이 잘못되었음을 보았다. 이제 당신은 현재 진정한 관계의 장애물을 객관적으로 보고 관계에서 서로 사랑하는 면을 하루빨리 회복하여 부담스러운 책임감에서 오는 두려움을 함께 검토해야만 한다.

자아와 대상

자아 동일성(우리는 우리 자신을 어떻게 보는가?): 검의 7번- 우정이나 관계의 희생의 대가로 갈등을 겪게 됨, 순교와 배신, 혼돈 속에서 계획을 세움

대상(남들은 우리를 어떻게 보는가?): 은둔자- 지혜의 추구자/영적인 여행, 대단히 독립적이고 결연함, 지혜로운 노인의 원형, 외부의 인정에 신경 쓰지 않음, 고독을 중요시함, 정진으로 자신의 구원을 추구함(붓다), 개성화의 길, 냉정과 침착, 강한 자아 감각

저자의 해석: 당신들은 현재의 갈등과 이전의 어떤 신뢰나 과거 우정의 상실 속에서의 자신을 보고 있다. 순교와 배신의 문제들이 지금 당신들의 '독백'을 채우고 있으므로 치유의 과정이

시작되기 전에 서로 직면해서 직접 표현해야 한다. 타인은 당신들을 영적인 믿음에 몰두해 있는 대단히 독립적인 사람들, 그리고 외부의 인정이나 사회적인 준거가 필요치 않은 사람들로 본다. 그들은 당신들의 사명을 이해하지 못할 수도 있지만 그 사명을 존중한다.

희망와 저항

두려움과 희망: 역방향의 컵의 9번- 멋대로 행동함, 소모, 중독, 자기만족

현재의 장애: 컵의 2번- [배열 1, 3과 같음] 감정적인 교감, 가슴으로 함께함, 사랑에 빠짐, 결합, 사랑하는 관계

저자의 해석: 당신들의 관계에 존재하는 현재의 긴장은 이전의 중독적인 행동에 대한 두려움과 연관성을 지닌다. 이 관계가 육체적 쾌락과 감정적인 충족을 준다는 희망도 있지만, 이러한 중독은 제멋대로 행동하는 것과는 구별되어야 한다. 가슴의 교감으로 현재 심각한 긴장을 회복하고 난 다음, 이 문제를 논의하고 해결하는 것이 필요하다.

해결책과 지혜

결과: 역방향의 컵의 7번- 선택의 자유가 부족함, 상상할 수 없음, 잠재 인격의 활동적인 자각

선물과 안내자: 컵의 10번- 사랑에 빠짐, 삶보다 더 큰 도취와 희열, '하늘의 무지개' (일시적임)

저자의 해석: 관계에서 일어날 수 있는 가능성을 재설정하기 위해

서는 좀 더 상상력을 발휘해야 한다. 당신들은 앞으로 나아가지 않고 바퀴를 돌리는 경향을 가지고 있다. 인격적인 면에서 서로 다른 점을 가지고 있으므로 그저 관계에서만이 아니라 삶의 다른 면에서도 자신들의 다양한 면을 개발하는 것이 좋다. 이것이 인생에 적절한 균형을 이루도록 도울 것이다. 서로에게 느끼는 힘을 신뢰하고 그것을 선물과 안내자로 보아야 한다. 도취된 상태는 지속되지 않을 것이지만, 이것은 당신들의 매력적인 힘의 표시이고, 사랑의 증거다.

이와 같은 각 해석은 질문과 스프레드 위치의 맥락 안에서 카드가 지닌 의미로부터 바로 추론했다는 것에 주목해야 한다. 정확히, 그리고 일관되게 결정 내리는 것은 이 책의 뒤편에서 상세하게 논의할 것이다. 종종 있는 경우지만, 이 리딩은 새로운 내용을 드러내지 않고도 내담자가 이미 느끼고, 감지하고, 믿고, 피하고 그리고 부인하는 것을 확인시킨다. 순전히 무작위로 뽑는 방법을 통해 얻어 낸 그런 정보라는 사실은 그 주제의 중요성을 강조한다. 이 사실을 과소평가해서는 안 된다. 그 자료들은 비개인적이며 초월적이었기 때문에 리딩의 전달 방식에 비난이나 과장됨은 분명 없었다. 다음 장의 '타로 방법'을 올바로 탐구할 수 있도록, 리더의 전체적인 방법과 자세, 리더와 내담자 간의 예언에서 만들어진 독특한 상호작용에 대해서는 이 세 번째 이야기에서 의도적으로 생략되었다.

즉, 이상한 '꼬인 운명', 마법의 특정한 피드백을 가짐으로써 타로가 작용했던 방식은 다음에 동시성과 비정형적인 시간이라는 내용으로 자세하게 검토할 것이다. 리딩은 너무나 일반적이고 보편적으로 적용할 수 있어서 예언된 지성보다는 예언적인 강요에서 일어나기 때문에 회의론자들은 자연스럽게 리딩을 논박한다. 그러나 서로 다른 그 어떤 카드에서든, 전혀 다른 무수한 해석이 자연스럽게 드러남을 기억해야 한다. 또한 회의론자에 대해서는 9장에서 적절하게 논의할 것이다. 지금은 존과 줄리가 타로의 메시지에 의해서 짐을 크게 덜었으며 그 경험을 감사하게 여기는 것만으로도 충분하다. 문제들이 명쾌하게 파헤쳐지고, 계속되는 탐구와 의사소통을 유도하기 위한 내용이 제시되었다. 나에게는 비뇨기과 의사와의 다음 약속이 그들의 마지막 약속이 될 것이라는 뚜렷한 인상만을 남겼다.

그 리딩이 있고 난 6주 후, 다음과 같은 소식을 전하는 편지가 내 사무실에 날아들었다.

> 존과 줄리가 사랑에 빠졌을 때
> 신은 '헤어지지 말라.'고 하셨습니다.
> 이제 그들은 기쁨에 겨워
> 사랑의 결혼식에 당신을 초대합니다.

신혼여행 뒤, 나는 이 부부가 다음 타로 리딩을 위해 돌아오리라 기대한다. 분명히 알 수 있듯이 타로 방법은 친밀한 동반자를 위해 함께할 수 있는 성찰과 탐구의 창을 분명히 열어 준다. 희망적으로 이 세 가지 전혀 다른 이야기들은 각각의 방식대로, 타로의 초심자에게 심리치료에서 그 적용에 대한 첫인상을 주었다. 우리는 이제 타로 방법을 더 상세히 탐구할 준비가 되었으며, 그것이 다음 장의 주제가 될 것이다.

▶각주

1) Arrien, Angeles, *The Tarot Handbook: Practical Applications of Ancient Visual Symbols*, Arcus Publishing Company, 1987, p. 20.
2) Giles, Cynthia, *The Tarot: History, Mystery, and Lore*, Simon and Schuster, 1992, p. 133.
3) Ibid.

03
타로의 방법

자기 자신을 보는 것은 고개를 돌리지 않고 뒤를 돌아보는
것만큼이나 어려운 것이다.

– 헨리 데이비드 소로

위험성과 이로움

풍부한 상상력과 흥미를 이끌어 내는 타로를 사용하는 것은 치료 과정에 내담자를 적극적으로 참여하도록 하여 전통적인 병원 체계에 대한 불편함을 덜고 치료 환경에 더 개방적이고 흥미로운 분위기가 연출되도록 한다. 특히 요즘처럼 치료 과정이 짧은 시대에 타로는 경험이 많은 치료사의 도구가 되며, 그 특별한 유용성이 요구될 때 이따금씩 사용할 수 있다는 것이 나의 생각이다. 물론 이 경우에 심리치료의 환경에 영적인 도구를 소개하는 위험성은 타로가 변화를 신뢰할 수 있는 도구라기보다는 오히려 심리주의의 예측 가능한 지지자로서 임상적으로 비난받는 도구가 될 위험성을 지닌다. 오늘날 모든 문제와 사람에 대해 한 가지 치료 접근 방식을 엄격히 고수하지 않고 소수의 사람들이 논의하는 임상적 절충주의는 효과적인 실습을 위한 논리적인 귀착점이 되었다. 그 무엇보다도 대중문화에 휘말려 있는 치료사들의 농담은 심리적 치료의 실습 과정에서 행하게 되는 예언적인 경험에 대해 생명력 없는 경향성을 초래한다.

심리치료와 타로의 의식화된 만남은 그 자체로 매력적이며, 일반적으로 의식적 · 무의식적 지식을 분리하는 장벽을 낮춘다. 신시아 자일스(Cynthia Giles)는 그녀의 훌륭한 책 『타로: 역사, 미스터리 그리고 지식(The Tarot: History, Mystery, and Lore)』에서, 타로 작업과 심리치료에는 특별히 공통점이 있는데, "그 각각은 내담자 혹은 환자가 그 자신의 신화를 연구할 수 있도록 시간과 공간을 제공해 준다."라고 하였다. 대부분의 경우에 타로는 그다지 부담스럽지 않고, 언어 중심적이며, 예측 가능하고, 계층적이라는 점에서 전통적인 심리치료 방법에 비해 실제적인 이점이 있을 수 있다. 때때로 타로에서 치료자와 내담자는 감정적 전이를 공유하게 된다. 그 감정적 전이는 서로에게 더 많이 향하게 하는 것이 아니라 중립적이고 더 지혜롭게 감동시키는(때때로 당황스럽게 하는) 예언자적인 목소리로 이끌어 준다. 자일스는 "일반적으로 환자는 치료법에 대해 방어하지만, 내담자는 예언에 대한 방어를 보이지 않는다."라고 말했다.

치료자가 타로 카드를 사용하려 한다면, 치료자는 예언에 대해 성숙하고 지각 있는 관계를 가지고 있어야 하며, 비전문적이고 비윤리적으로 보일 수 있는 위험을 참고 견뎌야 한다. 마찬가지로 '샤머니즘적인 전이', 즉 특별한 마법적 힘이 치료자 자신의 인격으로 투사되는 것을 경계해야 한다. 상징적이고 동시성을 지닌 타로의 매개를 통해 얻게 되는 독특한 자각의 차원은 능숙한 치료사/리더에 의해 확실히 향상되지만, 그것을 그 자신의 '마법적인 힘'에 특유한 어떤 특정한 재능이나 능력에서 비롯된 것으로 보기는 어렵다. 예언의 참된 목적과 의미에 대해 그 작용과 가르침을 잘못 이해하지 않도록 치료자는 처음부터 내담자에게 이것을 충분하게 분명히 인식시켜 주어야 한다. 치료사와 타로 리더는 모두 진리나 힘의 집행자가 아니라 심리적 변화와 자각으로 이끄는 대리인의 역할을 하는 사람들이다.

타로의 도입이 내담자에게 부작용을 일으키거나 공격적으로 되어 잠재적으로 부정적인 영향으로 금기시되는 상황들이 일어날 수도 있다. 어떤 임상적인 상황에서는 자일스의 제시와 달리, 타로는 내담자에게 전통적인 치료법보다 실제로 더 위협적일 수도 있다. 예를 들면, 모성적인 보살핌이 크게 필요하거나 강한 의존성과 전이 문제를 가지고 있는 내담자들에게는 아무리 카드가 특별한 통찰력을 제공하며 그 어떤 초월적이거나 예언적인 근원을 설명한다 하더라도, 그들은 인간적으로 변장한 치료자에게 대리 대상으로서 부모의 관심과 인정을 더욱 원할 수 있다.

일반적으로 타로 실험이 올바르게 이루어지기 전에 치료적 관계에서 먼저 충분한 신뢰와 조화의 수준을 확립하는 것이 중요하다. 이 비전통적인 접근 방식을 적용하기 전에 내담자/환자는 먼저 전통적인 수단을 통해 자신의 어려운 부분을 표현하고 탐구해야 한다. 다른 특별한 기술처럼 타로도 틀림없이 많이 사용한다면 그 효과가 제대로 작용하지 못해 효과적인 면이 줄어들 수 있다. 그래서 나는 한 해에 3~4회 이상 타로를 심리치료 과정에 도입하지 않는 것을 원칙으로 하고 있다.

하나의 사건에 일련의 반복된 리딩을 진행하는 것이 더 좋지만, 리딩은 성찰, 동화, 통합을 위해 필요한 시간을 할애하여 여러 달에 걸쳐 간격을 두어야 한다. 그러나 다른 상황들에서는 내담자 질문의 심리학적인 면이 적절하게 드러나고 더 상세한 설명을 원한다면 또 한 번의 실습이 자연스럽게 바로 요구된다. 그러한 연속적인 리딩들의 적시성은 최선의 치료 과정을 결정하는 데 모든 관련 요소를 숙고해야 하는 치료사의 판단에 맡길 수밖에 없다.

가끔 성격장애로 다루기 힘든 내담자들도 있는데, 그들은 예언자적인 권위의 힘과 비순응성에 위협을 느껴 보통 두려워하게 된다. 이 책의 뒤에 제시된 사례들에서, 실험적인 타로 리딩을 따르지 않는 것은 보다 높은 정도의 사회적 장애를 겪은 경험자들이 전통적인 방법보다는 타로의 예언에 더 많은 위협을 느끼기가 쉬울 것이라는 것을 보여 준다. 일반적인 치료자와 내담자가 보통 비개인적이고 예언적인 도구를 대면했을 때 상호작용과 기대를 찾지 못했다면, 나는 이러한 결과는 문제의 핵심에 대한 부정, 기만, 회피, 처치에 대한 기회가 부족했던 반사회적 인물의 관점에서 기인한다고 의심한다. 사실상 타로 카드를 다루거나, 그에 저항하거나, 그것을 간단히 처리하기가 그다지 쉽지 않으므로 치료사라는 사람에게는 보다 불필요하게 보일 수도 있다.

마지막으로, 치료 환경에서 타로를 위한 그 밖의 금기시되는 상황들에는 심하게 정신이 분열되고 양극화된 환자들, 편집증이나 강박신경증 환자들, 통찰력이나 불충분한 에고의 힘을 수용할 능력이 없는 내담자들, 타로를 사악한 불경이나 이교도의 악행으로 여길 수 있는 근본적인 종교적 믿음을 가지고 있는 사람들에게는 사용하지 않아야 한다. 십대 청소년들은 타로의 상징주의와 효과적으로 실습하기에 필요한 통찰력을 가지고 있지는 않지만, 집단치료 활동에서 치료적으로 통합된 타로의 상징을 즐길 수 있다. 또한 잠재력이 있는 어린이들이 치료하기 위해 카드를 가지고 노는 것이 효과적임을 나는 보았다(고양이 타로처럼, 이에 아주 적합한 덱들이 있다). 이제 여섯 살인 나의 아들 알렉산더는, 마음을 끄는 신비로운 이런 이미지들이 그 어떤 순서로 배열되든 간에 이야기를 능숙하게 엮어 내기도 한다.

'일반적인 신경과민'을 가지고 있는 내담자들도 타로와 더불어 탐구할 때 엄청난 통찰력과 열의를 얻는다. 부부, 가족이나 단체들도 개인 간의 다양성을 반영한다면 타로가 독특한 효과를 가져다준다는 것을 알게 될 것이다. 광범위하게는 우울증, 근심, 적응, 외상후 스트레스 장애로 고생하는 사람들뿐만 아니라 높은 수준의 경계선적 성격장애 환자나 자기애적 성격장애 환자들, 회복 중인 마약과 알코올 중독자들의 경우에도 효과적으로 적용될 수 있다는 것을 나는 부가적으로 발견하였다. 역설적으로 회의론자들이나 믿지 못하는 사람들도 진지하고 실재적으로 믿는다면 예언적인 실험에서 훌륭한 조력자가 되기도 한다. 타로 리딩에서 가치를 얻기 위해서는 이전의 그 어떤 경험이나 믿음 또는 이해가 필요한 것은 아니다. 그러나 절차를 강요하는 것은 어설픈 실행이 될 뿐이다. 나는 카드 한 장을 고르는데 자유롭지 않은 사람에게는 타로 리딩을 해 주지 않았고, 그것을 일반적인 법칙으로 여기고 있다.

그러한 주의 사항과 금기 사항들 때문에 치료사들이 이 도구를 자신의 일에 사용하기 위해 필요한 연구와 훈련들을 피해서는 안 된다. 잠재적으로 타로를 치료에 적용하는 것은 폭넓고 매우 흥미로우므로 다음 장에서 상세하게 논의할 것이다. 그 어떤 수준에서 적용시키든, 다음과 같은 타로 리딩의 핵심 요소들은 그때 치료자의 노력에 커다란 도움이 될 것이다.

사전 준비

다른 치료 방법과는 달리 타로는 이전의 유사한 모든 정보의 원천을 거의 배제하고, 실행 절차 자체에 (단순한 '신념' 과는 다른) 지고한 믿음을 가져야 한다. 이는 틀림없이 일반적인 심리치료의 절차에 반하는 것이다. 타로 실습 기간 동안, 치료사의 전문 지식과 권위가 '예언적인' 권위로 드러나지 않아야 한다. 오히려 치료사는 특정한 내담자의 배경 자료에 대해서는 많이 모르고 있는 것이 좋을 때도 있다. 이는 알고 있는 정보와 견주어 보는 것이 집중을 감소시키므로 내담자에 대해 조금 모르는 것이 진행 과정 자체에 초점과 강도를 더해 주기 때문이다.

치료사는 특히 카드를 섞어서 고르는 예비 단계 동안에는 내담자에 대한 이전의 정보를 많이 알려고 하는 것(고려해야 할 것은 제외하고) 대신에 그 순간에 주의와 집중하는 것을 노력해야 한다. 치료사는 또한 지금의 치료 과정을 분산시키지 않고 가장 진지하게 몰입하기 위해서 마음속에서 충돌하는 선입견을 제거해야 한다. 선에서는 이처럼 몰입된 개방성을 '초심자의 마음' 이라고 한다. 예언을 위해 카드를 준비할 때, 리더와 내담자는 그 치료의 과정 동안 '초심자의 마음'을 가져야 한다.

그러한 실험의 적시성은 내담자가 처한 치료나 삶의 맥락의 특정한 국면뿐만 아니라 치료사와 내담자 사이에 확립된 신뢰감의 수준도 포함한 수많은 요소에 달려 있다. 치료를 위한 요법의 적용이나 위험 또는 금기에 대해서는 다음 장에서 더 많이 언급할 것이다. 그러나 일반적으로, 타로 도입의 가장 유리한 시점은 문제를 해결하고 이해하려고 했던 일반적인 시도들이 불만족스럽고, 오랜 치료 기간을 거치면서 안정기가 정체되었으며, 더 깊고 동적인 목적을 바라거나, 치료 기간 동안 내재된 주제에 접근하기에 부적합하거나, 마지막으로 에고가 개입되지 않은 원천을 통해(즉, 내담자와 치료사가 모두 이미 알고 있는 참고 사항의 틀을 넘어) 미래의 목표와 비전을 추구할 때 유용하게 사용된다. 그러한 때에 타로를 이용한 방법은 훌륭하게 그 과정을 진보적으로 나아갈 수 있게 한다.

배열된 형태

자기 자신 혹은 다른 개인이나 부부, 가족, 집단을 위해서 타로를 사용하거나 중역실이나 임원실, 지역사회 전체나 특정한 집단, 심지어 더 추상적으로 세상 전체를 위해서 타로를 사용한다 하더라도 상담은 전형적으로 스프레드라고 하는 배열된 형태 안에서 일어난다. 타로 스프레드는 하나의 질문을 구성하는 부분을 포함하기 위해 고안된 복잡한 '표현의 장'으로 생각할 수 있다. 그것은 그 자체로 중립적이고 정적이며, 자유로운 연상과 연관된 치료사의 주의나, 모래상자요법에서의 빈 모래 통에 비유할 수 있다. 각각의 용기(또는 '보유 물체') 안에 놓여 있는 선택된 '조각들'은 심리적인 삶을 부여한다. 타로에서 이런 조각들은 물론, 무작위로 선택된 타로 카드의 상징적인 파장이다.

스프레드는 다음과 같은 일정한 형식을 반드시 가지고 있다. 스프레드는 사전에 배열된 의미 가치들, 그러한 '현재 상황' 위치, '희망과 두려움' 위치, 또는 '감춰진 요소들' 위치에 있는 특정한 배열의 장소인 '위치'라고 하는 변하지 않는 것들로 이루어져 있다. 배열은 제1장에서 본 것처럼 크기와 복잡함에서 다양하다. 예를 들어, '과거, 현재, 미래'나 '몸, 마음, 영'을 의미하는 2장이나 3장의 카드 스프레드로부터, 이론적으로는 78장 카드 덱 전체를 포함할 수도 있고 실제로는 보통 22장 카드만을 가지고 하는 정교한 패턴들도 있다.

하나의 스프레드는 특정한 배열 모양, 전형적으로 대칭적이거나 기하학적인 형태를 보이기 위해서 카드의 선택 순서와 카드의 물리적 위치 또한 계산되기도 한다. 이는 주제와의 상호 관계의 전체적인 조직도를 보다 쉽게 연결되도록 한다. 다양한 스프레드가 일반적으로 이용되는데, 그 각각은 분석을 하도록 특정한 조직상의 구조와 형태를 가지고 있다. 10장의 카드(켈트 십자가) 스프레드는 단연 가장 전통적이고 인기 있으며, 아마도 그 복잡성과 자유로운 응용성 때문에 모든 타로 스프레드 가운데 가장 효과적일 것이다. 후에 실습의 경우를 설명할 때, 이 스프레드의 변형 형태가 사용될 것이다. 10장 카드 스프레드는 보통 1회기라는 시간의 한계 안에서 마칠 수 있다는 것도 주목해야 한다.

아무리 정교하더라도 타로 교재들에서 볼 수 있는 아주 다양한 스프레드 형태에 너무 매혹되어서는 안 된다. 이는 마치 차를 살 때 모델 유형, 차체 색깔, 가죽 인테리어, 그리고 모든 유혹적인 경적 소리들이 부차적으로 중요한 것과 같다. 타로와 자동차의 중요한 부분은 목적지에 도달하기 위한 여정을 위해 타는 것이고, 자동차와 같은 대부분의 스프레드는 (어느 정도) 이와 같은 역할을 할 것이다. 그 어떠한 이동 수단의 개인적인 부분은 기계의 기능성에 필요한 구조적 구성 요소로 작용한다. 크기나 모양과 상관없이 상담은 일반적으로 완전히 자연스러운 덱에서 무작위로 선택하게끔 한다. 선택된 카드들은 그때 그 목표로 정해진 위치 안에서 순서적으로 배치된다. 해석은 배열된 위치에서의 의미와 연관성이 있고, 그 후에는 다른 스프레드 위치들과의 상호작용의 연관성을 살펴본다.

전형적으로, 일단 카드의 앞면을 보게 되면 내담자는 종종 처음에는 말 없이 그리고 의식하지 못한 채로 있다가 이미지들의 전형적인 내용의 신비적인 인상에 즉시 반응하기 시작할 것이다. 해당 위치에 놓인 선택된 몇 장의 카드조차도 집중된 질문에 상당히 복잡한 자극을 준다. 하나의 카드 안에 있는 복합적인 상징적 의미의 수준들이 다채롭게 부여되므로(이에 대해서는 나중에 5장에서 설명될 것이다), 본격적인 열 장이나 열한 장의 카드 스프레드의 배열은 3차원적인 심리적 체스 게임과 유사하다. 이를 통해 복잡하면서도 상호 관련된 가능성들과 전략들을 수직·수평적으로 포획하는, 혼합주의적이며 전체론적이고 다차원적인 형태들이 나타난다. 사실상 토트 덱으로 유명한 프리다 해리스(Freida Harris) 부인은 다음과 같이 언급하였다.

> 타로는…… 트럼프가 4원소 체스 나름대로의 질서의 법칙에 따라 움직여야 하는 말들인, 천상의 체스 게임에 비유할 수 있다.[1]

하나의 스프레드는 아주 상세하게 해석되거나, 더 작은 부분들로 나뉘고 진실한 '꿈들의 장'을 간단히 인상 깊게 일견하기 위한 지형도처럼 빠르게 직관적으로 해석될 수 있다. 오직 타로로 인간 내면의 내용과 조건이라는 독특하고, 복잡하며, 녹지 않는 눈송이와 같은 것을 제공하고 있는 꿈들이 포획, 구성 및 체계화되었다. 이것은 사실상, 우리의 주의 깊은 연구를 위해 급속 냉동고 박물관 안에서 일시 정지된 것과 같다고 말할 수 있다.

이런 흐름 속에 마치 지도나 예술 작품처럼 타로 스프레드의 또 다른 매혹적인 특징인 한층 더 주의를 기울이는 동안 복잡한 상호 관계의 체계가 나타나도록 해 주고 있다. 전형적으로 정보를 받을 때 우리는 종이나 화면 위에 있는 단어들, 영상이나 디스크 또는 테이프에서 들려오는 인지적인 처리의 양식에 익숙하다. 이런 것들 각각은 본질적으로 순서적이며, 요점만 참조하도록 되어 있고, 실제로 빨리 흘러간다. 이 과정들은 뇌의 좌반구에서 처리되므로 높이 쌓인 기억의 저장량에 순간적으로 더해지고 스스로 사라지는 정보의 조각들(또는 바이트들)로 경험된다. 마치 움직이는 기차의 시점에서 관찰할 때와 같은 것이다. 던(J.W. Dunne)의 고전 『시간과의 실험(An Experiment with time)』에서는 다음과 같은 멋진 예가 있다. "기차 안에서 창을 통해 우리는, 소가 시속 80km로 미끄러져 가는 것을 보면서 휴식을 즐기고 있다고 말한다." [2] 던은 이렇게 보는 것을 '연속적인 인식'이라고 하는데, 이는 우리가 관례적으로 세상을 처리하는 전형적인 방식을 묘사하는 것이다.

대조적으로, 타로 스프레드는 관찰자 앞에 기차의 움직임을 '중지시켜' 관례적으로 흐르는 연속적인 시간 외의 열린 관점을 제시한다. 우뇌의 작용으로 그러한 '일견하는 접근 방식'은 보는 사람에게 상호작용하여 직관적인 사물의 경험을 촉진시켜 주고 움직이지 않는 홀로그램 앞에서 인식된다. 우리가 소 앞에 서 있는 한, 바로 소가 우리 눈앞에서 역류할 것이다. 또는 보다 인간적인 예로, 우리가 삼촌의 병실에서 방금 나왔다고 하자. 마음이 소용돌이치고 있어 우리는 쓸데없는 생각을 떨쳐 버리지 못하고 있다. 진정하기 위해, 아마도 병원 휴게실에서 커피라도 마시면서, 우리는 빨리 리딩을 하는 것이 도움이 될지 모른다고 생각하고, 호주머니에 챙겨 넣고 다니는 (그런 경우들에 적당한) 미니 덱에서 카드 3장을 무작위로 뽑는다. 우리는 세 장의 스프레드, 즉 (유니버설 웨이트 덱을 이용해서) 과거/현재/미래를 정한다.

논증을 하기 위해 검 에이스가 '과거', 컵 5번이 '현재', 그리고 여황제가 미래로 선택되었다고 해 보자. 정형적인 시간은 이제 스스로 비정형적인 수단(동시성)을 통해 일어난 상징적인 영향이 설명된다. 진행 과정은 정형적이지만, 각 카드에 대한 연상의 통로는 (방문 자체와는 전혀 무관하게) 즉각적으로 잇따라 일어나며, 새로운 감정이 일어나게 된다. 잊혀진 기억들이 다시 연상되어, 이미지들의 신비함에 의해 미묘하게 자극되고 도취된 느낌도 느낄 수 있다. 내재적인 의미에 대한 지식이 없다면, 투사된 그러한 연상들은 혼돈스럽게 뒤얽힌 생각, 느낌, 감성의 합리적인 출발점을 만들어 내기 시작할 것이다. 즉각적인 이야기의 서술은 쉽게 이루어진다. 말하자면, 이제 그 순간은 상징적인 이정표로 표시되고, 방문 이후에 성찰할 시간이 온 것이다.

과거/현재/미래의 스프레드

검 에이스
(과거)

컵 5번
(현재)

여황제
(미래)

앞서 제시한 간단한 예와 같이, 과거의 자리에 있는 검 에이스는 그의 젊은 시절의 잃어버린 기억의 주제를 회상시킨다. 제일 먼저 그는 20년 전 대학교 캠퍼스를 산책하는 짧은 기억을 명료하게 회상한다. 물론 지금까지는 짧고 인상적이었던, 일시적이고 형상 없는 경험들(대부분 '내적인 삶'을 구성하는 것)을 의식적으로 반복하여 회상하지는 않았다. 그러나 병원을 방문한 것과 어떤 관련성이 있는가? 이 내담자의 '죽음의 현실'이라는 직관에 의해 그의 현재 환경을 주시함으로 순간적으로 (몇 분간) 카드를 리딩한다. 제3자에게는 이런 반응은 지각 범위에서만 보이지만, 내적으로는 죽어야 할 운명이라는 동시성의 첫 번째 의식 있는 회상은 심오한 내적인 순간을 다시 맞이하게끔 인도한다. 병문안으로 얻은 교훈은 죽음의 현실에 대해 궁금해하는 것이다.

다음 컵 5번은 현재의 위치에 존재한다. 컵은 전적으로 다른 원소의 기초로 원래 감정의 기능으로 주제에 초점이 맞춰진다. 그는 놀랍게도 지금도 전 연인의 배신으로 사라지지 않는 마음의 고통이 있다는 것을 알게 되었다. 그는 오랫동안 그녀 생각을 하지 않았었다. 그러나 왜 놀랍게도 현재에 컵 5번이 나왔을까? 그 생각과 기억의 흐름은 문제와 배경으로 일어나게 된다. 표면상의 리딩의 요인으로 아픈 삼촌의 예전의 유사한 낭만적인 사랑 문제 때문에 그 스스로 몇 년 전 아주 심한 이별의 고통을 회상하였다. 짧은 시간 동안, 그들의 관계가 가깝고 친밀하지도 않았음에도 불구하고, 그 주제는 특별한 관계를 나타내고 있다. 그런 연결성이 드러나지 않아서 내담자의 걱정이 현저하게 줄어들게 되었다. 미래의 위치에 있는 세 번째 카드 여황제는 궁극적으로 치유이며, 건강한 회복을 위로해 주는 가능성을 보여 준다. 여황제의 양육적인 의미의 존재가 내담자를 위로하고 내담자도 그녀의 방문을 맞을 준비가 되었다.

그런 '숨겨진' 심리학적인 경험은 다른 도구에 의해서 어떻게 나올 수 있는가? 신속하고 믿을 수 있는 이 모든 과정은 3~4분도 걸리지 않는다. 이런 결과는 그들 자신의 배열된 위치에서 카드에 대한 직접적인 인식을 통해서 전문가적인 해석이 없이도 이루어질 수 있다. 더욱이 더 신중하게 보기 위해서는 그들 주제 사이에 더 깊은 해석과 상호작용이 두드러지게 많이 이루어져서 의미의 단계를 확장시킨다. 그러나 우리가 논쟁의 증명을 위해 단지 가설만으로 이런 문제를 다룬다면 어려운 사건들의 연속성을 다루는 데 더 나은 판단을 하지 못하게 한다고 가정해 보자. 물론 그것이 예언에 대한 신성함에 부정적인 영향을 주어 실제 리딩에서 전형적으로 좋지 않은 인상을 심어 주기도 하지만, 과거의 위치에서 여황제가 나타나고, 현재 위치에는 검 에이스가, 컵 5번은 미래에 있다고 생각해 보자.

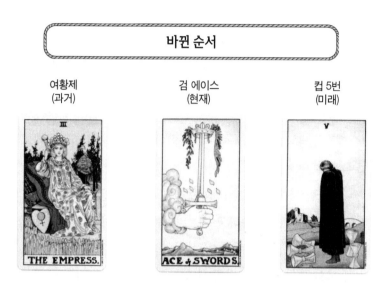

바뀐 순서

여황제
(과거)

검 에이스
(현재)

컵 5번
(미래)

앞에서와 같이 동일하게 삼촌을 방문했다고 생각하고, 동일한 주제에 다른 카드 배열을 상상해 보자. 과거에 있는 여황제는 더 이상 '건강으로의 회복'을 의미하지는 않는다. 대신에 그것은 삼촌의 누이인 그의 어머니의 이미지와 연관된다. 그는 지금 어머니가 언급하지 않은 어머니의 건강에 대해 궁금해한다. 그는 어머니가 스스로를 얼마나 잘 돌보는지에 주목한다. 그는 어머니를 여왕과 같은 속성인 삶의 대한 열정, 비옥함, 따뜻한 온기로 생각하고 어머니가 이 방문으로 알지 못했던 것을 깨달음을 놀라워하게 된다. 그가 명백하게 그의 어머니가 동의한 어떤 것이 있다 할지라도 그 힘은 그 자신의 내부로부터 단독적으로 일어난다. 이 카드는 일반적인 예의 생각과는 다른 그의 어머니의 성향을 설명하지 않는다.

대조적으로 현재 위치에 있는 검 에이스는 매우 도전적이지는 않다. 그것은 어떤 정의를 내릴 순간이 다가왔을 때에 영향력을 드러낸다. 그는 검의 에이스가 이 방문과 연관되어 있는지를 궁금해한다. 그가 그런 형식을 '잘라 내고' 진정 교류할 수 있을 것인가? 삼촌의 건강이 결정적으로 나빠질 것인가? 혹은 그 자신의 현재 이 순간의 이 방문이 인생에서 무슨 의미를 알게 해 주는가? 그런 가능성과 예언을 조금 알게 되어 그는 순간의 직접성에 대해 더 민감하게 받아들이게 된다. 의도하지 않게 미래에 나타난 컵 5번은 자연스럽게 슬픔의 눈물을 자극한다. 쓰러진 컵에서 그는 상실감과 슬픔을 느끼고, 그는 삼촌이 죽어 간다고 여긴다. 지금은 아니지만 명백히 죽음은 그 자신과 모든 살아 있는 생물체, 그의 어머니에게도 찾아올 것이다. 그의 통찰력은 그 뒤에 서 있는 남아 있는 두 개의 컵에 의해 진정되었다. 그 컵들은 그들의 삶과 죽음은 연속적으로 순환하고 큰 슬픔의 시기는 자연스러운 것이며 상실감은 사라진다는 것을 연상시켰다. 그는 지금 병원 엘리베이터로 걸어갈 준비가 되어 있다.

저명한 역학자이자 저자인 스티븐 카처(Stephen Karcher)와 루돌프 리체마(Rudolf Ritsema)는 예언에 대한 관찰을 다음과 같이 기술하고 있다.

언어, 사물, 중요한 사건들이 정신적인 영혼의 세계와 의사소통을 열어 놓을 징후가 되는 생각들은 심리가 작용하는 방식인 통찰력에 근거하고 있다. 우리가 경험하는 문제의 모든 징후에서는 우리와 의사소통하는 영혼이 있다. 세상에서 에고는 자신의 의지를 강화하기를 원하

므로 각 문제와의 만남은 에고와 대립되는 영혼으로 통하는 문이 되기도 한다.[3]

앞서 제시한 내용은 대상의 '문제와의 만남'이라는 병문안에 대해 설명하는 것이다. 이것은 그 카드들에 대해 숙고하도록 우리의 조카를 어떤 상황으로 들어가도록 한다. 두 가지 실례 가운데 분명한 것은 '영혼'으로의 출발점으로서 여기는 현재의 징후나 어려움이 주어진다는 것이다. 그리고 어려움은 치료적으로 접근하여 매우 중요하게 뒷받침되어야 한다. 이와 마찬가지로 현재 존재하는 문제와 정해진 물음은 더 심오한 탐구를 위한 출발점으로 여겨진다. 타로 여행에서 배열의 위치는 그런 문제의 구성과 상황 판단을 제공한다. 그리고 두 번째의 예에서는 구성에 의해 해석이 다양화될 수 있는 방법을 보여 준다. 그러나 각각의 카드 안에 내재된 고유의 영역 때문에 전체적으로 연관성이 없는 영역을 내포하지 않는다.

연속된 배열은 타로의 그림 테두리 안에서 일시 정지되므로 평가는 쉽게 이루어지고 유지될 것이다. 즉, 이런 이미지들은 깊이 새길 수 있다. 나중에 우리의 조카가 집으로 돌아왔을 때는 세 장의 카드가 더 위대한 통찰력과 완성도를 가지도록 다시 연상시켜 재구성될 것이다. 물론 자신의 '현재 시간'의 인식에서 변화가 이루어지지만, 반복되는 연구는 본질적으로 공간의 영역에서는 많은 변화가 드러나지 않는다. 지속적으로 변하는 것은 우리 자신이지 타로가 변화하지는 않는다. 다행히 타로는 본래의 친절함으로 우리 자신을 이해할 수 있도록 관용을 베풀어 준다.

스프레드의 묶음

삶의 모든 경험은 일상적인 훈련에서는 배울 수 없는 실재적인 기술을 가르쳐 준다. 이것이 바로 이른바 '타협하는 요령'으로 실제로 아주 유용하다. 이에 따라 다른 심리검사〔예, 미네소타 다면적 인성 검사(MMPI)와 웩슬러 성인용 지능검사(WAIS)〕에서 사용된 하위 영역의 효과와 유사하게 세분화된 스프레드 배열 방법인 카드의 묶음을 평가하는 것을 배우기를 권한다.

심리학에서 일정한 '묶음(cluster)'이라는 용어는 요소의 분석에 대해 통계학으로 작용하여 영향을 미친다. 각 묶음은 다른 변인들보다 더 다른 고귀한 상관성을 가진 변인들이다. 더 일반적으로, 이 단어는 주관적으로 더 함께 속할 것 같은, 즉 자연스러운 묶음을 형성하는 것과 같은 어떤 대상이나 사건들의 묶음을 암시하는 데 사용된다. 타로에서는 더 큰 배열 범위에 조화시키는 두 장 혹은 세 장 카드의 상호 면(부분 집합)을 의미한다. 묶음으로 형성되면 그 상호적인 면은 본질적으로 구조상의 다양한 정보를 제공한다. 전체의 중요한 부분으로서 그 묶음들은 조직과 의미 있는 해석을 개념화하면서 훌륭하게 그 역할을 해낸다. 물론 궁극적으로는 이 모든 위치는 서로 의존하는 상호 관계를 가지고 있고, 이 모든 위치는 다시 모든 인간의 중요하고 서로 연결된 관점을 가진다. 상호 의존성에 대한 주제는 8장에서 설명할 것이다.

주어진 배열의 그 특수한 다채로움과 취지는 리딩을 위해 가장 유용한 묶음을 결정한다. 묶음을 만드는 것을 설명하기 위해서 나는

켈트 십자가 스프레드

ⓒ A. E. Rosengarten 1985

(선물/안내)

11.

(목표/이상)

5.

(결과)

10.

(상황)

1.

(희망)

9.

과거
(원인)

4.

현재
(장애물)

2.

미래
(영향)

6.

(대상)

8.

(기초)

3.

(자아)

7.

치료에 도움이 되는 내용과 가장 적절하게 수정한 켈트 십자가 배열을 사용한다. 앞에서 제시한 그림에서는 이 배열의 배치 구조가 보일 것이다. 블록 안에 있는 숫자들은 각 카드의 선택된 순서와 배치를 명시하고 있다. 그리고 특별한 의미를 가진 이름이나 기능에 의한 6개 묶음에 대한 간단한 설명을 제시한다.

 ## 켈트 십자가 스프레드 묶음

(주: 각 배열 제목 후에 나타나는 숫자는 연결된 카드 위치를 나타낸다. 앞 도표 참조.)

묶음 1: 중심(1-2)   첫 번째와 두 번째로 뽑은 카드는 그 내담자의 문제에 대한 실재적인 본질을 설명하며, 명칭에서 보이듯이 리딩의 주된 역동을 의미한다. 이는 '상황'과 '장애'의 경계 면을 설명하고, 내담자가 당면한 문제나 전조를 반영한다. 첫 번째 묶음은 처음 일어난 질문을 더 세심하고 정확하게 재구성하도록 도와준다. 일반적으로 리딩할 때 나는 첫 묶음의 두 장의 카드가 내담자에게 의미하는 바가 무엇인지 명확히 알 수 있을 때까지 다음 단계로 진행하지 않는다. 리더들은 정확하게 그 카드가 질문과 어떤 관련이 있는지 융통성 있고 신중하게 생각해야 한다. 이 묶음은 일어나는 문제와 영역을 명료화하는 치료 초기에서 치료자와 내담자 간의 '치료적인 교류'를 형성하는 것과 같다.

묶음 2: 위/아래(5-3) 수직으로 펼쳐진 이 묶음은 공기(정신적인) 와 땅(운동성)의 원리로 서로 상호 관계를 가지고 있다. 각각 '목적/ 이상'과 '기초/토대' 사이의 범위에서 잠재적인 에너지(위 혹은 무거 운 바닥)의 불균형을 일으키는 것이 있는지에 대해 설명한다. 또한 무의식(아래)에서 의식(위)을 구별하여 볼 수 있다. 이런 방식으로 확장시켜 보면 수직의 축은 충분히 이해되며, 이 배열의 기본 축인 중앙에 있는 묶음 1을 포함한다. 말하자면 이 수직의 라인은 위에서 아래를 나타낸다. 즉, 머리(목적/이상), 눈과 입(현재 위치), 가슴(방해 요소) 그리고 다리/발(기초)과 같은 '몸의 중심'(차크라, 신체 말단부, 경락 등)과 비슷한 '내담자의 심리적 공간'을 나타낸다. 두 번째 묶 음은 그 질문에 대한 내담자의 몸 혹은 신체기관을 설명한다.

묶음 3: 원인/영향(4-2-6) 왼쪽에서 오른쪽, 과거에서 미래, 원 인과 영향 등 일직선상의 경과, 일시적인 그리고 원인을 나타내는 관계를 묶음에서 설명한다. 세 번째 묶음은 리딩에서 그 문제에 대 한 진행 과정을 묘사하고 있다. 수평의 중심축에서는 일시적인 진행 과정에서의 조화와 가역성을 설명하는데, 이 축은 '과거와 미래' '원 인과 영향' 같은 구성이 '시간의 흐름'에도 불구하고 우리가 인습적 으로 믿는 것만큼 고착되지 않음을 보여 준다. 세 번째 묶음은 부수 적으로 문제 진행 과정에서 연속성과 불연속성을 보여 준다. 조건적 인 상황들은 관찰된 현재의 상황들과 연관성을 지닌 듯하지만, 과거 와 미래는 우연으로 보인다. 리딩에서 가슴을 나타내는 장애 요인 두 번째 카드(첫 번째 묶음에서 제시된)는 세 번째 묶음에서 중요한 결 정적 영향력을 드러낸다. 사실상 이 카드는 몇몇의 다른 묶음에서도 이와 같이 중요하게 여겨진다. 배열의 논리에서 과거는 '미래/결과'에 이르기 위해서 현재의 장애 요소를 통과해야만 한다. '4→2→6'의 알맞은 배열은 아주 무겁게 현재 문제에 곤란함을 주는 상황과 현재 상황의 어려움(고통)과 어떻게 연관되는지에 대한 암시에 초점을 맞추어 저항, 수용, 회피할 것인지에 대한 미래의 결과의 중요한 요소가 될 것이다. 이런 논리는 카르마라는 불교의 가르침을 연상시킨다(파드마삼바바(Padmasambhava)에 적혀 있듯이, "당신 과거의 삶을 알기 원한다면 현재 상태를 보고, 당신 미래의 삶을 알기 원한다면 현재의 행동을 보아라"[4]). 이 논리는 현재 순간에 대한 근본적인 책임감을 상기시키는 카르마라는 불교의 가르침을 떠올리게 한다. 시간과 심리학적 해석에 대한 정형적이거나 비정형적인 이론은 이 책을 통하여 다양한 내용 안에서 탐구될 것이다.

묶음 4: 자신/대상(7-8)   '자아 정체성'과 '대상 표상'의 구조상 성격 구성 요소들이 여기에서 검토된다. 일반적으로(원형적 자기와는 다른) 자아는 의식적인 성격으로 구성된 '나 혹은 자신'으로 정의된다. 대상은 지각적·인지적으로 누군가가 인식하는 환경적인 것의 모습, 또는 정신분석학적으로 한 사람, 한 사람의 부분 또는 이들의 상징적 표상, 그리고 일어난 사고, 행동, 욕망의 결과에 대해 생각할 수 있다. 현대 정신분석학파의 거대하고 결정적인 관심으로 이 스프레드의 위치에 대해 언급하면, 어떤 리더들은 항로의 좌표와 같이 대강의 이런 위치에서 찾는 것을 배움으로써 '10종 경기'와 같은 위기에서 벗어날 수도 있다. 이 내용에서의 자아정체성은 그 사람이 그 자신을 어떻게 바라보느냐를 묘사할 수 있고 수평으로, 그리고 수직으로 해석될 수 있다. '대상 표상(다른 사람들)'은 두드러지게 초점이 맞춰진 그 상황과 관련된 중요한 다른 것과 적용될 수 있고 수평으로 또는 수직으로 해석될 수 있다. 네 번째 묶음은 그 사람 자체인 완전함 안에서의 상황에서 그 사람의 정체성과 대상을 분리시키는 데 도움을 주고, 이런 관점에서 그것은 전체로서 그 배열의 추가적인 관계를 가진다. 다음 배열에서 이 묶음들에 대한 특별한 것이 밝혀진다.

묶음 5: 두려움/장애 축(9-2)　　다섯 번째 묶음은 기대(전통적으로 '희망과 두려움')와 정신적인 저항 간의 관계를 보여 주며, 그 관계는 변함없이 서로 의존하며 상호작용한다. 여기에서 '기대'란 어떤 사람이 '특별한 자극을 인지할 의향이 있는 것에 대하여 준비되는 마음 상태'라고 정의한다. 정신분석에서 저항은 의식적 거부에 반대되는 것으로, 무의식 요인에 의해 일어나는 것으로 본다. 예를 들어, 이 묶음은 의식적 기대와 무의식적 저항 세력 사이의 심리적인 줄다리기를 보여 준다. 경험은 이 두 가지 위치 사이에서 움직이는 규칙적이고 상호적인 관계가 작용하는 것을 보여 주었다. 어떤 사람이 2번 카드(장애)를 받아들이고 조절하면 그 예상은 긍정적이며 희망적으로 된다. 반대로 어떤 사람이 2번 카드에 대해 저항하면 할수록 두려움과 걱정을 통해 부정적인 예상들이 투사되고 만들어진다. 장애물의 해결은 종종 그 사람의 기대에 대한 의식과 무의식적 관계를 조사함으로써 찾아낼 수 있다.

묶음 6: 결론/지혜(10-11)　　철학적으로 타로는 자각의 기능으로서 결정론과 자유 의지, 카르마와 해방, 예언과 반영 그 둘의 관계를 반영한다. 이 묶음에서 예견되는 결론은 '결과'와 '선물/안내' 위치의 수렴에 의해 표현되고, 의식적 선택과 초월적 안내에 의해 발생된 인과관계를 통해 받아들인다. 일반적으로 현재 존재하는 문제나 징후 안에서 작용하는 복합적으로 감춰진 힘에 의한 불충분한 작업으로 사람은 무의식적으로 결정을 내리고 예언된 형태를 반복하거나 '외적'으로 되풀이한다. '선물과 안내'의 열한 번째 카드를 추가한 것은 내담자 자신의 영역권 바깥에서 온 어떤 도움을 주기 위해 만들어졌다. 카드가 지닌 상징적인 많은 차원의 조화와 문제 내부에서 정서적으로 풍부한 수용성을 가지게 하는 것은 고전적으로 '신탁'의 현상에 대한 의지의 외적인 면이다. 내담자 스스로가 하나의 카드를 선택하지 않고 (눈에 보이지 않게) 리더가 선택을 한다. 당면한 문제와 더불어 의식적 참여를 이루기 위해 선물 카드가 결과 카드와 결합할 때 '선물/안내'는 내담자에게 궁극적으로 책임감을 안겨주고, 내담자는 풍부하고 다양한 평가라는 이점을 통해 그 의미와 결과를 모두 알게 된다. 이것이 진정한 지혜와 지성에 접근하는 것이다.

리딩의 방법

마지막으로, 이제 리딩의 기술에 대해 알아보고자 한다. 지금까지 배열 및 배열 묶음의 목적과 구조를 설명하였지만, 접근법과 형식이 다양하다는 사실은 설명하지 않았다. 다음 장에서는 다수의 철학적이고 실질적인 믿음에 따라 다양한 정신치료학적 체계가 해석적인 형식으로 적용되는지에 대해 더 자세하게 살펴볼 것이다. 여기서는 명확한 일반적인 해석 접근법을 탐구할 것이다.

선구자적인 타로의 저자 메리 그리어(Mary Greer, 1988)는 타로 리딩의 네 가지 방법을 차별화하였고, 아주 숙련된 타로 리더들은 이 포괄적인 리딩에서 네 가지 방법을 통합시키려고 하였다.[4] 전형적으로 치료자들은 첫 번째와 두 번째 방법(분석적이고 치료적인 기법)에 더 많이 끌린다. 리더가 영적이고 심령적인 상담가, 예술가, 작가 그리고 아주 직관적인 치료자들은 더 자유롭게 세 번째, 네 번째 방법(심리적이고 마술적인 기법)을 시도할 것이다. 리딩을 할 때 이런 유용한 차별성을 찾아서 직접적으로 메리 그리어의 연구를 인용할 수 있다.

분석적인 방법

분석과 상호작용에 기초하여 스프레드의 모든 것은 개인적인 심리의 어떤 것을 의미한다고 가정한다. 이것은 꿈에서 나타나는 모든 것이 꿈꾸는 자의 성격적인 면을 나타낸다는 접근법과 명백히 연관성을 지닌 게슈탈트의 꿈의 작업과 비슷한 것이다. 전형적으로 이 기법은 결정적으로 종합하기 전에 한 번에 한 장의 카드를 골라 각각의 카드와 상징의 복합적인 의미 수준을 분석한다. 내담자에게 가장 밀접한 관계가 있어 보이는 이 섬세한 작업들은 아주 현저하게 주목할 만하고 개인적인 연상을 불러일으킬 것이다. 전형적으로 이런 해석은 (5장에서 논의하는) 수평적이고 수직적인 상징 단계를 내포한다. 그런 해석들은 통찰력에 집중하여 반전을 허용한다. 분석적으로 읽을 때 그 회기 동안에 즉시 결과를 얻기보다는 더욱 심사숙고하고 성찰하도록 요구하기 때문에 내담자는 더 많은 정보를 얻고 떠날 것이다. 이 방법은 지적 이해와 통찰에 대한 능력이 부족한 내담자에게는 효과적이지 못하다.

치료적인 방법

반영과 인식에 기초한 이 방법에서 리더는 근본적으로 자기 발견을 목적으로 하여 내담자의 개인적 연상과 느낌-반응을 하도록 하는 협력적인 거울이 될 것이다. 예를 들면, 리더의 역할은 들어주며, 확장시켜 주고, 내담자의 반응을 다시 반영시켜 지지해 주고, 그들이 요청할 때 자신을 발견하게 하는 안내자가 되는 것이다. 즉, 이 방법에서 리더의 역할은 내담자 중심 치료자와 같은 것이다. 리더는 내담자에게 그 카드에 대한 사적인 중요성에 대해 물어볼 수 있다. 리더는 적절한 시기에 그 카드에 대한 자신의 개인적인 느낌을 이야기할 것이다. 이때 전통적인 의미는 배제되고 개인적인 이미지의 관계가 강화될 것이다. 대개 비지시적인 접근법의 치료 방법은 분석적이거나 통찰력을 강요하지 않으며, 내담자 자신의 속도에 맞춰 탐구할 수 있는 안정되고 협력적인 내용을 제공할 것이다. 이 방법은 주로 아동에게 사용되고, 특히 감정적인 위기에 처한 내담자에게도 효과적이며, 문제를 해결하거나 분류하는 데 도움이 필요할 때에도 효과적이다.

심리적인 방법

심리적 직관에 기초하는 이 체계에서의 리더는 내적인 '시각'과 미묘한 감각의 '느낌'들에 기인하는 카드를 사용한다. 그들이 직관을 인정하지 않더라도, 대부분의 치료 전문가는 상담의 입장에서 의식적이든 무의식적이든 직관을 규칙적으로 자주 사용한다. 심리적 방법에서 리더들은 예견에 의해 일어난 그들의 육감 혹은 '직관'을 사용하게 된다. 이 방법은 한 장의 카드가 집단 과정이나 응집력을 중요시하면서 참가자 간의 중요한 직관을 촉진하는 집단치료에 적용이 가능한 특이한 방법으로 임상적 환경에서는 많이 사용되지 않는다. 진정한 심리적 혹은 직관적인 리더들(나는 여기에서 그들을 번갈아 사용할 것이다)은 수직으로 놓인 모든 카드를 돌리는 경향이 있는데, 그것은 잠시 보고 난 다음에 내담자 혹은 그 자신들을 둘러싼 (내면의 이미지, 소리, 신체의 감각들 혹은 언어를 통해 표현되는) 그들의 미묘한 힘의 영역과 영향을 인식하도록 안내한다.

종종 타로를 하는 사람들과 내담자의 당황스러운 놀라움에도 심리적 리더들은 카드의 세부 사항을 1분 정도 탐색하고, 그들 자신의 내면으로 '안내' 하는 오랜 기간의 경험을 통해 날카로운 통찰력의 신호를 믿으며, 내담자에게 관련된 것을 추측한다. 직관력이 있는 유능한 리더는 타로에서 오는 지각의 경로를 통해 인상들을 순수하게 만들어 모든 카드가 가르쳐 주지 않아도 미묘한 관찰과 통찰력을 가지고 있다. 흥미로운 것은 오늘날 손꼽히는 학자로 현재 활동 중인 몇몇의 타로리스트들은 그들 자신을 심령자가 아니라 예언자(도관)라고 인식한다. 반면에 타로 카드를 심리적으로 리딩하는 사람들은 전문적이라도 그들 자신이 타로리스트가 아니고 날카로운 통찰력을 지닌 사람이라고 간주하는 경향이 있다.

마술적인 방법

긍정적인 확언과 의식적인 의도에 기초하는 그리어의 네 번째 방법은 모든 카드에서 (현재) 내담자에게 명확한 단언과 독창적인 시각화를 통해 가장 높은 잠재력에 집중할 수 있도록 하는 것이다. 흥미롭게도 지난 수십년간 기법들은 인간의 잠재력 개발과 행동치료법에 제공되었고, 그것들은 심사숙고한 이미지 대체물을 통해서 행동의 변화를 강화시키기 위해 시각화, 민감성 제거, 뇌파 등을 사용하게 되었다. 이 맥락에서 마술은 '의지를 변화시키는 의식의 예술'로 정의되며, 독창적인 의지와 의식적 목적의 적용으로 생각될 수도 있다. 역방향도 특별히 상응하는 의미로 사용하지 않는다. 카드의 설명은 시각화된 과정에서 명상적인 조력으로 제공된다. 이 방법은 치료상의 맥락에서 전형적으로 사용되는 것이 아니라 어떤 특별한 적용을 위한 것에 기초한다.

물론, 각각의 방법들은 오용되거나 서툴게 다룰 수 있다. 거의 확실하지만 그런 것들은 여기에서 논의하지 않는다. 나는 개개인의 특별한 재능이나 해석적인 기호와는 상관없이 각각의 이런 리딩 기법을 효과적이고 포괄적으로, 그야말로 품위 있는 상담으로 통합하는 것을 강조한다. 리더는 자만하지 않고 항상 깨어 있어야 한다. 그 과정이 진행되는 동안 실제로 리더와 내담자 모두에게 신비하고 강력한 감정이 일어날 것이다. 예술적인 형식과 기술적인 솜씨와 함께 경험과 실습이 길을 안내할 것이다.

포괄적인 방법

실험적 연구의 적용을 위해 타로가 가능성을 제공하는 것에 대한 첫 번째 제안이기 때문에 나는 그리어의 방법 중에서 이것을 마지막 방법으로 정하고자 한다. 이 포괄적인 방법은 앞서 논의된 어떤 방법과도 적용이 가능하다. 그것은 단순히 평가, 반영, 명료화, 예언(미래 조망)을 위한 것이 아니라, 역동적인 힘들의 광범위한 적용과 실제로 연구의 대상이 된 모집단을 구성, 심리적 구조를 강조하기 위한 더 큰 범위의 척도로 사용하려는 것이다.

물론 일반적으로 전통적인 학술 방법은 모집단을 통해 그들의 조사 결과를 연구하고 일반화시키도록 노력한다. 그러나 그것은 접근의 좋은 영역 범위에서의 생리학상의 결과로 가능한 도구를 측정함으로써 전형적으로 제한된다. 그 밖의 것들은 그 연구 대상(관찰자)의 예상, 방어기제, 일시적인 자각을 통해 보고된 경험과 중재된 일화에 의지하게 된다. 포괄적인 방법을 사용함으로써 타로는 잠재적으로 전통적인 측면에서 접근하기 어렵거나 숨길 수 있는 정보를 모을 수 있다. 8장에서 포괄적인 타로 사용 방법을 가정폭력에 대한 두 가지 연구의 경우를 통해서 심오하게 논의할 것이다.

그러나 심리학적인 타로에 대한 최초의 연구를 완성하기 위해서는 정신치료학적인 치료의 수용된 방법들과 함께 타로 방법을 비교하거나 대조하는 것이 꼭 필요하다. 타로가 치료의 시각에서 어떻게 정확하게 사용될지는 임상실습자에게는 불분명하다. 다음 장에서는 심리학적인 방법에서 타로의 가장 유용한 장점을 위한 가장 좋은 사례를 살펴볼 것이다. 즉, 위대한 융통성과 순응성을 말한다. 심리요법의 범위에 관해 특별한 흥미를 가지지 않는 사람은 타로의 독특한 영역을 탐구하고, 그 카드의 의미의 정확한 어휘를 구조화한 이 책의 제2부를 읽는 것이 더 나을 것이다.

▶각주 ─────────────────────────────────────●

1) Crowley, Aleister, *The Book of Thoth: A Short Essay on the Tarot of the Egyptians*, York Beach: Maine, Samuel Weiser, Inc., 1969 (Originally published in 1944).

2) Dunne, J. W., *An Experiment with Time*, Faber and Faber Ltd., London, 1927.

3) Ritsema, Rudolf and Karcher, Stephen (translators), *I Ching: The Classic Chinese Oracle of Change*, Element Books Limited, Great Britain, 1994, p. 10.

4) Greer, Mary K., *Tarot Mirrors: Reflections of Personal Meaning*, Newcastle Publishing Co. Inc., 1988, pp. 34-39.

04
타로와 정신치료 체계

그 과정은 거대한 수로 공사처럼 출입구, 도관, 통로를 공
사하는 것 같았고, 어떤 것이 흘러들어 올 수 있도록 새로
운 수로를 만들었다. 그리고 기억, 사건, 이미지들이 모두
되살아났다. 바로 이것이 치료되는 과정이다.
  - 제임스 힐먼, 『우리는 백 년 동안 정신치료를 해 왔고,
                세상은 점점 나빠지고 있다.』[1]

THE EMPRESS.

자기 보존의 방법

오늘날까지도 심리학의 주류 세계는 말할 것도 없고 영적 단체에서도 타로의 예언과 관련된 방법에서 얻은 직관적이고 영적인 비전이 의심받고 있다. 기존 종교 단체들은 다음과 같은 질문을 한다. '우리가 이미 모든 것을 명확하게 설명하고 있는데 그러한 방법이 왜 필요한가?' '자신의 영적 통찰력과 연결된 사람이 그들 자신의 길을 가지 않는다고 누가 확실히 말할 수 있겠는가?' 기존 심리학도 동일한 수사학적인(rhetorical) 질문을 많이 하고, 그것에 '훌륭한 실제'와 통계상의 근거를 덧붙인다. 저자이자 마운트 사비어 수도원의 수도자인 다비드 슈타인들-라스트(David Steindl-Rast) 박사는 다음과 같이 말했다.

역사의 장에는 한 가지 또는 다른 방법으로 동일한 설정이 반복되고 있다. 모든 종교는 신화적으로 시작하고 정치적으로 끝나는 것처럼 보인다. 다행히도, 나는 아직도 그 체계와 전혀 맞지 않는 종교를 보지 못했다. 유감스럽지만, 그 체계의 붕괴는 최초 설립한 날부터 시작된다. 우리의 사회구조는 그 자체를 영구화하려는 경향이 있다. 종교 단체들이 내부적으로 새로운 생명을 만드는 근원이 될 가능성은 희박하다. 그리고 (반복적으로) 생명은 구조를 만들지만, 구조는 생명을 창조하지 못한다.[2]

슈타인들-라스트의 전공은 종교이지만, 심리학에도 권위가 있다. 지역주의와 영토권이 비록 표본적인 신성, 인간적 윤리, 지혜, 정신적 균형, 치유적인 기술에서 공정성이 적게 드러나 있지만, 그것들은 오랫동안 습득된 지식의 밝은 황동의 몸체에서 뻗어 나온 듯한 그림자와 같은 영역이다. 이미 보고자 하는 사람들은 새로운 비전을 찾기가 매우 어렵고, 쉽게 공유하거나 수용하려고 하지 않는다. 그러나 어떤 철학적 · 종교적 · 심리학 학파의 사상들이 모든 살아 있는 유기체와 같이 자기 보존의 법칙을 약화시켜, 마지막 은신처를 찾기 위해 그 자신의 교리와 전통으로 회복 불능하여 타락하거나 무의미하게 되지 않는 한, 학파들은 각 시대가 변화하는 요구를 수용하고 계속 진화한다. 간단한 일반적인 상식에서 그 구성원의 영속적인 심장 박동 수에 더욱더 가까이 접근할수록 생존할 가능성이 높다. 이러한 사실을 타로의 경우에도 잊지 말아야 한다. 이와 반대로 타로 전문가들은 현세대와 다음 세대의 변화되는 요구에 따라 타로의 지혜와 방법을 창의적으로 이용해야만 한다.

유사성과 다양성: 치료 접근법

이 장에서는 현존하는 체계와 학파, 그리고 타로의 관련성과 적용에 대해 탐구할 것이다. 현재까지 정신치료학에는 약 400여 개의 학파가 있는데,[3] 이러한 학파들 중에 일부 대표적인 것들만 다룰 것이다. 치료학파의 과잉공급은 지난 100년간의 정신치료의 풍요를 반영하며, 주제 내에서는 현재 300종 정도가 비교되기도 한다. 물론 타로 카드는 아주 매혹적인 주제지만 이 장에서는 중점 주제가 아니며, 치료학파와 실제로 공정히 비교하며 동등하게 다루지도 않았다. 그러나 정신치료학의 풍미 있는 발전과도 같은 아르넬 안도(Arnell Ando)의 '변형의 타로(Transformational Tarot)' 부터 졸라(Zolar)의 점성학적 타로(Astrological Tarot)까지 지난 10년간 새로운 카드들의 등장은 두 가지 교리가 현대사회에서 영감을 받으면서 만들어진 창조적인 열정에 대한 증거일 것이다.

그러나 타로와 정신치료 간의 비교에는 한 가지 중요한 공통점이 있다. 그것은 이 두 가지가 서로 다른 종류지만 묘하게도 상당한 불일치와 서로 다른 접근법이 비교할 만한 결과를 가져다준다는 것이다(비록 약간의 강조하는 부분에서 차이는 있다고 주장할 수 있지만). 지금까지 내담자가 정신치료학자들에게 가지고 온 방대한 종류의 문제에 대해 어느 한 가지 방법이 다른 방법보다 더 우월하다는 것을 입증하는 증거는 없었다. 이것은 타로에서도 마찬가지다.

그 유명한 제롬 프랭크(Jerome Frank)의 『설득과 치유(Persuasion and Healing)』에 따르면, 정신치료학의 접근법에는 네 가지 특성이 있다. 첫째, 환자가 치료자는 유능하고 환자의 복지에 관심을 가지고 있다고 믿음을 가지는 관계, 둘째 사회적으로 정의된 치유를 받는 장소인 실제 장면, 셋째 환자의 고통을 극복하는 방법을 설명하는 것에 대한 원리 혹은 '신화', 넷째 환자와 치료자가 동시에 참여하면 환자의 건강을 회복시킬 수 있다고 믿는 치료 절차다.[4] 나는 바로 이와 같은 전문적인 범위에서 타로가 정신치료에서 보조적인 도구와 기법으로 소개되기를 바란다.

상징주의의 보편성과 원형적 기초는 치료적인 접근법에서 기술적인 언어와 구조들을 충분하게 축적하기 위해 꼭 필요한 넓이와 깊이를 가지고 있으므로, 이전에 언급한 유용성은 타로의 우수한 특성일 수 있다. 지혜는 하나의 언어로 이해되기 위해서 결코 편협하지 않을 만큼 포괄적이며, 그리고 유교의 관점에서 타로는 각 그림들이 가치 있는 '수천 가지의 말들'의 장점을 가지고 있다. 실제 장면에서 타로는 아주 중립적이고, 교리적인 기반이 없으므로 매우 쉽게 융화된다. 타로는 특정한 진리 혹은 실재를 주장하는 어떤 다른 믿음 체계를 따르지도 않는다.

이러한 관점에서 보면 보다 개방적인 설명과 (절충적인) 통합론자의 논리학파와 잘 맞을 것이다. 역설적으로 구성주의 이론과는 대조적이지만 타로는 핵심적인 심령적 구조 또는 '원형'에 내재된 이전의 존재를 실재적인 사실로 받아들인다. 이러한 관점에서 타로가 주관적 경험의 언어로 대화를 한다고 할지라도, 그것은 부가적으로 그 자신의 움직이는 마음에 저장될 수 있다. 융 분석가 제임스 A. 홀(James A. Hall)은 다음과 같이 설명했다.

나의 견해로는, 원형의 우선 존재는 자아의 구성 개념을 가지고 있고 가설적인 원형의 구성물을 제외시키지는 않는다. '나'는 '아니마/아니무스의 합' 그리고 '그림자'로서 구성된 것이다. 그러나 우리는 자아를 구성주의적으로 생각해서는 안 된다. 자아를 구성하는 자기(Self)를 구성하는 집합 무의식 속에는 주관적인 중심이 있을 것이다. 이것(ego)은 에스헤르(Escher)의 '손을 그리는 손'을 연상시킨다.[5]

정신분석

현대 정신치료에 관한 토론은 서두에서 프로이트 (Freud)의 유명한 말 "이드(id)가 있던 곳에 에고(ego)가 있을 것이다."로 시작한다. 이 말은 그의 이후 저서에서 주장한 정신분석의 가장 중요한 핵심을 잘 표현한 것이다.[6] 프로이트의 모형에 따르면, 전통적인 정신분석의 적절한 목표는 무의식을 의식으로 드러나게 하는 것이다. 광범위하게는 가능성을 의식적으로 드러내게 하는 타로의 핵심적인 기능이다. 타로 카드는 의식 속에 이미 존재하는 것을 명확하게 하고, 상호 연결하거나 상세히 설명해 주고, 무의식적인 가능성을 의식적인 각성으로 이끈다. 이것을 바로 '투명화' 또는 '가능성화'라고 한다.

전통적인 분석에서 타로는 어떻게 영향을 미치는가? 타로는 영향을 미치지 못한다. 그러나 논쟁을 위해, 보조적인 도구를 허용한 준-전통적인 상황을 생각해 보라. 프로이트가 장난삼아 다루었고, 많은 사람이 타로의 기반이 되었다고 믿는 형이상학적 체계인 카발라를 생각해 보면 그리 억지스러운 것은 아니다. 바칸(Bakan)은 프로이트의 초기 사상에서 카발라와 유대 신비주의가의 영향력이 역사적으로 등한시된 점을 발견했다.

프로이트가 비엔나에서 유대인 문화 교육에 참가한 것은 그 자신의 몇 안 되는 기분 전환거리였다. 그중 하나가 매주 했던 타로식 게임으로, 카발라에 근거한 인기 있는 카드 게임이었다. 여기서 그는 처음으

로 꿈 해몽에 대한 그의 생각을 언급했다.[7]

　프로이트가 숙련된 타로 리더로서 이러한 도구를 정신분석에 통합하려고 하였다고 잠시 상상해 보자. 자유연상과 꿈분석의 장소에서, 환상적인 내용은 카드의 반영적인 속성을 통해 자극받고 분석된다. 분석가와 함께 소파 옆에서 카드의 뒷면에 많은 기록을 할 것이다. 물론 타로의 드러난 내용은 프로이트를 심하게 속이지는 않을 것이다. 검과 지팡이는 남성을 상징하고, 연인들은 약간의 '오이디푸스적인 소망'을 나타낸다. 악마는 '오이디푸스적 죄의식'을, 거꾸로 매달린 사람은 자연스럽게 '오이디푸스의 실패'를, 검의 여왕은 '거세의 불안'을, 지팡이의 여왕은 '남근의 선망'을 상징한다.

　프로이트적 해석에서는 상징들을 기호와 혼돈되게 만들어 그 상징들을 예상된 원초적인 충동으로 격하시키는 경향이 있다. 앞의 현실성이 부족한 이야기에서 '지금-여기'의 전이적인 상호 반응은 잠시 동안 분석가와 분리하여 간절히 열망하는 투영의 안식처로 여기는 카드로 옮기게 된다. 이 맥락에서 해석은 개인적으로 오랫동안 끌어온 갈등에 대한 반응과 타로를 보고 떠올리는 것과 관련이 있다. 그래서 전통적인 분석은 약해질 것이다. 전통적인 프로이트식 분석은 일반적으로 현대 신프로이트학파 정신분석의 영속성을 설명하기 어려움에도 불구하고, 기술적으로 실현 가능성은 있지만, 이런 비전의 불합리성은 오늘날 전통적 프로이트식 분석의 시대 착오적인 쇠퇴를 시사한다.

　"리비도는 구하는 대상이지, 구하는 기쁨은 아니다." 다른 그 어떤 것보다 페어베언(Fairbairn)의 개정된 글에서 변화하는 현대 정신분석학 이론과 실제의 흐름이 나타나 있다.[8] 이 견해에서 인간은 기본적으로 상호 연관성을 가진 창조물이고, '대상'에 대한 흥미는 원초적인 본능의 이차적 파생물이 아님을 강력히 주장한다. 현대 정신분석 이론의 중요한 본론은 '내면화된' 대상관계를 다루고 있다. 타로 역시 이러한 심리학의 복잡한 영역을 잘 적용하고 반영한다. 타로 카드는 성숙된 관계를 형성하고 유지하는 데 자신의 수용력을 방해하거나 도움을 주는 내적인 영향의 심상을 비추어 주고, 그것이 활발하게 이루어지도록 유도한다. 리딩에서 내적인 대상에 대한 이미지가 투사되어 나타나는 역동성은 사실상 덱에서 어떤 카드와 함께 내담자의 상호작용에서 나타나는 자기와 타인 간의 초기 표상으로 보일 수 있다. 특정한 스프레드의 위치('자아/대상')는 이러한 심리학적 차원에 대응하기 위해 특별히 만들어진 것이다. 후기 프로이트 정신분석학의 값진 부활은 이 연구의 영역이나 관심을 넘어서지만, 타로가 가지는 잠재력에 대하여 몇 가지 일반적인 관찰은 가능하다.

지난 40년간의 중요한 경향 중 하나는 프로이트의 원초적인 욕망에서 분리되어 끊임없이 변화하고 있다는 것이다. 이 욕망들은 특히 (대상 불변성의 길에서) 18~36개월의 에고 발달 단계에서 (이미지인) 자기와 대상의 성장으로 더욱 중요하게 서로 연결된 분쟁과 방어들이 존재한다. 이 책의 앞 장에서 설명하였듯이 광범위한 해석의 조각을 통해서 타로가 어떻게 상징을 설명하는 데 쓰이는지는 나중에 고찰할 것이다. 이러한 틀에서 적용된 타로는 집중의 기법을 가진 보조적인 도구로써 기능할 수 있다. 타로의 유용함은 치료의 발단 단계와 치료자의 특정한 의도에 의해 결정될 것이다.

정신분석학 그 자체가 발전 단계를 통해 나아가지만, 본능적 만족과 갈등, 특히 오이디푸스적 문제에 따른 전통적인 중요성은 분리-개별화(Mahler), 자기-응집력(Kohut)과 지지적 대상관계(Keruberg)에 대한 논리로 대체되고 있다. 그러나 현재의 정신분석학적 경향들도 병리학적 환원주의, 상징의 격하, 과거를 강조하는 프로이트의 경향을 옹호한다. 이러한 특성과 그 대안들은 5장과 8장에서 다룰 것이다. 다음에서는 20세기의 주요 심리학파인 융의 분석적 심리학을 연구해 보고자 한다.

취리히의 지혜로운 의사

정신분석학의 창시자이자 아버지인 프로이트와 칼 융의 초기 관계는 잘 알려져 있다. 1903~1906년의 기반을 타파하는 무의식에 대한 비밀스러운 이론에 대한 사상의 교환, 그 기간 동안의 활발한 서신 교환, 그리고 1909년 미국에서의 상호 간의 초대 등은 이후 융이 정신분석학회 의장으로 임명될 수 있는 기반을 제공하였다. 처음에 경쟁심 없이 친분이 있는 단계에서의 스위스 정신학자는 정신분석학의 아버지로부터 그의 장남으로 인정받았고 미래 정신분석학의 왕좌를 이어받은 후계자로서 평판을 받게 되었다.

묘하지만 불가피하게도, 1913년 이 두 거장의 공식적인 결별의 주제가 된 것은 타로 연구와도 직접적인 관련이 있다. 수년 후 융은 (조지프 캠벨의 『The Portable Jung』에서 언급된) 과거를 다음과 같이 회고하였다.

"친애하는 융에게, 결코 리비도 이론을 저버리지 않겠다고 약속해 주십시오. 이 이론은 가장 중요합니다. 그대도 알다시피 이 이론을 보호하여 교리화해야 합니다."라고 프로이트는 그에게 강요했다. 융은 조금 놀라며 "무엇에 대항하여 보호해야 합니까?"라고 질문을 했다. 프로이트는 "오컬트적인……진흙과 같은 검은 물결에 대항해야 합니다."라고 답했다.

깜짝 놀란 융은 이에 심한 충격을 받고서 다음과 같이 반박했다.

나는 그러한 태도를 결코 수용할 수 없습니다. 프로이트가 '오컬트'라 언급한 것은 최근 성장하는 초심리학을 포함하여 철학 및 종교가 심리에 대해서 배운 모든 것을 지칭합니다. 나에게 이성적인 이론은 증명되지 않은 가설이며 추정된 견해와 같은 것이므로 오컬트인 것입니다. 나의 견해로는 과학적인 진실은 그 순간에는 바르게 보이는 가설이지만, 영원한 믿음의 항목으로 유지되어서는 안 됩니다.[9)]

칼 융의 긴 활약 중에 아주 특별한 공헌은 비이성적인 것을 받아들여 이성적인 입장을 확립함으로써 오컬트적인 전통에 대한 진지한 연구의 강력한 기반을 제공한 것이다. 그러나 이것은 오늘날까지도 사라지지 않고 논쟁의 주제가 되고 있고, 문제를 불러일으켜 현대에도 민감한 문제인 '오컬티즘'으로 여겨져 기록을 남김으로써 우리에게 이 책을 출판할 기회를 주었다. 물론 '오컬트 과학'에서 '오컬트'는 '일반적인 지식 그 너머의, 신비로운, 비밀의, 숨겨진 것(『Random House College Dictionary』)'으로 그 이상의 것을 의미하지는 않는다.

이러한 것들에 대해 경험한 적이 없는 이 책의 독자는 책을 읽는 과정에서 작업적 정의를 항상 참고하기 바라며, 그렇게 함으로써 오컬트의 사념에 깔린 꾸밈으로 알려진 이상함과 때에 따른 기묘함 때문에 혼란스럽지 않을 것이다. 이 책은 심리학에 중요성을 두고 있으며, 나의 부족한 지식 때문에 순수한 오컬트적인 전통과 수행은 이 책에서 연구되지 않았다. 그러나 이 연구의 임무는 이기적인 타로의 과거에 대한 이야기를 퍼뜨리는 사람들에 의해 야기된 집단적인 가치에 대한 오해로부터 의미 있는 타로를 해방시키는 것이다. 컬트, 마법, 다른 유사한 것에 대한 모든 이야기는 심리학적이고 윤리적인 원칙의 근거 없이는 심리학적으로 확장시키고 적용할 수 있는 영역이 없을 것이다. 이제부터 이 점을 당연히 생각할 것이다. 저자는 이러한 사항을 다루어야 한다는 것을 알고 있다. 그러나 우선 분석심리학의 창시자로서 타의 추종을 불허하는 융에 대해 언급하고자 한다.

성공한 학자인 융은 비법과 형이상학적인 주제들(연금술, 점성학, 동양 종교, 영지주의, 주역, 비교 신화학, 초심리학)에 대해 열성적이었던 자신의 연구 활동 동안 이러한 분야에 대한 관심은 기본적으로 경험적이고 현상론적인 것이라 주장했다. 그러나 융이 타로에 대한 교육을 제대로 받지 않았다는 것은 상당히 놀라운 일이다. 사실, 그의 많은 주제를 다루는 많은 저서에 『원형과 집단무의식(The Archetypes and the Collective Unconscious)』이란 글 81번째 문단에서 타로에 대해서 단 한 번 다음과 같이 언급하였다.

베르눌리(Bernoulli) 교수의 저명한 강의를 통해 나에게 확실히 각인

된 관점은 타로 카드의 그림들이 마치 변형의 원형으로부터 어렴풋이 전해진 것처럼 보였다.[10]

융의 사상들이 일반적인 타로의 한 형태를 심리학적이고 영적인 탐구의 거대한 집단으로 재정비하였다고 할지라도, 진지한 타로 연구는 후대의 계승자에 의해 진행되었다.

분석심리학

비록 융이 타로 사용 방법에 대해 배웠는지는 명확하지 않지만, 그의 방대한 연구를 보면 이해할 만하다. 융은 자신의 이론적 틀 안에서 자연스럽게 적절히 분석심리학 속 타로를 신속하게 찾아내어 더 깊게 탐구했음은 저자도 알 수 있다. 타로와 분석심리학의 주요 공통점은 다음과 같다.

첫째, (7장과 8장에서 연구될 내용이지만) 융 이후에 타로의 메이저 아르카나와 융의 '집단무의식'의 원형적 이미지가 명백히 유사하다는 점이다. 여황제인 위대한 어머니의 원형, 연인과 아니마/아니무스의 원형, 은둔자와 늙은 현자의 원형 등과 일치하는 이러한 분명한 예들은 융이 제안했던 것이 그대로 메이저 아르카나 속에서 일어날 수 있으며, '변형의 원형' 전체 계보를 구성할 수도 있다. 그렇지만 다른 유사점들도 발견되었다.

타로의 마이너 아르카나의 네 짝패의 연금술의 네 요소와 융 이론의 네 가지 성격 기능인 사고(검), 정서(컵), 직관(지팡이), 감각(펜타클)이 자연스럽게 일치한다. 몇몇 타로 연구가들은 궁정 카드 열여섯 장과 융 이론에 근간을 둔 마이어스-브리그스 유형 지표(MBTI) 열여섯 가지 성격 유형의 설명과의 아주 놀라운 유사점을 발견하기도 했다.

대극의 원리는 융주의의 중심 개념으로서 타로 카드 내 구조와 적용을 통해 명확히 작동하고 있다는 것을 이 책에서도 볼 수 있을 것이다. 또한 만다라 상징은 원회의 종교적 심상으로 영혼의 정수를 암시하고, 원형심리학의 주요 주제이며, 특히 타로 카드 대부분은 전차, 운명의 수레바퀴, 달, 태양, 그리고 세계 카드에 들어 있다. 이것은 융의 '원형적 자아' 이론과 상응한다. 1장에서 제안하였던 것과 같이 타로는 심리학적인 수레바퀴로서 개념화될 수 있고, 일부 사람들은 타로라는 단어 자체도 바퀴라는 라틴어원의 'rota'에서 파생되었다고 하기도 한다. 이러한 주제는 나중에 메이저 아르카나에서 의미하는 함축된 주제의 양극성, 원형성, 우주성에 대하여 연구하면서 설명될 것이다.

융의 이론과 근접한 동양의 한 철학의 차용으로, 타로의 역사와 상징주의는 고전적이고 중세적이며 르네상스적인 비밀 전통을 통합적으로 이루었다. 물론 융과 타로의 관계는 또한 수십 년간 상호보완적으로 성장해 왔고, 타로 마스터들은 보상, 대립, 그림자 투사, 집단무의식, 내적이고 외적인 숫자와 꿈의 상징 등이 서서히 보급되어 일반적으로 직관의 기술이 일어날 수 있는 주제와 같은 어떤 분석적인 개념에 의지하고 있다.

그러나 타로의 방법론 자체는 융의 이론과 연결되어 있다. 타로의 해석은 '힘 있는' 무작위성의 선택에 근거를 두고 있다. 융은 최소한으로 이해한 것을 치료적인 형태로 효과적이고 직접적이며 서구적으로 적용하였으나, 무엇보다 가치 있는 것은 '동시성' 이론으로 심리학적인 기여를 하게 된 것이다. '의미를 통한 인과관계' 또는 '의미 있는 우연의 일치'라는 문구는 이제 유명한 리하르트 빌헬름(Richard Wilhelm)의 중국 '변화의 책'인『주역』해석판의 서문에 처음으로 제시되었다. 그의 자서전에서 융은 그의 동시성 이론의 촉매제 역할과 문화적 성장 배경이 되었던 이 중국 점술서에 대한 매력적인 것들을 설명하였다.

이번 여름 휴가 동안 종일 나는 이 질문에 싸여 있었다.
『주역』의 답변들이 의미가 있는 것인가 없는 것인가? 만약 의미가 있다면 심령학 그리고 물리적인 사건의 연속들이 어떻게 보이는가? 시간이 갈수록 더 많은 우연의 일치들이 (내가 나중에 부르는 동시성 이론과의) 인과적인 공통점을 지니고 있음을 직면하게 되었다.[11]

주 역

동시성 이론은 심리학자, 초심리학자, 양자물리학자들에게 지대한 관심을 모았던 개념이다. 동시성 이론에 대한 자세한 탐구는 9장에서 할 것이지만, 주역과 타로와의 관계는 여기에서 조금 언급할 가치가 있다. 비교문화적인 인류학자이자 타로 학자인 안젤레스 아리엔(Angeles Arrien)은 비록 동양의『주역』이 중국 책에서 '변화의 책'으로 번역되었지만, 타로는 서양의 변화의 책으로 이해해야 한다고 하였다. 타로와 『주역』은 동시성의 기술로서 꿈과 같은 형상 언어에 대하여 질문과 문제를 던지는 방식으로 운영된다. 두 가지 모두 심리적인 변화와 상호 관계의 리듬과 파동을 미묘하게 포함하고 있다.[12)]

비록 『주역』은 시적인 암시의 '언어망'과 지혜로운 격언을 통해서 예언적인 내용을 전하지만, 타로의 대화 방법은 우선 직접적인 시각적 이미지화를 사용한다. 다수의 상징물과 직접적인 신비성 때문에 타로의 시각적인 형상은 『주역』의 암호적이고 문화적 의존성이 있는 문자 표현보다 더욱더 직접적이며 자발적으로 인식된다고 말할 수 있다. 실로 다양한 글 속에서 융은 심리학적인 형상의 우위성을 강조하면서, 이것들이 상징을 가지거나 강조하고, 형상이 함축된 전후 관계를 포함하고 있음을 본다. 융에 따르면, 형상은 생성적인 힘을 일으켜 그 기능을 고조시킴으로써 심리적으로 강력한 것이 된다.[13)]

형상과 상징의 다른 치료적인 사용, 현저한 꿈 작업, (칼피안) 모래놀이치료, 미술치료, 활동적인 상상법 들과 함께 기본적으로 타로는 비언어적 방법으로 사용된다. 카드에서 이미 정해진 형상, 상징, 숫자 들의 특정한 배열은 문제에 대한 심리적인 분야 이상의 강력한 시각적인 영향력을 나타낸다. 이 특정한 '보는 과정'은 역동적인 상호 관계의 전체적이고 상징적인 지도를 보여 준다. 잉크 모양 점술과 같은 카드의 초자연적인 부분은 제휴, 감정, 가능성 들의 과정을 조용히 이루어지게 한다. 망의 효과로 관찰하는 자아가 '상대화' 되는 것이다. 자아의 방어는 직관적인 관찰보다는 이성적으로 더 많이 재조정하게 된다. 상황의 응집된 그림들이 나타나고, 그 밖에 강력한 새로운 가능성이 내담자의 경험에 '동시성'으로 제공된다. 오직 접근의 신비적인 방법과 그것의 고대 지혜와의 직접적인 연결만이 타로가 다른 깊이에 중점을 둔 기술과 차별되도록 한다.

꿈 작업과 모래놀이

꿈의 분석은 정신적인 내면을 관찰하는 가장 깊이 있고 순수한 작업이라고 말할 수 있지만, 현재 시술되는 몇 가지 치료법과 이론적인 이유로 시간의 제약을 많이 받는 부분이 있다. 어떤 분석가들은 이에 동의하지만, 꿈의 보고는 피상적이고 자아 매개설에 의해 말로 전해진 이야기다. 전보 게임을 하는 어린이에 의해 전해지는 일반적인 소통처럼 실재적인 꿈의 사건과는 분리되어 변화된다. 꿈을 떠올리는 그 자체는 재능에 속하는 것이지 보편적으로 공유되는 것은 아니다. 해석이 효과적이고 적절하게 흥미를 일으킬 수 있으려면 일반적으로 분석과 통합을 위해 일련의 꿈들이 충분한 시간을 두고 있어야 한다.

만약 꿈이 무의식에서 심리의 신비한 내용을 가진 내면에서 일어나는 것으로 표현될 수 있다면, 타로가 외적인 근원과 비밀의 전통과의 공식적인 연결 때문에 결국 다른 법칙에 속해 있다고 할지라도, 타로는 동일한 내용이 외부에서 일어나는 것으로 생각 될 수 있다. 꿈에서 무한한 표현이 일어난다고 비교해 본다면, 물론 타로의 타고난 형식은 거대하지만 틀림없이 제한된 주제와 테마가 모여서 한정된 힘을 가지는 것으로 보일 수 있다.

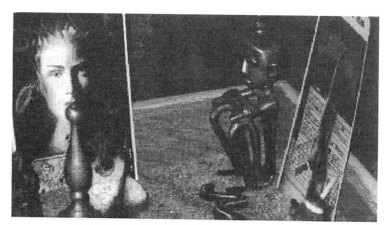

타로 카드와 모래상자 도구들의 조합(Rosengerten, 1999)

이러한 면에서, (칼피안) 모래놀이치료법의 세 가지 차원의 물건들과 작은 인형들은 꿈 분석에서 애매한 이미지들을 더 자세히 떠오르게 한다. 모래놀이의 조각들은 크기와 조합 면에서 매우 극적으로 표현되고, 논리의 의식적인(교감적인) 규칙, 일치, 이성적 요구를 개방적으로 부정하는 데 훨씬 더 자유롭다. 이것은 융과 제휴했던 도라 칼프(Dora Kalff)에 의해 개발된 것으로 물건, 사람, 동물, 상징, 좋아하는 것들을 뽑은 것에서 나온 작은 물건들이 모인 것이며, 내담자가 자발적으로 작은 모래상자 안에 인형을 놓고 장면을 만들어가며 간단히 지도를 받는 방법이다. 해석이나 부연설명은 최소한으로 하고, 치료자의 최우선 임무는 상징적인 절차가 이루어질 수 있도록 '안전하고 보호된' 장소를 제공하는 것이다.[14] 확실히 모래놀이 치료자 또는 타로 전문가들은 상호 간에 공유하고 배워야 할 것들이 많다.

이 세 방법들이 심리적인 이미지에 대한 관찰과 해석에 특별한 홍미를 가지고 있다면, 꿈 분석과 모래놀이치료를 대신하는(또는 제휴하는) 타로의 실재적인 이점을 발견할 수 있다(타로의 경우도 그러하지만). 비록 꿈의 해석이 해석자의 이론적이고 구조론적인 태도에 따라 다양하지만, 꿈 해석에서 사람들은 대개 무의식에 대한 수준 높은 직접적인 질문을 하지 못한다(예, 나의 물리적인 상황에서 움직이고 있는 현재의 숨겨진 요소는 무엇인가). 꿈은 이른바 '의도적인 꿈'이라고 하는 선명한 드문 사건의 답이 되기도 한다. 타로는 아니더라도 오라클적인 도구는 직접적인 '예언' (즉, 미래를 예측, 예언, 예지)의 오래되고 풍요로운 방법에서 유래하였다. 신비한 그림으로 만들어진 타로의 방법은 직접적인 질문을 하기 위한 목적과 디자인으로 만들어진 것이다.

예언을 하는 기능 외에도 타로 방법은 '심오하고' 효율적이다. 이것이 이 장 전체에서 반복할 핵심이다. 꿈 분석에 대한 효율성은 비교적 우연적이다. 꿈꾸는 사람의 정신을 자연스럽게 회상, 리듬, 속도를 추적하는 이점이 융이나 프로이트의 실습에서는 실재적 방법이지만, 불행하게도 오늘날의 그런 전통주의는 부자연스러운 한계성에 놓여 있다. 인위적이지만, 그럼에도 불구하고 실용적으로 비병리학적 관점에서 정해진 약속 시간은 '심리치료의 침해' [15]로 불려왔고, 심리치료의 변화하는 경제학에 골칫거리인 비용정책과 긴급구조를 염려하게 한다. 즉, 관리 의료의 세계에서 시간은 꿈이 없기를 바란다.

대조적으로, 여러 면에서 타로 방법은 무의식적인 내용에 접근할 수 있으며 훨씬 더 직접적이고 경제적이다. 그것은 모래놀이의 경우처럼 엄청난 사물의 수집과 그것들을 모아 두기 위한 선반들이 아닌 카드 덱만을 요구할 뿐이다. 신선한 꿈의 경험처럼 정신적으로 순수하거나 순결하지 않을 수는 있지만, 그것은 결정, 브레인스토밍, 분류, 무의식 작업, 전략 수집, 갈등 해결 등과 같은 특정한 목적에 집중시키는 부가된 방법론의 이점을 가지고 있다. 꿈과 달리, 타로는 깨어 있는 시간 동안 치료사의 사무실 안에서, 그리고 종종 불과 50분이라는 시간 안에 다룰 수 있다.

나는 꿈 작업과 타로의 혼합은 카드가 의미심장한 꿈의 이미지들의 상징적인 이정표로 이용될 때 특히 효과적인 결합이 될 수 있음을 알게 되었다. 예를 들어, 꿈에서 낭떠러지로 떨어지는 것은 바보 카드 혹은 역방향의 탑 카드로 나타나기도 한다. 결국 꿈과 타로의 이미지들은 추측하건대, 모두 인간의 깊은 무의식이라는 심오한 심상의 같은 우물에서 나온다. 한 가지 방법은 내담자 앞에 카드 전체의 그림 면을 위로 놓고 꿈속에서 나타난 각각의 이미지처럼 느껴지는 카드를 선택하라고 권한다. 그런 다음에 내담자에 의해 선택되고 상응하는 타로 카드를 통하여 꿈이 배열된다. 부연설명에 따라 해석이 풍부해지고, 이제는 무형의 꿈이 쉽게 회상되고, 의식적인 통합이 이루어진다. 나는 타로 카드와 상응하지 않는 꿈 이미지를 거의 찾지 못했다.

모래놀이치료가 타로와 같이 사용될 때 카드는 작은 물건의 세트로써 내담자에 의해 자발적으로 선택되어 모래상자(52×72×7cm)에 배치되며, 거기서 '장면'이 구성되고 광대한 3차원적 사물들의 동물원에 (무작위로) 더해진다. 타로 카드는 이 경이로운 상상의 예술에 또 다른 차원의 표현을 제공한다. 그것은 평범하게 선택되는 형식과 절차와 함께 자연스럽게 어울리는 것이다. 실제로 여러 면에서 타로는 분석적인 기법을 자연스럽게 확장시키고 풍부하게 한다. 타로는 분석가의 기법에 쉽게 적용되는 풍부한 미개발의 자원인 것이다.

변화하는 '이야기치료'의 흐름

오늘날 전통적인 심리치료법 체계에서 '이야기'는 확실한 효과와 실질적인 결과 면에서 치료 비용이 저렴하지도 않으며, 치유력이 그다지 뛰어나지도 않다. 다른 방법은 심리학적인 변화를 가속시키고 강화하기 위해 발달해 왔다. '의식 지도'로서 타로는 치료 과정을 도와주는 또 다른 새 도구가 될 수 있다. 타로는 비밀의 전통이나 융의 접근 방식에 엄격히 제한적이지 않으며, 배타적인 어떤 단일한 체계의 영역으로 여겨서도 안 된다. 그와 정반대로, 타로에서 묘사되는 상징과 주제는 보편적이고 다면적이므로, 실제로 심리치료나 영성적인 모든 체계의 전문적인 암호적 언어와 배치에 적용될 수 있다. 타로는 기본적으로 시각적인 언어로서 간결한 의미의 '스펙트럼들'을 통해 복잡한 상징적 아이디어들을 자유롭게 전달한다. 확실하게 타로는 자기탐구에 대해 본질적으로 어렵고 거북해하고, 예언, 조절, 행동 변화의 목적을 명확히 하는 신념 체계에 대해서는 그 호소력이 약할 것이다.

행동주의

이성적인 마음, 객관성, 정형적인 사고, 정량화, 제어, 전문적 지식을 강조하는 전통적인 행동주의는 전통적인 정신분석과 의견을 달리하는 만큼 처음에는 타로 방법과도 차이를 보일 것이다. 아주 흥미롭게도, 초기의 실험 연구는 약간의 유망한 신호들을 보여 주겠지만, 주관적인 방법에 대한 실험실의 증명과 답들에서는 방해물들로 가득하기 때문에 신뢰성과 타당성에 관한 의문들이 확실하게 사라지지 않을 것이다.[16]

그렇지만 타로 지도는 내담자에게 매우 교육적이고 치료적일 수 있는 행동적인 구성 개념을 예증해 준다고 볼 수 있다. 전통적인 행동의 원인과 결과, 자극/반응(Stimulus-Response: S-R) 패턴들은 우선적으로는 카드의 방향성과 스프레드 위치들의 정형적인 순서를 통해 타로에서 쉽게 관찰된다. 과거의 원인들은 비정형적인 수단을 통해 확립되었다고 할지라도, 미래의 결과들과 연관성을 지닌다. 만일 타로 카드들에 의해 일어난 반응들이 '사실'이라면, 우리가 믿는 대로 형이상학적인 설명이나 그 효능을 실질적으로 이용하게 하기 위한 실험실에서의 연구가 부족하다고 할지라도, 행동주의 심리학자들을 만류해서는 안 된다. 설명하였듯이 타로의 이점은 그 독특한 전달과 시각적인 증명을 한다.

그러나 모든 치료법의 양식에 영향을 주는 변화하는 흐름에 발맞춰 최근의 발전 양상에서, 행동주의 치료사들은 주관적인 내적 상태와 의도성, 집중된 S-R 관계에 의해서만 사람의 행동이 결정된다는 고전적인 믿음을 강조하는 사회적 · 문화적인 맥락의 중요성의 관련성을 받아들이지 않았던 왓슨(Watson)의 기본에서 벗어나기 시작했다. 피시먼(Fishman)과 프랭크(Franks)에 따르면, 오늘날 행동 이론가들은 특정 세계관으로부터 '인격'을, 유기주의적인 세계관으로부터 '체계로서의 가족'을, 교류적인 세계관으로부터 '심리치료법 과정'을 재발견했다.[17]

대중적이며 비교적 최근에 시작된 행동주의의 이론상 하위 활동인 인지행동요법은 일반 심리학의 이른바 인지 혁명으로부터 그 주된 추진력을 끌어냈다. 인지행동 치료사들은 개인의 사고 유형이 정서, 행동과 밀접하게 연결되어 있다는 것을 강조한다. 켄들(Kendall)과 베미스(Bemis)는 다음과 같이 요약했다.

> 인지행동 치료사의 과업은 진단자, 교육자, 기술적 자문가로서 행동하면서, 부적응적인 인지 과정을 산정하는 것, 그리고 이런 역기능적인 인지들과 그것들이 상호 관련되는 행동 · 정서적 패턴을 개선시킬 수 있는 학습 경험을 설계하기 위해 내담자와 작업하는 것이다.[18]

인지행동주의자는 인간의 고통의 기복 지도상에 있는 극도로 중요한, 지지적인 지역을 돋보이게 하므로 그의 기여를 결코 과소평가해서는 안 된다. 그의 기본적인 교의는 다음과 같다.

> 생각은 말로 나타나고,
> 말은 행위로 나타나며,
> 행위는 습관으로 발전하고,
> 습관은 인격으로 굳어진다.

인지 인과율의 이 정확한 공식화는 약 2,500년 전에 처음 이야기 되었으며 붓다(563-483 BC)에 기인하는 것으로 여겨지기 때문에, 이 방정식은 물론 아론 벡(Aaron Beck)과 마틴 셀리그먼(Martin Seligman) 등과 같은 미국의 인지행동주의자들보다 시간상 앞선다. 그러나 가우타마(Gautama) 버전에서는 매우 중요한 훈계가 하나 더 덧붙어 경구가 완성된다.

> 그러므로 주의 깊게 생각이 일어나는 그 마음을 지켜보고,
> 모든 존재에 대한 연민에서 오는 사랑으로
> 그 마음이 샘솟도록 하라.

타로에서도 인지의 행위는 카드를 통해 극적으로 묘사된다. 사고 행위 자체가 이미지, 색깔, 수, 짝패의 상징주의에 의해 암호화된 맥락적인 정서-심상 단위로 나타나는 것이다. 생각들(예, 검)과 그에 수반되는 정서들은 카드의 구성으로 구체화되며, 생각과 감정, 생각과 행동의 불가분성(삶에 대한 진실성)을 좀 더 직관적으로 설명하기 위해 카드의 이야기 속에서 극적으로 배열된다. 왜곡, 양극화, 격변화, 자기충족적인 예언 등을 포함한 '인지 역기능'의 핵심인 부정적인 사고 형식들은 카드 자체에 있는, 특히 정신적·지적인 검 짝패에 있는, 통찰하고 때로는 고뇌적이기도 한 장면들에 의해 타로에서 시각적으로 예증된다(p. 131 참조). 타로의 역동적이고 그림과 같은 언어들이 배열되면, 자아의 핵심적 믿음은 인지행동기법에서 일반적으로 실행하는 학구적인 언어 도표화와 도식화보다는 더 커다란 범위의 (믿음을 얽히게 하는) 미묘함과 세밀한 차이를 보여 줄 것이다.

타로의 내재적인 대극의 원리에 의해(6장 참조), 각 카드는 진단 중인 인지의 문제와 해결책을 항상 제시할 것이다. 타로의 중요한 구성 요소의 보다 더 인간적이고 흥미를 자아내는 묘사는 인지행동주의자들이 재건설과 재구성을 위해 하는 두뇌운동에서 부족할 수 있는 '살아 있는' 일정한 느낌과 사실주의를 우울하거나 고뇌에 찬 내담자에게 전해 준다. 문제가 되는 카드들을 같은 짝패 안에 있는 발전적이고 기능적인 더 큰 관점 속으로나 전체로서의 덱에 반영되는 그 밖의 지각적인 가능성 옆에도 배치함으로써 내담자에게는 바람직한 대안을 불러내는 시각적인 표현들이 주어진다.

이어지는 예에서는 검 8, 9, 10번에 반영되는 역기능적인 사고 형태들이 검의 기사, 여왕, 왕에 반영되어 더 잘 적용된 인지 원형들과 대조될 수 있다. 의미들은 타로의 '스펙트럼들'로 분류되는데, 이는 6장에서 상세하게 설명할 것이다. 그러나 건강한 사고방식과 부정적인 사고방식의 구현을 상징적으로 의미하는 인식을 시각의 관찰자가 보게 된다(p. 131 참조). 각 카드 아래에 있는 단어들을 훑어보는 사람들은 다른 것들과 반대로 보이는 어떤 설명을 발견하고는 놀랄 수도 있다. 예를 들어, 검의 10번 아래에 제시된 부활이나 검의 여왕 아래에 제시된 공정함 등이다. 이는 타로가 대극의 원리를 포함하고 있으므로 모든 카드는 암시된 에너지의 대극성을 내포한다. 즉, 타로는 시각에 근거한 다양한 수준의 이미지 언어이기 때문에 대립의 원리는 다양한 맥락에서 명백하게 표현된다.

검의 8

검의 9

검의 10

스펙트럼: **방해**
압박
마비
죄의식
무력(helplessness)

스펙트럼: **왜곡**
절망
고뇌
비운
그림자
악마

스펙트럼: **복종**
파멸
부활
억압
반전
해방

긍정적으로 인식되는 형태

검의 기사

검의 여왕

검의 왕

스펙트럼: **통찰력**
집중
식별력
합리화
강박관념
평가
분열

스펙트럼: **정확성**
통찰력
정직
정당
공정함
일치
일관성

스펙트럼: **명료함**
정밀성
심판
지성적으로 처리하다
판단하는
명료하게 하다
자각

간결함과 깊이

보다 표준화되고 규범적이며 명백한 대중요법술의 모델을 모방하기 위한 노력으로 지난 50년에 걸친 미국의 주류 심리학은 경험의 본질과 인간 영혼의 깊이에 대해 매력과 관심을 오랫동안 점차적으로 숨겨 왔다. 한때는 도덕성, 인격, 가치 문제 등의 측면에서 감정적인 어려움을 말로 표현했던 예전의 심리치료법의 관례들은 오늘날 의학적인 '건강-질환' 체제에 전적으로 동화된 심리치료법이 되어 점점 변화(또는 퇴보)해 왔다. 의학이 '현대적'이고 '과학적'으로 여겨지고 생리학이나 생화학에 의존하는 만큼, 예로부터 '건강에 대한 신념과 참여'의 태도와 경험을 일어나게 하는 '치유자' 전통도 많이 있기 때문에 의학적 모형은 유리하게 이론화되었다. 이 점에 관해서, 타로의 용도는 근심, 스트레스, 정신적 외상 같은 증상을 실질적으로 완화시키는 것이 아니라 도덕, 인격, 가치의 문제 같은 이전의 전통적인 치유 관심사에 관련된 문제와 더 많이 동조되는 경향이 있다.

그러나 왓첼(Watchel)과 메서(Messer)가 오늘날의 실제 요법 시간에 관한 현대의 심리치료법의 학문적인 진단에서 주목하는 것처럼 일상적인 수행 대부분의 집중 부분은 의미심장하게 의학적인 문제보다 가치 문제들로 집중되어 있다.[19] 그리하여 심리치료법의 '의학화'는 부적절하게 강조된다. 런던(London)은 도덕과 가치에 대한 갈등을 '병'이나 '이상'의 '증상'이라는 미사여구로 재구성하는 것은 우리 사회의 의학과 기술에서 명성(그리고 그에 따른 치료적인 잠재력)이 자연스럽게 생겨나서 심리치료법으로 가져왔다고 제시했다.[20] 물론 타로나 보험 통계 도표들과 신성하게 여기는 '문지기들', 컴퓨터가 뽑아 낸 치료 계획들과 인간미 없는 실험복을 입은 의학적이며 전문적인 면을 지닌 전통적인 심리치료법의 적용은 정체성, 가치, 특징, 고통, 성장 문제 들의 자세한 탐구를 위해 전통적으로 확립된 사적인 환경보다 덜 중요하게 적합한 치유 분위기나 '일시적인 환경'으로 보일 것이다.

의학적인 원형의 자세한 조사(혹은 질투)와 그것과의 혼란스러운 관계를 유지하고 있는 현대의 심리치료법은 '합법적인' 실행으로 인정의 측면에서 다소 '정신분열증'적인 모습을 보여 왔다. 탐구와 개발, 연구와 전문가적인 훈련은 객관적이고도 과학적인 경험주의에 대한 학문적이고 제도적인 관심의 진취적인 부활과 표준화된 시험과 측정, 뇌와 정신약리학, 인지와 행동에 대한 강조에 의해 지배되어 왔다. 치료사들은 이제 인간의 영혼의 보살핌에서뿐만 아니라 과학적인 기술자, 기업 외교관, 통계학자, 약사, 시장에 정통한 기업가로서도 훈련을 받는다. 이 급격한 변화의 결과로, 정신분석학적이며 심층적인 접근 방식은 의문의 여지가 있는 효율성, 임상적인 효과성, 경비 효과성뿐만 아니라 정확성의 부족, 이론적인 불안정, 훈련과 치료를 위한 장황한 요구 조건에 의해 항상 비난을 받아 왔다. 한 간략한 논문에서 혼슈타인(Hornstein)은 이 두 가지 접근 방식 사이의 어려움을 다음과 같이 묘사하고 있다.

(정신)분석학자들에게 과학은 방법, 변수의 제어, 사물을 세는 것과는 아무런 관계가 없었다. ……마음의 과학을 건설하는 것은 오직 한

가지를 의미했다. 즉, 그 너머에 내재하여 수중에서 일어나는 실재에 대한 의식의 암흑을 뚫어 볼 수 있는 어떤 방식을 찾는 것이었다. 턱없이 큰 장비, 도표와 그래프 더미를 가지고 있는 심리학자들의 노력은 피상적이며, 대개 연관성이 없어 보였다.[21]

오늘날에는 정치적이고 경제적인 요소들도 심리치료법 이론이나 실습의 어떤 양식이 지배하고, 투자되고, 연구되고, 거래되고 추구될 것인지에 대해 눈에 띄는 영향력을 계속 미치고 있다. 더 새로운 치료적 접근 방식들은 이 흔들리는 중심점 위를 맴돌면서 '그 너머에 내재하여 수중에서 일어나는 실재'를 인정하려고도 하지만, 경험주의적인 연구와 실질적인 편의 장점들도 똑같이 인정하고 있다. 이 분야에 대한 과도기적인 순응은 전통적인 심리치료법의 기술과 깊이를 보유하기를 노력하는 많은 실습자를 생산하였고, 오늘날의 변화하는 정신건강 체제의 '간결함'과 '지향된 목표점' 안에서 맞추어 만들어진다. 이 좁은 줄 위를 거닐면서, 타로는 자연스러운 동맹자와 같은 좋은 친구가 될 것이다. 논의하였듯이, 분석적이고 내담자 중심적인 전통적 접근 방식보다 시간이 덜 소모되며 관계 의존적인 타로는 무의식적인 진행을 반영하고, 자신과 타인의 의식적인 가능성을 탐구하도록 강화하고, 있음직한 미래의 결과를 예상하며, 그 성취를 위한 특별한 지도를 창조하기 위해 효율적으로 안내할 것이다.

통합적인 접근 방식

하나의 특정한 접근 방식을 위해 아주 많은 치료사들이 헌신적으로 연구를 했다고 할지라도 백 년이나 된 이 분야에는 오늘날 두 가지 주된 모순이 존재한다. 앞에서 말한 것처럼 왓첼과 메서는 다음과 같이 강조하고 있다. 첫째, 400가지 이상 되는 서로 다른 심리치료 학파들 가운데 어떤 것보다도 더 효과적이라는 증거가 없다. 둘째, 특정한 요법의 접근 방식을 위한 협회, 기관, 센터, 잡지들이 많음에도 불구하고, 오늘날 영업을 하는 치료사 대다수는 하나의 특정한 접근 방식을 고수하지 않으면서, 자신들을 '절충주의자'나 '통합주의자'로 부른다.[22] 이른바 심리치료법 통합은 다른 관점에서 배울 수 있음을 보기 위해 단일학파 접근 방식들의 한계 너머를 보려고 한다. 그것은 갖가지 이론과 기술을 통합하는 다양한 방식에 대한 개방성을 특징으로 한다. 낭랑하게 울려 퍼지는 타로의 목소리가 주목을 받는 것은 아마도 바로 이 때문일 것이다. 심리학자 할 아코위츠(Hal Arkowitz)는 다음과 같이 말한다.

심리치료 통합에 대해 경청하는 이들은 드러나는 가장 중요한 단일한 이론이 없다는 것과 이 분야의 특징을 이루는 하나의 분명한 통합적 치료법이 없다는 것을 알고는 어리둥절해 한다. ……심리치료 통합은 가장 친숙한 것을 제외한 개방성을 반영하는 심리치료에 대해 생각하고 행하는 방식이다.[23]

인본주의

예를 들어, 인지학적-행동 치료사의 사고 과정과 심리 역동 치료사의 병리학적인 형태의 접근 방식에는 거의 중점을 두지 않고 인본주의에 바탕을 둔 치료사들은 특히 과정에서 내담자의 직접적인 참여를 통해서 도움을 받아 개인의 독특함과 '전체성'을 반영하는, 인상적으로 시각적인 은유법을 타로 카드 속에서 찾을 것이다. 간결함에 대한 새로운 추구로, 인본주의적인 실습자에게 우선시되는 내담자의 가능성과 선택에 대한 실제적인 인본주의적 지도를 받게 된다. 타로는 인간의 경험적 차원을 식별 가능한 범주 속에서 조직할 수 있도록 도와준다. 타로의 고유한 중립성은 구세주로서의 치료사가 가진 권위의 기대에 대한 반영과 투사와 기대감을 사라지게 하여 내담자에게 책임감과 평등심을 가지도록 한다.

인본주의적인 관점에 따라, 타로는 개인의 다차원성을 반영하는 데 가장 효과적이다. 잠재 인격, 역할, 미개발된 잠재력, 독특한 재능, 갈등을 일으키는 분해된 부분에 상응하는 카드들이 상징적인 조각을 모아 만드는 퀼트처럼 동시에 개인의 풍부함과 다양함을 가진 인격의 부분들의 경이로운 콜라주를 나타낸다. 일반적인 다원주의나 '자기의 복합성'은 이제, 분별 가능한 카드 이름, 상징, 수, 시각적인 확인과 차별을 위한 모습을 통해 하나하나 분명해진다. 앞 장에서 언급하였듯이 해석의 '치료적인 방법'은 상담을 개인 중심적인 간접적인 접근 방식으로 이행한다. 내담자는 무작위로 선택되거나 (직면한 카드들에서) 의식적으로 선택된 각 카드에 대한 그 자신의 신화와 이야기, 자발적인 경험을 탐구하도록 격려받는다. 고유의 해석들은 생략되고, '전문가'인 리더는 내용을 발췌하여, 자기 발견 과정을 위한 도움을 폭넓게 지지한다.

역할연기와 대화 연습은 상징적인 절차의 자연스러운 연장이 되며, 상담가와 내담자의 창조성은 똑같이 이 맥락에서 촉진된다. 예를 들어, 게슈탈트 심리치료사들은 경험에 대한 지금-여기의 자각을 강조하는 한편, 카드의 구성 부분 사이나 스프레드에 있는 특정한 카드들 사이에서 대화를 권장할 수 있다. 타로는 인간의 외형보다 우위에 있는 본질적인 '갈고리'라 하며, 즉시 그 주제가 개인적이거나, 개인 간에 일어났으며, 가족적인 문제를 본능적으로 똑같이 드러낸다. 그 심상의 신비로움은 미묘한 효과와 기억을 불러일으킨다(경험도 해 보지 않고 자세히 조사하는, 회의적이며 이성적인 마음들이 하는 때때로 좌절적인 권고나 비평적인 시각이 있음에도 불구하고). 언어는 전형적으로 적절하지 않으며, 보이지 않지만 진정시키는 현자와 같이 타로는 변함없이 심상에 참여하는 사람에게서 존경과 진실을 요구한다.

각각의 타로 스프레드는 눈송이들과 같은 패턴 혹은 어떤 문제에서 인간 드라마의 지워지지 않는 독특함과 같이 무한한 변화처럼 하나에서 또 다른 하나로 다양화되고 구분되는 수용자의 삶의 경험과 특별한 언어와 지각되는 주제와 관계의 독특한 융합을 늘 수반할 것이다. 이 독특한 카드 융합이 구체화된 가능성의 일련들은 실로 크고 다양하지만 궁극적으로는 한정적이다. 전형적인 10장의 카드 스프레드에서 중복되어 나타날 가능성은, 대단히 차별화된 78장 카드 덱으로부터 개연성을 계산한다면 경이로운 것이다. 그러나 타로와 함께 초월적인 공통성은 인간적인 개성화 과정과 차이점에 관계하도록 동등하게 일어난다. 이것이 바로 타로의 빛이 심리학적인 우주의 모든 사분면을 통해 빛나며, 여러 가지의 이론적인 설득 정도를 다양화하여 적용될 수 있는 이유다.

타로의 상징적인 언어는 각 카드의 삽화에서 의미적인 다양한 단계를 집약하고 있으며, 동시적으로 타로(혹은 삶)에서는 어떤 우연적인 것은 없다. 다른 측면에서 말하면, 사건 그 자체가 본래적으로 의미가 있다는 것을 우리는 곧 배우게 된다. 보편적인 인간의 경험에 대한 주제는 타로의 모체의 일반적인 변형 속에 열려 있고, 끊임없는 인간의 고통, 성취의 단계, 인간 발전의 심리학적인 과업과 요구, 인간의 영혼의 신비와 잠재력과 같은 공통적인 신화에서 무수한 변형을 반영한다.

역동치료

인지행동주의자와 절충주의적인 인본주의자들이 자신들의 해당 접근 방식에 따라 특정한 목적으로 카드를 활용하듯이, 정신분석에 근거한 단기적인 치료사도 타로를 통해 그 자신의 목적에 도달한다. 앞서 언급하였듯이 고대의 예언 방법은 현대의 심리역동 접근법과 함께 인간의 심리 활동 속에서 본질적인 통찰력을 공유한다. 즉, 나타나는 각각의 증상이나 문제 아래에는 우리 자신에 대해 중대한 어떤 것을 소통하려고 노력하는 무의식적인 지성이 있다. 자연스러운 속도로 치유할 심리를 위해 더 큰 용기가 필요하며 장시간이 요구되는 치료법에서는 타로가 거의 사용되지 않는다. 그러한 경우에는 그 방법은 보조적인 기법으로써 조심스럽게 소개되고, (해석에 대한 적시성이 더 적당할 때) 아마도 치료법의 중간 부분에 통찰력이 일어나게 하는 도구로써 소개되며 다음 단계에서 결과로써 일어나는 종결과 결론을 빨리 이루어지도록 통합의 도구로 소개된다. 그러나 변화하는 현재의 경향에 의해 주목되듯이 많은 실습자에게 전통적인 리듬과 장기적인 치료법의 양상보다 앞서 나가야 하는 숙제가 남아 있다. 더 빠르게 사용하기 위해 나타난 증상 아래에 내재한 무의식적인 지성은 조용한 진취적 기상이 필요할지도 모른다.

특히 리딩에서(정방향 카드들이 '바깥' 또는 외향적인 방향을 나타내는 한편) 역방향으로 나타난 주제들은 대립적이거나 타협된 상태뿐만 아니라 내담자의 경험적이고 상징적인 내부(내향적인) 차원도 나타내기 때문에, 단기간의 역동치료사들은 타로에서 심리학적 복잡성, 이원주의, 방어, 과정을 반영하고 설명하는 훌륭한 도구를 발견할 수 있다. 예를 들면, 황제 혹은 신비 사제에 의해 구현된 '전형적인 아버지'의 부성적인 속성은, 내담자 자신 안에 선천적으로 '심상들(images)'로 존재하는 것으로, 대조적으로 이해되는 한편, 컵의 왕은 아버지이든 치료사이든, 외적인 권위의 인물과 상호 관련되는 것으로 보인다. 대상은 이미지와는 분명히 다르다. 이에 대해서는 나중에 더 설명할 것이다.

사물과 이미지의 구별은 틀림없이 전이 혼란의 문제 해결에 도움을 주므로, 타로에서 시각적으로 그려질 때 내담자는 더 분명하게 드러난 특징을 찾을 수 있다. 그 예언적이고 독립적인 관점에서 타로는 중립적인 '제3자'(카드의 매개)를 통해 전이와 역전이 주제들을 제시한다. 그리하여 감정적으로 부과된 이런 문제들이 종종 지닌 전이적인 장애물을 제거한다. 결과적으로 그 누구도 일반적인 소리로 타인을 분석하지 않는다. 마침내 기쁘게 자신을 열어 놓아 상호 전이가 적어도 일시적으로 중지되고, 정말로 자세하게 탐구해야 하는 다른 호된 시련을 피하게 해 준다. 적당한 틈 사이에서 타로는 치료사/내담자 간에 대화를 쉽게 이루어지도록 능숙하게 이용될 수 있다. 근원의 비인격성뿐만 아니라 타로의 초자연적인 마법(그렇게 부를 수 있다면)의 공유된 인식에서 나타나는 균일화한 효과로 저항은 줄어든다. 리딩이 특히 의미가 깊을 때, 어떤 보이지 않는 지성을 통해 적어도 그 순간만큼은 내담자와 치료자가 함께 공유한 신비적인 경이로 묘사할 수 있는 초월의 단계까지 치료의 과정은 고양된다.

보다 새로운 방법

양자물리학, 인지과학, 현상학, 마음의 철학, 샤머니즘, 인공적 지성, 초월영성을 통합하려는 의식과 연관성이 깊은 과학과 함께 근본적으로 내담자의 마음에서 구조화되고 이야기되는 방법을 탐구하며 빠르게 변화하는 포스트모더니즘으로 타로가 심리치료법의 도구로 사용될 때에는 타로라는 이국적인 작품은 심리치료법에서 전례가 없는 다른 선구자적인 기술보다 이상하지 않으며, 실험적이지 않은 것으로 소개해야 한다.

1990년대의 흥미진진한 새로운 치료 도구와 기법의 예 가운데 두 가지는, 우리가 여기에서 아주 간단히 소개할 MARI 카드 검사[24]와 사고 장 치료(Thought Field Therapy)[25]다. MARI 카드 검사는 내담자에 의해 원형의 디자인으로 구성되는 상징적인 모양과 색으로 구성된 카드 형태의 평가 도구다. 그것은 종종 선택한 크레용과 파스텔로 큰 원 혹은 만다라의 윤곽이 있는 빈 종이 위에 내담자가 그림을 그리기도 한다. 투영하기 위한 검사로서 MARI는, 치료의 과정을 반영하는 '혈액 샘플'에서 나타나는 내용과 연결되는 것처럼 심리를 상징적으로 만드는 본질을 일어나게 하고 특정한 간격으로 변화하게 한다. 정말로 '만다라의 가장 큰 원의 원형적인 단계'[26]를 드러나게 하는 기법은 심리학적인 과정과 신체적 질병을 드러나게 한다. 그러나 MARI는 타로와는 달리 보조적인 심리검사와 같은 치료적인 기법은 아니다.

상징적인 해석은 주로 복원되고, 내담자의 카드와 색깔은 내담자의 기호도에 의해 선택된다(타로의 방법처럼 무작위가 아닌). 해석은 조앤 켈로그(Joan Kellog)의 주의 깊은 연구를 통해 발전된 특정한 상징/색깔 형태의 설명된 의미에 기초한다. 복잡한 정신역동의 소개는 정신병리학적이고 발전적인 평가서와 새롭게는 인간의 잠재성과 영성을 위해서도 MARI를 사용하는 것으로 공식화되었다. 그러나 타로의 다원성과 현재를 중요하게 여기는 점일 수 있는 융통성이 MARI에는 거의 존재하지 않는다. 비록 그것은 분명한 진단 프로그램이지만, MARI 과정은 초자연적이고, 예언적이거나 동시성이 드러나지 않는다(600년 전통과 더불어 발전한). 타로는 일반적으로 더 개방적이고, 초자연적이고 감성적으로는 매혹적이고, 영구적이다. 그럼에도 불구하고, MARI의 반복된 시험, 특별한 인구와의 조사, 심리학적인 정교함, 접근법의 적용성, 전문적인 마케팅에 대한 제한적인 실험적 연구는 타로의 경우에는 인상적인 예다.

1990년대의 새로운 '장 치료(Field Therapy)' 중 하나인 사고 장 치료(TFT)는 신체의 특정한 (침술과 비슷한) 경락의 부분에 간단하게 손가락으로 누름으로써 만성적이고 심리학적인 고통의 증상을 완화하기 위한 치료법이다. 그렇게 함으로써 TFT의 치료법은 치료적인 과정 그 자체를 피하게 하고 '치료'에 빠르게 도달한다. 전자 에너지의 신체 체제에 기초하기 때문에 단순한 경락 '연산방식'을 사용하는 치료 전문가들은 짧은 시간을 통해 80~90% 정도로 공포증, 정신적 외상, 분노, 중독과 관련된 내담자의 주관적인 장애의 단위(subjective units of distress: SUDS)를 현저하게 줄일 수 있다고 한다.

그들의 목적, 적용과 방법은 확실히 TFT 및 타로와는 동떨어진 세계다. 그렇지만 그들은 우리의 토론에 관련된 공통적인 연관성을 가지고 있다. 사고 장 치료는 빠르고 영속적인 심리적인 장애의 경감을 목적으로 한 보조적인 기술인 반면에 타로는 즉각적인 자신의 성찰이 이루어지고, 영속적인 의미에 대한 가능성을 창조하게 하는 보조적인 기술이다. 그 어떤 것도 다른 기능을 수반하는 데 더 큰 치료적인 과정을 대신할 수 없다. '정점의 문제점'으로 칭하는 TFT에서 초월적인 성공은 치료 자체보다는 더 친숙한 요인에 의한 것이고, 몇 분 안에 얻게 되는 극적인 효과의 의심스러운 치료법에 대한 수용자들의 일반적인 경우가 드러나기도 한다. 제9장에서는 무작위로 선택된 다소 의심스럽고도 신비한 타로 카드가 내담자의 주관적인 경험을 정확하게 표현해 낼 때 일어나는 것과 유사한 현상을 기술한 것이다. 우리가 확인할 수 있듯 타로는 '정점의 문제(apex problem)'에 대해 자연스럽게 다룰 것이다. 마지막으로, 1995년 APA 모임의 연간서에서 TFT의 창설자 로저 캘러헌(Roger Callahan) 박사가 언급한 미국심리학회의 윤리학적인 원리를 다시 한 번 되풀이하고자 한다.

심리학자들은 새로운 방향과 시대적인 기대와 가치의 변화를 쉽게 받아들인다.[26]

▶각주 ───●

1) Hillman, James and Ventura, Michael, *We've Had a Hundred Years of Psychotherapy and the Workd's Getting Worse;* San Francisco: Harper, 1992, p. 31.

2) *The Mystical Core of Organized Religion; 1989.*

3) Karasu, T. B. (1986). The Specificity Versus Nonspecificity Dilemma: Toward Identifying Therapeutic Change Agents. *American Journal of Psychiatry,* 143, 687–695.

4) Frank, J. D. (1973, 2nd edition), *Healing and Persuasion;* Baltimore: Johns Hopkins University Press.

5) Personal correspondence, 1998.

6) Freud, S. (1964), *New Introductory Lectures.* Standard Edition (vol. 232, pp. 3–182); London: Hogarth. (Original work published 1933).

7) Bakan, David (1958), *Sigmund Freud and the Jewish Mystical Tradition;* Princeton, NJ: D. Van Norstrand, p. 48.

8) Fairbairn, W.R.D. (1952), *Psychoanalytic Studies of the Personality;* London: Tavistock Publications and Kegtan Paul, Trench, & Trubner.

9) Jung,C.G., *The Portable Jung* (edited by Joseph Campbell); New York,Viking Penguin, 1976.

10) Jung, C.G., *Collected Works,* Vol. 9 Part 1: *The Archetypes and the collective Unconscious;* Bollingen Series, Princeton University Press, 1969, pararaph 81.

11) Jung, C.G., *Memories, Dreams, Reflections;* Vintage Books, Radom House, 1961, p. 373.

12) Arrien, Angeles, *The Tarot Handbook: Practical Applications of Ancient*

Visual Symbols; Arcus Publishing Company, 1987, p. 18.

13) Samuels, Andrew, Sorter, Bani, Plant, Fred, *A Critical Dictionary of Jungian Analysis;* Routledge & Kegan Paul, London, 1996, p. 73.

14) Kalff, Dora, M., *Sandplay: A Psychotherapeutic Approach to the Psyche;* Sigo Press, Boston. 1980.

15) Fox, Matthew, 1995.

16) Rosengarten, Arthur, E., *Accessing the Unconscious, A Comparative Study of Dreams, The T.A.T and Tarot* [doctoral dissertation]; University Microfilms International, Ann Arbor, Michigan, 1985.

17) Fishman, D.B., & Franks, C. M., *Evolution and Differentiation within Behavior Therapy: A Theoretical and Epistemological Review.* In D. K. Freedheim (Ed.), *History of Psychotherapy: A Century of Change* (pp. 159–196); Washington, DC: American Psychological: Association, 1992.

18) Kendall, P. C., & Bemis, K. M., *Thought and Action in Psychotherapy: The Cognitive Behavioral Approaches.* In M. Hersen, A. E. Kazdin, & A. S. Bellak (Eds.), *The Clinical Psychology Handbook* (pp. 565–592); Elmsford, NY: Pergamon Press, 1983.

19) Wachtel, Paul L. and Messer, Stanley B., *Theories of Psychotherapy: Origins and Evolution;* American Psychological Association, 1997, pp. 6–11.

20) London, P., *The Modes and Morals of Psychotherapy* (second edition); Washington D. C., Hemisphere, 1986.

21) Hornstein, 1992.

22) Wachtel, Paul L. and Messer, Stanley B., *Theories of Psychotherapy: Origins and Evolution;* American Psychological Association, 1997, p. 272.

23) Kellog, Joan, Mandala: *Path of Beauty; ATMA, Inc., Belleair, Florida, 1978.*

24) Kellog, 1991.

25) Callahan, Roger. J., and Callahan, Joanne, *Thought Field Therapy*™; Indian Wells, Ca., 1996.

26) Ibid.

제 **2** 부

타로의 심리학

05
상징적 특성

기억하는 데 가장 중요한 상징은 보이지 않거나 보이는 세상을 연결하는 우주적인 언어다. 상징적인 구조 속에서, 우주적인 자연의 본질적이고 심리적인 과정을 나타낸 신화적 형상이 존재한다.

– 안젤레스 아리엔

원인이 있어서 보는 것은 현실이고, 마지막에 보는 것은 상징이다.

– 융

가능성의 직관

타로 덱의 심리적 본질을 더 깊이 탐구하기 위해서는 타로의 알려지지 않은 세상을 여행하는 도보 여행자라는 느낌을 가지고 그 가정과 추측에 신중을 기해야 한다. 타로의 상징은 길잡이가 되며, 그 상징들은 의식적인 지성의 문(그리고 제한적인 것)으로 통하는 길을 제시한다. 상징은 보통 사람의 표현이고, 또한 우리가 일반적으로 알고 있는 것 너머에 있는 우리 자신의 반영이다. 타로 카드의 살아 있는 영역은 평범한 경험을 특별한 것으로 그려 내게 한다. 이런 관점에서, 융은 심리학적 상징의 참된 기능에 대해 설명하였다. 그는 알려지지 않은 실재를 알아차리는 사람에 대해 언급하면서, 기호와는 구별하도록 설명하였다.

> 프로이트는 우리에게 무의식의 배경에 대한 실마리를 제공하는 의식적인 내용을 상징으로 칭한다. 그러나 그것들은 잠재의식 과정의 기호와 증상들의 역할을 한다는 이론에 따른 것이므로 참된 상징은 아니다. 참된 상징은 이것과는 본질적으로 다르고, 다른 어떤 좋은 방법으로 형성되지 않는 직관적인 생각으로서 이해되어야 한다.[1]

상징으로 잘못 인식된 기호들은 알려진 세계를 단순화하고 구체화하도록 한다. 임상장면에서 그것은 잘 알려지고 이해된 증후군과

정신 상태를 가리키는 신호다. 만약 내가 작은 원을 그리고, 주위에 외계를 확장한 선을 그리고, 행복한 얼굴을 그려 놓고, 노란색으로 칠하면, 우리는 모두 태양의 기호라고 알아본다. 그러나 그 대신에, 윗부분에는 로마 숫자 XIX를 쓰고, 왕관이 있고, 우리의 눈으로 확신을 갖고 외부의 사물을 응시하며 잘 익은 해바라기가 있는 정원 앞에서 안장이 벗겨진 백마 뒤에서 미소 짓는 벌거벗은 아이가 왼손에는 기다란 붉은 깃발을 들고 있는 그림을 내가 즐겁게 그린다면, 이것은 좀 더 상징에 가까운 것이 된다. 사실, 이 묘사는 고전적인 웨이트/스미스(Universal) 덱의 메이저 아르카나 19번을 설명한 것이다. 그것은 솔(sol) 또는 태양이라고 말한 천체의 의미를 포함하지만 이보다는 훨씬 큰 의미가 있다. 상징은 그 의미가 내용을 초월한 거대

트럼프 19. 태양
유니버설 웨이트

한 이미지다. 그것들은 나타난 것보다 헤아릴 수 없을 만큼의 큰 의미를 담고 있다.

결과적으로, 타로의 상징은 인간 가능성의 직관과 같은 인간적인 지식의 집합물이 아니다. 그 상징들은 간결하게 언급할 수 없는 심리적인 삶의 매혹적이고 수수께끼 같은 표현을 보여 준다. 이 점에서, 상징은 알려진 것과 알려지지 않은 것 사이에서 결정적인 중재 역할을 하고, 문자 그대로 혹은 비유적으로 받아들이지 않는다. 왜냐하면 타로의 상징들은 친숙한 것에 관한 것이기 때문이다. 다른 한편으로, 기호들은 명백하게 그 나름대로의 필요한 기능을 한다. 만약 밝은 빨간색의 일시 정지 표지들이 갑자기 '멈추라는 상징'을 의미하지 않는다면, 도로에는 시체들이 즐비하게 될 것이다. 즉, 타로의 상징은 알려지지 않은 내용이 표면으로 드러난 의식으로 이동시켜 주는 심리적인 수단의 역할을 하게 된다. 사실상, 의식을 창조하고 확장시키는 것은 바로 삶의 목적이 될 수도 있다. 에드워드 에딩거(Edward Edinger)는 다음과 같이 언급했다.

> 그 핵심은 '의식'이다. 유감스럽게도, 이 용어의 경험적인 의미를 추상적으로 옮기기는 거의 불가능하다. 심리의 모든 근본적인 양상은 지성의 이해의 정도를 초월한다. 그러므로 간접적이고 상징적인 접근법이 요구된다.[2]

불교의 스승들이 '그 자신의 입장에서'라고 말하는 것을 좋아하는 것처럼, 타로의 78장의 카드 각각은 특별하고, 특수하고도 추상적이고 완곡한 상징들의 의미를 담고 있다. 이러한 의미가 전달됨으로써 이 도구를 전통적으로 '예언(divination)'이라고 칭하였다. 현대 심리학의 내용에서, 예언을 의식의 가려진 부분으로 생각하는 것처럼 나는 그것을 '힘 있는 무작위성'이라고 칭하고자 한다. 즉, 이 매혹적인 과정은 융의 동시성의 철학적인 변수 안에서 진행되고 의존적인 상호작용(연기설)의 고대 불교 교리 안에서도 추론된다. 힘 있는 무작위성은 개인적인 의미가 지성의 비개인적인 근원으로부터 접근하는 것이라고 확실한 자신감을 가지고 추론할 수 있다. 이 지성의 매체가 바로 상징이다.

이제 의식이 드러나고 있는 과학계에서 경험의 현상적이고 심리적인 영역이 함께 일어나는 것에 대한 한 가지 논의가 중심을 모으고 있다. 철학자 데이비드 찰머스(David Chalmers)는 다음과 같이 언급했다.

> 우리에게는 현상적인 속성들을 설명할 수 있는 독자적인 언어가 없다. 비록 초록색이 본질적으로 부유함을 명백히 상징하는 특징의 느낌일지라도, 대상이 푸르다는 것 외에 그것을 말할 수 있는 것은 거의 없다. 현상적인 속성에 대해 언급할 때, 일반적으로 연결된 외적인 영역 혹은 연결된 우연적인 역할에 관한 질문은 속성을 명확하게 해야만 한다. 현상적인 속성들을 설명하기 위한 언어들은 비현상적인 언어에서 파생된 것이다.[3]

이 논쟁에서 자주 간과되는 것은 독특한 상징의 영역이라고 할 수 있다. 『상징의 사전(A Dictionary of Symbols)』의 저자 시를롯(J. E. Cirlot)은 참된 상징의 정수는 "그것이 표현한 생각의 다양한 면을 비슷하게라도 표현하는 능력"이라고 언급했다. 상징의 표현은 친근함(달이 사랑과 관련 있는 것처럼)과 관련된 존재에 대한 유사함을 담고 있다. 그러나 결코 (달은 사랑을 의미한다는) 하나의 결론으로 축소되지 않는다. 후자의 경우는 '상징의 격하'를 의미한다. 고결한 의미를 가진 상징은 거대한 심리적 에너지를 발생시키고 촉진시킨다. 이런 초월적인 가능성으로부터, 각 타로 카드는 상징이 의미하는 신비하고 다양한 측면을 역동적으로 비슷하게 표현하여 이미지, 숫자, 색의 상징주의들로 응집한 것이다. 융은 이 각 카드들을 '다른 혹은 더 나은 방식으로도 공식화할 수 없는 직관적인 개념'이라고 하였다.

예술가들에 따르면, 각 카드들은 내적인 상징주의를 포함한다. 컵 에이스의 물고기는 12궁도의 물고기와 연관되어 있고, 그 컵은 초월적인 성배 그 자체이고, 여황제 카드의 빨간 장미('아프로디테의 피로 물든')는 열정의 상징으로 표현된다. 각각의 개별적인 상징의 장엄함은 특정한 카드의 게슈탈트적인 의미로 이해하는 것이 필요하지는 않지만, '위대한 꿈' 혹은 성공적인 시 선택의 기호들만큼 리딩의 진정한 해석적인 우아함을 상세하게 해석할 수 있어야 한다. 상징에 대한 특별한 이해는 리딩을 풍부하게 할 것이다. 그러나 실습자는 카드의 모든 특징의 전반적인 이해를 가지고 있지 않아도 효과적으로 해석할 수 있다. 꿈의 해석이나 로르샤하(Rorschach)에 이르기까지 분석력이 줄어드는 접근법들처럼 타로의 상징은 인상적으로 리딩되기도 한다.

투사 도구를 넘어서

심리학자들이 그림에서 자신이 원하는 대로(혹은 원하지 않는 대로) 주제에 무의식적으로 투사되어 자극받는다는 혁명적인 로르샤하의 얼룩무늬나 TAT(주제통각검사)의 사진과 같은 것으로 타로의 상징이 단지 투사 도구 이상은 아니라고 믿는다면, 그들은 오류를 범하게 된다. 타로가 확실히 무의식의 반영을 자극한다고 할지라도 카드의 더 위대한 가치는 모든 미의 대상과 같이 본질적으로 타로 카드 자체에서 뿜어져 나오는 '의미심장함'이 존재한다는 것이다. 새뮤얼(Samuel)은 "상징은 의식적인 문제의 대답으로 무의식의 발명품이다."[4]라고 하였다. 모든 경우에서 의미심장함은 깊게 혹은 지성적으로 내담자를 감동시키고 궁극적이며 지속적으로 신비스러움을 간직하도록 한다. 그러나 더 큰 자각과 응집력을 더하는 '감성적인 경험'으로 정신적인 해결책과 같은 것은 아니다. 꿈의 해석은 전체적으로 결코 완전하지 않지만, 그와 같은 경우에 타로는 진정한 의미를 가진다.

다른 측면에서 환자 자신은 크게 알려지지 않고 인식할 수 없는 것과 연결되었다고 하더라도 상관관계 분석에서 치료사에게 연결되었다는 설명을 들을 때까지는 로르샤하와 TAT 삽화들은 무의미하다. 그 의미가 이러한 방법의 그림 삽화와는 무관하기 때문에 (말의 긍정적인 느낌 속에서) 로르샤하의 훈련에서는 감정적으로나 영적으로 감동받기가 어렵다. 현대 심리검사에서 투사적인 형태는 전형적으로 연대순으로 나열되고 개인적인 자료 수집에서 분석까지 분류화된다. 어떤 객관적인 추론 후에, 그 의미는 병리학적인 행동의 경향성과 서로 관련이 있는지가 기계적으로 만들어진다.

양적·질적으로 인간의 영혼에 적용시킬 때는 과학적인 방법의 불가피한 제한점이 있을 것이다. 심리학적 도구로 로르샤하 검사와 TAT는 '정확한 대답'이나 확립된 의미로 여겨지지는 않는다. 그러나 오히려 온전히 정형화되었거나 매우 불안한 심리학적 인식이 반영된 구조적 경향은 양적인 형태에 근거한다. 버트런드 러셀 (Bertrand Russell)은 "과학은 당신이 알고 있는 것이고, 철학은 당신이 모르는 것이다."라고 했다. 만약에 많은 오리가 하는 것처럼 걷고 말한다면, 오리처럼 될 것이다. 그것은 통상적으로 잘 알려진 사실이다. 어떤 특정한 상황에서 발생한 일의 횟수를 제외하고 오리가 된다는 의미와 신비로움은 철학자, 신학자, 이론가에게 떠넘기게 되고, 어린 아이에게 결정권이 주어질 것이다. 이와는 대조적으로 타로 카드는 본질적으로 의미가 있고 환자(내담자) 자신이 선택하고 참여하여 그것으로부터 효과를 보는 무의식으로의 길을 제공한다. 타로를 전체적으로 받아들일 때, 전체 타로 덱은 인간의 가능성의 상징적인 요약이다. '세상에서 가장 가치 있는 행동은 이전에 그들이 했던 불가능한 것을 밝히는' 동안, 물론 가능성은 자연적으로 일어날 수 있거나 일어날 것 같은 것을 알려 준다.

투사 도구들과는 달리, 타로의 카드 삽화는 특정 면에서 예술가가 중요성을 강조한 덱으로 매우 다양하다. 그러나 다양한 덱에서도 그 본질적인 의미는 설명되고 있다. 이런 영속성은 타로의 원형적인 본성에서 비롯하며, 규정의 틀에 따른 수준에서 개인적인 상상력과 예술적 표현에 의존한 무한한 다양성을 허용한다. 예를 들어, 타로 카드에서 악마가 아무리 수상한 뿔을 달고 온몸에 사슬을 칭칭 감고 있다 해도 악마는 악마인 것이다. 오랜 세월 동안 전해 내려온 전통적인 의미는 주석자나 시대에 따라 중요시하는 점이 특정한 문화와 관점이 다양하다. 예를 들어, 악마 카드의 경우는, '운명, 불운, 문앞의 용(Papus)' '파괴, 폭력, 격렬함(waite)' '흑마술, 질병, 힘의 부적절한 사용(Gray, Eden)' 등으로 찾을 수 있다.

그러나 정신병리학과 심리학의 관점에서 비교해 볼 때, 이런 전통은 인간 정신의 구조적이고 역동적인 모습에 대한 보고로 간주되며, 종종 이 솔직함에 상처를 받는다. 예를 들어, 현대 치료자들은 악마 카드는 '병리학적 관점'에서 자기기만, 분열, 투영된 죄의식, 조종당함, 사회병증, 대상에 대한 애착, 행동의 분출, 성, 변태적 성욕, 중독, 해산, 강박관념('악마는 내가 그것을 만드는 것'이다) 등의 의미로 본다. 물론, 20세기의 심리학적인 과학과 이론들과 DMS라는 약방의 감초 같은 경전이 등장하여, 이런 병리학적 행동을 하는 누구를 위해서도 타로의 전통이 풍부해지기 위한 기회와 엄청나게 큰 도전을 나타내는 연구와 논의를 하는 많은 단체가 생겨나고 있다.

현대 심리학자들은 악마 카드 속에서 그 의미가 실험, 성적인 분출, 그림자의 자각, 역설, 유희, 탈억제 현상, 심지어 (아리엔은 '유쾌함'이라고 명함) 유머라고 칭하는 것이 더 적절하다고 한다. 현대 이전의 도구를 사용할 때, 현대적이거나 포스트모던의 구조 속에서 적용한 해석은 역사적인 전통과 우주적 경험의 동시대적인 주제와 연결하여 부가된 가치를 담고 있다. 그러한 도구는 종교적이고 문화적인 표현의 대부분에 힘을 실어 신화적인 상상 및 유산과 연결하여 포괄적이며 연속성의 본래적인 필요를 만족시킨다. 이런 이미지에 대한 영원성은 이 도구를 보편적으로 인식하게끔 하고 언어와는 독립적이며 오랫동안 동시대적인 것으로 만들었다.

유감스럽게도, 특정한 정신질환으로 고통받고 있지 않은 사람을 위해서도 서양 심리학의 유산은 일반적으로 인간의 가능성에 대해 비병리학적인 표현의 관심도가 부족한 편이다. 긍정적인 사람의 성취도 '정상 상태' '적응'과 같은 기를 죽이는 칭찬으로 표현한다. 물론 오늘날 가장 큰 심리학적인 칭찬이라는 '기능성'은 함축적인 종점 혹은 정신적 삶의 목적이 되었다. 결과적으로, 동시대적인 심리학의 기록 속에서 '건강하게 기능하기' 위한 지도는 현저하게 부족하다('더 높은 상태'의 차이점은 동양의 불교도, 도교 신봉자, 요가 심리학이라는 사조가 존재한다고 할지라도, 그것은 또한 나중에 논의할 것이다). 다시 여기에서, 타로는 서구 사람에게 심리학적인 발전의 단계, 적절하고 미묘한 차이, 영역 속의 인간의 잠재의식을 반영한 전통, 언어, 상상이라는 심리학적인 문제에 결정적으로 빠진 조각들을 제공한다. 아리엔은 다음과 같이 언급했다.

> 타로를 치료적 맥락에서 사용한다면, 타로 본래의 가치는 DSM-III 지침서의 역할을 할 수도 있다. DSM-III는 기능장애 행동의 범주에 들어가는 정신병리학적인 증상에 대한 지침서다. 반면에 타로는 정신-신화학적인 입문서로 사용할 수 있다. 그것은 본질적인 지혜를 인식하도록 하여, 증상을 재는 도구로서 도움을 주는 역할을 한다. 본질적인 지혜는 로고스이고, 사랑의 본성은 에로스다.[5]

어려움과 호기심을 보여 주는 타로의 마이너 아르카나(40장의 숫자 카드와 16장의 궁정 카드)는 서양인의 심리에 공명하는 상상 속의 풍부하고 다채로운 인간 성격 발달을 반영하고 있다. 메이저 아르카나(바보가 접촉하는 마법사에서 세계까지)는 우주적인 심리적 주제와 변형적인 잠재력에 역점을 두어 타로의 원형적이고 비밀적인 단계를 표현하고 있다. 그림에서 눈에 두드러지게 힘 있는 카드로 인식됨에도 불구하고, 악마의 예도 개인적이거나 혹은 집합적인 그림자를 반영하고 있다. 즉, 이 카드는 초월적으로(혹은 영적으로) 빛을 필요로 하는 인간의 잘못되고 어두운 면의 표현이다. 이와 같이 악마 카드는 탄트라 불교 혹은 현대미술에서 깜짝 놀랄 만큼 기괴하고도 아름다운 만다라 그림 속에 표현된 자극적인 '격노한 신들'과도 같은 것이다.

그러한 상징적인 그림들은 힘, 공격, 남용 그리고 통제(자기중심적)를 지나치게 강조한다. 명상, 통찰, 예술적 표현, 묵상, 적극적인 상상을 통해, 또는 단순히 각성하는 존재로서 이 카드의 상징에 대해 전체적으로 크지만 심령적 에너지를 지닌 부분들을 마음에 깊이 새겨 둠으로써 의식적 각성, 관찰, 연구를 끌어올릴 수 있게 된다. 점차 그것들은 변형되고 전체로 통합될 수 있다. 그리하여 개인의 정체성은 더 차별화되고 확대된다. 타로 리딩에서는 모든 문제에서 피해자나 가해자로 누구에게 관심을 두기보다는 운명의 창조자나 스승이 되도록 하는 데 관심을 둔다. 그러므로 힘을 얻고 가르치면서 자기 연구의 문은 어둠의 주제로 여겨지는 것에 안전하게 열릴 것이다. 확실히 사람의 존재의 고통과 윤회의 원인은 가해자에게 있다.

의미의 수준

시를롯(Cirlot)은 대부분의 심리학자에게 각 카드에는 사라지지 않는 의미나 원형이 마음 안에 전적으로 존재하고 자연이라는 외부를 향해 투사된다고 했다. 반면에 동양학자와 밀교 사상가들은 대우주는 소우주라는, 은유적으로 확실히 동격이라는 상징을 기초로 하고 있다. 후자의 관점은 마음과 물질의 기능을 양자물리학자들이 언급하듯이 융합된 분야의 두 관점으로 이해하면서 정신은 세상의 기능에 반대한다고 간주한다. 흥미롭게도 이 두 가지 관점 중 이원적인 인지과학자들과 다른 하나는 전인적인 이론가들과 이상적인 철학자들 사이에서 같은 식으로 분리되고 있다.

최근 들어 토론은 학문적 교류가 일어나도록 심리학자들을 자극하였다. 놀랍게도 환경주의자들은 '생태심리학'이라 불리는 운동을 만들어 결합하게 되었다. 제임스 힐먼(James Hillman)의 관찰에서 그들 집회의 외침은 "'자신의 깊은 자아'와 개인적인 조화는 내면으로의 여행과 환경적인 세상과의 조화를 필요로 한다."[6]라고 말했다. 무작위 선택의 외부적인 중재와 상호작용으로 심리적인 이상의 타로의 순수한 세상은 원시 생태계의 방해받지 않은 완전성의 자연을 다시 창조한 것처럼 보인다. 공식적인 오컬트적 견해에서는 "하늘에서도 그러하듯이, 땅에서도 그러하다."(후에 괴테는 "외부에서도 그러하듯이, 내부에서도 그러하다."라고 했다.)로서 오늘날 깊이 있는 생태학과 '녹색' 심리학의 포스트모던적 동맹을 찾아볼 수 있다. 외부에서도 그러하듯이 내부에서도 그러하다.

융은 『심리학과 종교학(Psychology and Religion)』에서 "상징은 항상 그것이 설명하려는 신비의 단계 아래에 있다."[7]라고 했다. 만약 무지갯빛 다이아몬드가 우리가 추구하는 위대한 신비를 담고 있다면, 결국 빛나는 모양과 색깔은 그저 도구일 뿐이다. 지상에서의 물리적인 배치는 공간의 은유적인 중요성을 띠게 된다. 상징은 의미를 수평적·수직적으로 접근하게 할 수 있다. 깊은 관점으로부터 마치 심리와 우주의 많은 단계를 위아래로 여행하는 비밀의 엘리베이터를 상상할 수 있다. 오직 일층부터 큰 대상의 우주를 이해하기 위해 즉시 이동할 수 있다. 바로 이것은 수평적 이동을 의미하는 것이다. 이 경우에는 스스로 빛나는 보석처럼 지평선에 존재의 무수한 영역으로 로비와 출구를 찾아라.

수평적으로, 즉 개방적으로 타로의 상징은 사람, 장소, 계획, 즐거움, 궁지, 우리의 외부적인 삶을 채우는 문제의 다양한 면을 포함한다. 신비한 상징들은 신비스러움으로 이런 외부의 형태에 스며들게 해서 일상의 경험에 특성과 배경을 더한다. 이미 알고 있고 말할 수 있듯이, 인생은 의미와 신비의 부정할 수 없는 암시를 통해 살아 있는 것같이 되는 것이다. 하나의 예로, 결혼은 특별히 물 원소('액체의, 변덕스럽고, 깊다')의 원리 내에 있는 것으로 보인다. 또 다른 경우, 직장에서의 지위는 메이저 아르카나(원형)와 마이너 아르카나(에고적인) 에너지 사이에서 대항하여 주제 안에서 경쟁하는 것으로 보인다.

휴식을 위해서는 내면 심리의 많은 단계로 내려가야 하거나, 신들의 공간 높이까지 올라가야 한다. 바로 이것이 수직적인 움직임을 의미하고, 내부적인 심리의 영역을 가리키는 것이다. 본질적이고 공간적인 진실 혹은 깊은 영역의 출구와 높고 낮은 영역을 찾아라. 다이아몬드 상징을 가지고, 우리는 '신화적인 중심의 불가해한 광채'를 상상할 수도 있다. 또는 보다 작은 영혼의 안내자로서 '다이아몬드처럼 단단한 독특한 자아방어기제'를 상상할 수도 있다.

주관적인 영역에 거주하는 것은 인류의 영혼과 정신, 양심과 기억, 상상력과 감정들이다. '더 높고' '더 낮은' 공간적 차원은 단지 심리적인 공간에 대한 은유적 표현이므로 문자 그대로 해석하지 말아야 한다. 물 원소는 앞의 결혼에 대한 예에서 분리/개별화 '과정의 차원' 혹은 개인의 변화에 대한 상징적 흐름을 일관적으로 암시한다. 아마도 컵의 여왕은 용서와 양육을 의미하고, 절제는(한쪽 발은 땅 위에, 또 다른 발은 물속에) 융합과 인내를 의미한다. 모든 것 안에서, 설명을 위한 '범위'는 깊이와 높이로 균형이 맞추어지고, 수평

21번. 세계
마르세유 타로(1761)

적·객관적 실재는 수직적인 객관성과 균형이 맞추어진다. 세계 카드를 예로 들어 여기서 설명한 경우를 정리하고자 한다.

카드 21번, 세계 카드(마르세유)는 비행과 여행을 포함한 외적인 직업 혹은 그에 관한 열망을 표현하면서, 오른쪽에 나타나는 독수리는 수평적으로(즉, 객관적으로) 세속적인 '상승'을 상징한다. 그러나 독수리는 수직적으로는 주관적인 현실에 대한 더 높은 영역을 향한 영적인 상승, 즉 심리적으로 전체 성 또는 영적인 깨달음을 은유적으로 표현한다. 세계 카드의 사자는 수평적으로는 하늘에서의 세속적인 지배자, 강력한 승리자, 당당한 위엄을 나타낸다. 그러나 사자는 수직적으로 숨은 열정 또는 포악한 본능에 대한 은유적인 표현으로 보일 수 있다. 게다가, 독수리와 사자는 단지 세계 카드에 나타난 여섯 개의 상징 중에서 두 개일 뿐이며, 결코 가장 뛰어난 것도 아니다. 비밀스럽게 타로에서 내적으로 선택된 영역이 있는데, 독수리는 점성학적으로 전갈자리와 연관성이 있고, 잠재의식 속에 포함한 지혜의 깊이를 헤아릴 수 없는 신비로운 우물일 뿐 아니라 위대한 어머니, 즉 모성을 의미하는 물의 원소를 의미한다. 사자는 불의 원소, 태양(그리고 점성학적으로 사자자리의 상징)을 전통적인 의미로 담고 있고, 원칙적으로 신성한 지성을 암시하는 '지하에 숨은 태양' 혹은 연금술의 금과 상응한다.

이러한 각 단계에서 카드의 가능성 범위는 어떤 특정한 결합을 가져오고 다른 것들보다 어떤 것은 더 의식을 드러낸다. 대개 타로 책의 서문에서 색깔과 숫자의 상징주의(수비학)는 각 카드의 일반적인 설명 안에 포함되어 있다. 세계 카드에서 숫자 21이 암시하는 것은 3으로의 연결(21 = 2 + 1 = 3)의 핵심을 의미하고, 이와 같이 여황제 3번(대지의 여신 형태의 원형)의 의미와 연결되어 있다. 이러한 수비학적인 관계는 타로에서 결코 사라지지 않는다. 한 장의 카드의 원형적 유사성과 또 다른 카드와의 숨겨진 연결고리를 설명하듯이, 이 미묘한 상응에 대한 더 자세한 연구는 의미 있다.

시를롯에 따르면, 색의 상징적 의미는 대개 다음과 같은 근원 가운데 하나에서 유래한다. 첫째, 객관적인 사실로서 직관적으로 인지한 각 색깔의 고유한 성격, 둘째 전통적으로 연결되는 색깔과 행성의 상징 간의 관계, 셋째 기본적이고 근본적인 논리에서 이해한 관계 등이다. 현대 심리학과 정신분석학에서는 첫째보다 셋째의 공식을 더 중요하게 여기는 것 같다.

카드의 위치가 역방향이라면, 그 의미는 카드가 지닌 의미의 갈등적인 속성 또는 내면화되고 숨겨진 측면이 강조되거나 주관적인 모습이 강조되어 의미가 바뀌게 된다. 타로를 사용하는 치료자들은 역방향을 잘 해석해야 한다. 왜냐하면 역방향은 때때로 리딩에 혼란을 일으키기 때문이다. 그럼에도 불구하고 치료사들은 그 그림이 담고 있는 인지적이고 정서적인 관계가 긍정적이든 부정적이든 간에 내담자의 상황에 대해 그 그림의 의미를 읽기보다는 심리학적인 진부한 문구를 그림에 쓰인 단어로 설명할 것이다. 토론이 고조됨에 따라, 역방향은 자세하게 설명될 것이다.

초자연주의

많은 상징적 수준과 더불어 타로 카드를 전체적으로 받아들일 때, 타로는 그 의미에 정서적으로 연결되어 '마법적으로' 작용하는 '공명' 혹은 리듬을 담는다. 확실히 독특하고 흡입력 있는 에너지를 발산한다. '마법적인 생각'("달은 초록색 치즈로 만들어졌다.")과는 반대로 자연적 · 연금술적 · 의식적인 혹은 무대 마술을 말하는 것이 아니라, 우리는 영적인 영감과 척추를 진동하게 하는 '신비한 매력'(『Random House College Dictionary』)의 마술적 경험에 대해서 말하고 있다. 심지어 비종교적인 최고의 치료자들(전형적으로 마술을 싫어하는 사람들)은 드물게 강렬한 회기를 경험하면서 더불어 기운을 돋우어 주는 경험에 친숙하다. 미스터리 발견, 변화 그리고 지혜의 현존에 살고 있는 사람은 경외하고 흥분한다. 이러한 마술에 대한 설명적이고 현상학적인 암시는 융이 '초자연주의 (numinosum)'라 부른 것과 유사하다.

> 의지의 독단적인 행동에 의해 일어나지 않는 역동적인 작용이나 효과…… 초자연주의는 의식의 특별한 변화에 의한 보이지 않는 존재의 영향이거나 보이는 대상이 지닌 특성이다.[7]

융은 말로 나타낼 수 없는 평범한 경험 밖의 종교적인 경험을 묘사한 루돌프 오토(Rudolf Otto)로부터 '초자연주의'의 개념을 가져왔다.[8] 오토에 따르면, 초자연주의는 특별한 감정 상태와 더불어 영혼을 움직이게 한다.

  ……그것은 때때로 부드러운 물결처럼 스쳐 지나가고 깊은 경외심
의 고요한 숭배와 더불어…… 마음에 퍼져 있고…… 또는 그것은 경련
과 대격동으로 영혼의 깊은 곳에서 갑자기 폭발하게 될 것이다.[9]

  하지만 이러한 형이상학적으로 그늘진 상태와 종교적인 발단에
대한 이야기는 예언자 멀린(Merlin)이나 신비한 십자군에 더 적합하
다. 그러나 어려운 문제를 다루는 치료사의 광범위한 활동 영역에
대한 일반적인 대우는 아니다. 물론 이러한 관점에서는 분명히 예
외인데, 인본주의적 치료자는 '절정 경험'의 상태를 특정적인 초월
상태로 설명하고, 최면술사는 최면 상태를 통하여 에고를 보류하
고, 행동주의자들은 점진적인 이완을 강화하고 목가적인 상담자들
은 '영적 위기'로 다루며, 초월심리학자들은 '변형된 상태'라고 말
한다. 코빗(Corbett)은 심리적 실재와 관련 있어 보이는 초자연적인
경험 방법에 대한 부분적인 목록을 만들었다. 즉, 신성한 꿈, 깨어
있는 시각 신체적 경험, (전이를 포함하는) 대인 관계와 같은 것인데,
황량함 속에서 심미안적이거나 창조적인 방법에 의해 만들어진 이
것은 동시성을 기초로 한다.[10] 타로는 자연스럽게 마지막 범주에
속한다.
  코빗은 더 나아가 경험의 이러한 영역의 특성은 종종 내담자의 병
적인 흥분이나 명백한 정신병을 부풀려서 보려는 경향성이 있다고
언급했다. 실제로 매일 초자연적인 힘을 직접 다루었던 치료자의 대
부분은 환자의 입원 여부와 상관없이, 병세가 드러나는 정신증적 환

자가 사이비 종교적인 것을 병적으로 쫓아다니기 때문에 큐피트의 속임수가 가져온 사랑의 무모함에도 정복하려 시도하고, 심지어 '용과 지하 감옥' '미스터리' 게임과 같은 것에 도취된 사춘기의 망상적인 판타지를 접하고 있을 때조차 이기려고 애를 쓴다. 새뮤얼 (1987)은 초자연적인 경험은 엄청나게 크고 강력한 힘의 경험 이상이라고 언급했다. 그것은 지금까지 드러내지 않은 매혹적이고 예언적인 의미를 암시하는 힘과의 직면이다.[11]

그러나 역설적으로 말하면, 타로 상담이 초자연주의의 강렬함을 더 잔잔한 기대와 제어할 수 있는 무의식적 충동으로 낮추어 사실상 부드럽게 만드는 이유에 대해 설명해 보라는 제안을 받는다. 그러한 마법적인 특성이 드러나기 때문에 융은 의식과는 다르게, 무엇보다도 초월적인 힘은 꼭 필요하다고 느꼈다. 타로에 대해 필수적인 것은 이미 이루어진 것 같다. 있는 그대로 말을 하든, 넌지시 암시하든지 간에 예언은 목적이 알려지지 않았으며, 매력적이고, 고려해야 할 심령적인 힘을 지닌 사람들의 (신뢰할 수 있는 전문가에 의해서 관리된) 방법 그 자체다.

무작위적인 선택이라는 오랜 방법 때문에 시작부터 신비롭고 이국적인 이 도구는 남을 교묘히 다루는 것으로, 그리고 타로의 평범한 작용의 한 부분으로 받아들여졌다. 카드에서 비롯된 마법적인 효과는 비가 온 후에 무지개가 뜰지 예측하는 것과 마찬가지로 약간은 받아들여졌다. 엄청난 힘에 의해 폭발할 경향이 있는 초자연적인 정서들이 드문 사건들(아이의 탄생, 산꼭대기에서 본 광경, 날아다니는 꿈)에 의해 촉진되는 것과 달리, 타로에서 자극받은 초자연주의는 비교적 조용히 사실적인 문제 안에서 상대적으로 수용된다. 타로 방법 자체는 출생의 산파와 같다. 리딩에서 아마도 불가사의한 것보다 더 믿기 어렵고 통계적으로 일어날 것 같지 않는 예언 카드의 '정확함' 은 이러한 이상한 사건들이 한 대상에 의해서 경험되고 받아들여짐 으로써 편안함과 위안을 준다.

그러나 타로와 함께 늘 따라다니는 것은 보라색 오라(aura)를 드 리우는 태양의 자연스러운 광경이 아니라, 거꾸로 매달린 사람 카드 가 덧없는 경쟁을 그만하도록 갈망하거나, 컵 5번 카드가 넋을 담아 슬퍼할 필요가 있다고 외치는 것이다. 우리의 경외심을 고무시키는 것은 대머리 농구 선수의 멋진 덩크슛이 아니라, 모든 단계가 지니 는 상징적인 함축적 의미와 함께, 우리 미래에 일어나게 될 일을 암 시하는 운명의 수레바퀴의 동시성이다. 이 모든 것은 정말로 중요하 다. 결국 텔레비전이 아니라, 바로 우리의 삶이다.

그러나 여기에서 우리는 조금 더 앞서가고 있는지 모른다. 우리가 타로 리딩의 신비로운 정확함을 평가하기 전에 정말로 타로 자체에 내재된 구조를 좀 더 배워야 한다. 다음 장에서는 인간 가능성의 덱 을 통하여 핵심적인 영역을 좀 더 자세하게 알아본다.

▶각주

1) Jung, C. G., *The Collected Works* (Bollingen Series XV); Trans. R.F.C. Hull; Princeton University Press, paragraph 105.
2) Edinger, Edward F., *The Creation of Consciousness: Jung's Myth for Modern Man;* Inner City Books, 1984.
3) Chalmers, David J., *The Conscious Mind: In Search of a Fundamental Theory;* Oxford University Press, 1996, p. 22.
4) Cirlot, J. E., *A Dictionary of Symbols* (Second Edition); Routledge & Kegan Paul Ltd., London, 1962, p. xxxi.
5) Arrien, Angeles, *The Tarot Handbook: Practical Applications of Ancient Visual*

Symbols; Arcus Publishing Company, 1987, p. 19.

6) Hillman, James, "A Psyche the Size of the Earth," in Roszak, Theodore, Gomes, Mary E., Kanner, Allen D., *Ecopsychology: Restoring the Earth/Healing the Mind;* Sierra Club Books, San Francisco, 1995, p. xvii).

7) Jung, C. G., *Psychology and Religion* [Based on the Terry Lectures]; Yale University Press, New Haven, 1938.

8) Jung, C. G., *The Collected Works* (Bollingen Series XI); Trans. R.F.C. Hull. Princeton University Press, paragraph 6.

9) Otto, Rudolf (1917), *The Idea of the Holy;* Oxford Press, 1923, p. 12.

10) Corbett, Lionel, *The Religious Function of the Psyche; Routledge,* 1996, p. 15.

11) Samuels, Andrew, Shorter, Bani, and Plant, Fred, *A Critical Dictionary of Jungian Analysis;* Routledge & Kegan Paul Ltd, New York, 1987, p. 100.

06
대극의 원리

바른 문장의 대극적 개념은 잘못된 문장이다.
깊은 진리에 대한 대극은 또 다른 심오한 진리가 될 것이다.
– 닐스 보어(Niels Bohr)

THE EMPRESS.

대극의 원리

『해석의 범주(Categories of Interpretation)』와 『형이상학(Metaphysics)』이라는 아리스토텔레스의 선구자적인 논문들 이후, 서양철학 전통에서는 인간 사고의 자연스러운 성향에 대해 표현했다. 대극은 '대항하여'라는 의미 혹은 '화합할 수 없거나 분리되는'(Webster's New Collegiate Dictionary, 1974) 보편적인 개념을 나타낸다. 이와 동일한 개념은 이집트의 상형문자, 중국어, 히브리어, 오스트리아어의 연관성 있는 단어뿐만 아니라 그리스, 라틴 그리고 인도의 산스크리트, 유럽 어족에서도 찾을 수 있다. 대극에 대한 본질적인 속성은 다른 사람의 몸을 포함한 물리적인 환경을 잘 다루기 위해 없어서는 안 될 위치, 관련된 지침이라는 공간적 차이를 만드는 정신능력과 더불어 시작하는 생각이다.[1]

대극의 심리학적 암시는 더 나아가 중국의 노자와 같은 중국 도교의 현자와 소크라테스, 그리스 신화의 헤라클레스와 같은 신비로운 저자에게서도 살펴볼 수 있다. 융은 다음과 같이 언급했다.

헤라클레스는 매우 위대한 현자로, 심리학적인 법칙에 있어서 가장 위대한 발견을 하였다. 바로 그것은 대극의 원리인 규정화된 기능이다. 그가 대극의 반전(enantiodromia)이라 부른 그것은, 언젠가 모든 것은 대극의 원리로 흘러간다는 의미를 가지고 있다.[2]

반전의 법칙을 통해, 곧 혹은 나중에 기술과 정보의 포스트모더니즘의 관념까지도 단순함과 존재라는 대극의 원리로 흘러갈 수 있다. 하루만에 친구가 적이 될 수 있고 적이 친구가 될 수 있으며, 확신하는 인지과학자가 행동주의 심리학자로, 그리고 의학·정신분석학자들도 마침내는 인간 가능성의 덱인 타로로 전향할 수 있다. 왜냐하면 '모든 심리학적인 법칙의 가장 위대한' 대극의 원리가 가장 설득력 있게 표현되고 전달되는 곳이 바로 타로이기 때문이다.

　비언어적·시각적·상징적인 타로의 본질적 특성 때문에 대립의 원리는 복합적인 경로를 통해서 쉽게 전달된다. 알파벳처럼 '음성학에 기초한' (모든 인도-유럽 어족) 보통의 언어학적인 관습은 전 다각적인 면의 구조를 단면으로 보려는 경향이 있어서(예, "나는 오늘 행복해.") 본질적인 대립과 양극성을 모호하게 한다. 그러나 어떤 동전의 한 면이 놓였을 때, 마치 흩어졌던 형제가 다시 모이듯이 즉각적으로 다른 한 면이 드러난다(의식적으로든, 무의식적으로든). 예를 들어, 영어에서는 대립의 원리를 포함하거나 다면적인 의미를 지닌 한 가지 단어가 부족하다. '적대'나 '반대' (Lederer, Richard, 1989)를 참고한다면, 대립의 원리라는 의미는 언어심리학 지침서보다는 언어학적인 소설에 더 많이 등장한다. 예를 들어, 'awful(끔찍한)'은 'extremely unpleasant(몹시 불쾌한)'을 의미하거나 반대로 'awe-inspring(장엄한)' 이라는 뜻이 있을 수 있다. 역설적으로 '나의 최근의 책이 나의 마지막 간행물이 될 것이다. My last(최근의) book will be my last(마지막) publication.' 라는 문장에서 보면 last는 '최근' 이나 혹은 '마지막' 이라는 것을 의미한다. 'anxious' 라는 단어에서 위험에 대한 염려 때문에 정신적인 장애를 걱정하는(우리는 그

가까운 총소리 때문에 걱정하였다. We were anxious(걱정하는) about the nearby gunshots.〕 의미와 반대로 다음 문장〔읽는 것을 정말로 원했다. 'I was anxious(열성적으로) for the reading to begin.'〕에서는 열심히 하고 싶어 한다는 것을 의미한다.

듣기에는 이상할지라도 본래의 대립적인 기반에서 존재하듯이 "오늘 나는 기쁘고 슬퍼."라는 문장에 혼합된 말의 힘이 실제로 경험에서 나타난다('쉰 번째 생일날 당신은 어떤 느낌인가요?' 라는 질문처럼). 대답은 "행복하고 슬프다." 이다. 이런 대립은 아마도 감정의 풍부한 경험 속에서 분명해진다. 본질적인 양극성을 의미하는 표현은 그 말에서보다는 상징이나 그림에서 잘 표현된다. 공자의 가르침처럼 그림은 천 가지 단어의 가치가 있다. 우리가 잘 알고 있듯이, 중국 문자는 알파벳을 사용하지 않고 기본적으로 그림이나 상징 혹은 전통적인 기호인 표의문자나 기호를 사용한다. 앨런 왓츠(Alan Watts)는 다음과 같이 언급하였다.

귀는 눈만큼 동시에 많은 것을 찾아내지 못한다. 왜냐하면 소리는 빛보다 진동이 느리기 때문이다. 알파벳은 소리의 상징인 반면에 표의문자는 비전을 나타내고, 더 나아가 세상을 그대로 나타낸다. 사물의 이름인 소리에 대한 기호는 아니다.[4]

말로 표현하는 것에 부족한 것은 바로 상징적 깊이다. 그 상징적 깊이는 드러난 생각(혹은 감정)의 다양한 면을 비슷하게 표현하는 것이다. 위대한 명문장가인 댄 퀘일(Dan Quayle)은 특이한 언급을 하였다. "장황하게 말을 늘어놓는 것은 불분명해지고, 모호하게 된다." 그러나 대립의 원리를 포함하는 개념이며, 시각에 기초하는 언어인 타로에서는 그림으로 표현되고 현실의 비슷한 수준에서 해석되고 인지될 수 있다. 즉, 대립의 원리에 대해 구조상의, 숫자상의, 다차원적인, 방향적인 의미의 단계를 설명할 수 있다. 구조상으로 대립은 최소한 세 가지 영역으로 보인다. 첫째, 메이저와 마이너 사이에서 경쟁하는 상호성, 둘째 짝패 사이의 원소적 대립, 셋째 배열 위치와 카드가 연결되는 동시성이다. 메이저와 마이너의 대립의 경우를 먼저 점검하여 보자.

타로 전문가라면 잘 알고 있듯이, 숫자 카드나 궁정 카드가 원형적 의미의 타로 카드 주위에 나올 때 그 의미가 크게 줄어든다. 또는 최소한 그것의 영향력은 메이저의 최상의 심리적 에너지와 의미하고 있는 범위에 의해 가려질 것이다.

메이저 아르카나 지팡이(5번) 카드가 별 카드와 교차된 것을 상상해 보라. "공군이 지구권 밖의 외계 우주선과 접촉을 했다."라는 승리를 축하하는 신문의 머리기사가 실려 당신의 남편과 모닝커피를 마시면서 있었던 대수롭지 않은 말다툼을 상상해 보라. 이런 관계는 사소함과 기적, 에고와 원형, 세속적인 사람과 신성한 존재, 개인 의식과 우주 의식과 같이 다채로우며 동등하게 볼 수 있다. 이러한 경우에 우주적이고 초월적인 에너지는 변하지 않게 대립하고 전형적으로 밝게 비치며 개인적인 에고는 보다 더 적게 비출 것이다. 존재의 자각은 그런 긴장을 통해서 생성되고, 삶의 열정, 투쟁, 그리고 철학적 교육을 통하여 설명될 것이다. 융은 다음과 같이 언급했다.

모든 에너지의 현상들은 (그리고 현상이 없는 것은 힘이 아니다.) 반대되는 짝으로 구성되어 있다. 시작과 끝, 위와 아래, 뜨거움과 차가움, 빠름과 늦음, 원인과 결과 그 밖의 모든 것은 짝을 이룬다.[5]

관련된 현상들은 리딩의 대립되는 힘의 원소적인(물, 공기, 불, 흙) 가치들과도 관계한다. 어떤 형태, 우세, 또는 특정한 원소/짝패의 명백한 부재는 '상위/하위' 성격의 경향성과 대립성을 의미하는 융의 유형론적 분류에서 보이는 보상적인 형태와 같이 내담자의 무의식에서 '원소적인' 대립이 움직일 것이다. 예를 들면, 검의 기사와 같이 강한 '사고 유형'은 아주 감성적이거나 다양하게 다채로운 꿈을 꿀 것이다. 즉, 의식적인 생각과 무의식적인 감정 사이라는 대립에서 분석적으로 간주된 것이다. 융의 유형론의 타로는 검(공기/생각), 컵(물/감정)과 대립의 관계로 간주하고, 펜타클(흙/감각)은 지팡이(불/열정)와 대립된다.

그 외에도 이러한 함축적이고 미묘한 무의식중의 보상과 구조적 대립은 종종 아주 명백해진다. 예를 들어, 새로운 사랑의 흥미에 대한 관심으로 묻는 리딩에서 나온 검이나 컵 카드는 '머리와 가슴' 사이의 명백한 대립의 개념을 보여 준다. 내담자의 자각 속에서 의식이 완전하지 않거나 잘 알지 못하는 것에 대한 더 세밀한 설명으로 명료함을 가져온 것이다. 또 다른 리딩에서는 마케팅의 특정한 도구와 같이 문제를 푸는 것에 집중을 하고 문제에 대한 직관적이고 실질적인 접근법의 긴장감을 제시하면서 다양한 지팡이와 펜타클 사이에서 정형화된 대립을 드러낸다. 종종 이러한 대립은 브레인스토밍이라는 창조적이고 대안적인 해결책에 꼭 필요한 '머리에서 안타'를 치도록 도와준다. 원소적인 친화력, 중립, 반대 성향은 불과

물의 자연의 반대 성향과 불과 흙의 중립 상태, 불과 공기의 친화력과 같은 이런 대립의 원리의 구조적 범주에 들어간다. 성의 대립은 남성(양)을 의미하는 검과 지팡이, 여성(음)을 의미하는 컵과 펜타클인데 이 또한 이러한 범주에 들어가게 된다. 이런 대립과 만나는 것은 한쪽 측면만을 생각하는 불균형에서 벗어나게 해 주고, 완전한 전체를 하나의 비전으로 만드는 데 도움이 된다.

세 번째 경우인 구조상의 대립은(p. 176의 그림 참조) 스프레드 위치의 카드를 포함하며, 어떤 점에서 대립은 영속적인 위치를 택하기 위해 무작위로 고르는 구조상의 한 쌍에 의해 움직임이 고정되며, 무작위적이고 고의적인 배치 사이에서 상호작용이 일어난다. 예를 들어, '과거'의 위치에 내담자의 과거 맥락에서 죽음의 여운이 떠났다고 할지라도, 무작위로 '죽음의 카드'가 선택된 역동적인 긴장감을 상상해 보라. 내담자는 "나는 결혼 생활이 끝난 후에 다시 태어남을 느낀다."라고 말할 수도 있고, "내가 교회를 떠날 때, 나의 어린 시절의 믿음이 죽었다."라고 말할 수도 있다. 그러나 예시된 위치인 '미래'의 위치에 '죽음의 카드'가 똑같이 무작위로 선택되었을 때는 어떻게 이런 동시성의 긴장감이 일어나는지 주목해야 한다. 이러한 결합들은 숨어 있다가 잠재적으로 위험성을 보이며 불안을 숨기고 있으며, 일시적이고 변하는 쪽으로 흘러감으로써 결정적으로 다른 방향으로 흘러갈 것이다.

그러나 어떤 경우에는 가변성과 영속성 사이에서, 혹은 무작위성과 고정성 사이에서 확정된 대립의 원리에 주목한다. 이런 대립의 원리는 '알려진 것'은 변함없이 '알려지지 않은 것'에 부딪히고, 기대한 것은 기대하지 않은 것에 부딪히는 일상의 삶의 구조를 반영한다.

실제적으로 타로의 고정성과 명령과 함께 무작위성과 혼돈의 계획적인 구조는 살아 있는 자연의 세계와 더 가깝게 심리적인 반영을 하고 있다. 즉, 대상의 영역에서 알맞은 고상한 상태에서 예언은 예측할 수 없는 것으로 되돌아간다. 앞서 언급한 각각의 영역에서 타로의 본질적인 구조는 문제의 심리 상태가 대립의 영역과 만나게 한다.

구조적 대립
카드와 위치 간의 대립

카드와 위치 간의 대립은 상응한다.
변화성과 불변성
불규칙과 고정성
알지 못하는 것과 아는 것

4. 과거의 영향력

13번 죽음 카드

10. 미래의 결과

13번 죽음 카드

수적인 대립의 원리

물론 수비학은 양적인 수학적 가치라기보다는 상징적 암시인 질적인 의미로 평가된다(비록 후자가 전자의 부분집합이라 할지라도). 관계와 대립에 대한 진정한 숫자 2는 모든 인간 경험에서 가장 중요하고 형이상학적인 정수인 숫자의 원형이다. 2는 4장의 타로 짝패에서 각각 차별화되어 나타날 뿐 아니라, 각 한 장의 카드 안의 다양한 부분적인 예에서 그 숫자는 다른 숫자와 분리되는데, 검 7번 카드에서(유니버설 웨이트 덱) 검 2개는 땅에 버려져 있고 사람이 들고 있는 5개의 검이 보여 주는 예가 있다. 이 그림에서 2개의 버려진 검에 의해 상징되는 의미는 그 이전의 신의를 저버림을 뜻한

일곱 개의 검 중에
떨어진 두 개의 검

다. 더 나아가 들고 있는 5개의 검은 2와 3으로 나뉜다. 상관적 맥락을 통해서 우리가 인식하고 우리의 세상을 만든다고 하는 심리학적인 믿음에 따라서, 타로 수비학을 통해 우리는 2와 대립의 원리인 함축적인 주제를 발견할 수 있다.

메이저에서 대립은 트럼프 2번 고위 여사제에 근거를 두고 있으며, 고위 여사제는 대립의 법칙 속에 있는 직관을 암시한다. 그러나 신비 사제는 그와 마찬가지로 메이저 아르카나에서의 대립의 주제를 표현하고 있고, '숫자의 사촌들'과 잘 연결되어 있다. 황제 카드(4번)는 '대립의 형태'를 나타내고, 연인 카드(6번)는 '대립의 원리가 결합되고', 힘 카드(8번)는 '대립의 원리가 구체적으로 드러나고', 정의 카드(11번)는 '대립적으로 균형을 이루고', 절제 카드(14번)는 '대립의 원리가 혼합되어 있고', 악마 카드(15번)는 '대립을 분리시키고', 심판 카드(20번)는 '대립을 선언하고', 마지막으로 세계 카드(21번)는 '대립을 통합한다.' 물론 말하자면 2라는 숫자 두 개는 22장의 전체 타로 카드를 상징하는 숫자다. 숫자가 없는(0번) 바보 카드는 '대립의 제거 혹은 부재'를 의미하므로 자신의 존재를 이미 앞서가고 바꾸는 두 가지 상태로 가장 잘 이해된다.

차원적 대립

차원적 대립은 해석의 수직과 수평 차원에 의해 나타난다. 우리는 외부 자극의 다르지 않은 물결 속에서 감정을 나타내지 않은 채, 바쁘게 지나가는 이방인들의 관심도 모르고 지나칠 수 있다. 혹은 그 밖에 잊어버린 기억과 감정적인 관찰을 할 수도 있다. 그리고 예민하고 민감한 관찰자가 되어 개인적인 일생에 대한 사적인 환상과 개인적 일기의 내용 속으로 들어갈 수도 있다. 객관적으로 말하자면, 순간의 지나감은 논리에 맞지 않을 수도 있다. 앞에서 묘사한 수직이나 수평적인 단계에서의 이러한 차원에 대한 대립은 주관적인 관점의 외부적·내부적 차원 사이의 대립을 가리킨다.

내담자의 언급에 따라 선택된 타로 카드는 그녀의 외적인 삶에 대해서만이 아니라 내적인 삶에 대해서, 그리고 그녀가 얼른 깨닫지 못하는 약점이나 장점에 대해서 이야기할 것이다. 대부분은 그녀가 말하기를 선택한 영역에 달려 있다. 그것은 종종 내담자가 일에 대해서 질문하거나(아마도 그녀에게는 실망스러운 면이겠지만) 자신에 대한 대답을 얻으려고 할 때, 또는 그 밖에 그녀의 행복에 대한 질문, 극심한 고통에 대한 설명에서 알 수 있다. 이러한 경우에 타로는 확실하게 이와 같은 일을 하고 내담자가 의식적으로 기대하던 것보다 다른 각도로 질문이 해석될 수도 있다. 나는 재정적인 계획과 가족적인 예산을 계획하기 위한 통찰력을 얻기 위해 카드를 사용했던 것이 기억난다. 그때 감성적인 특성이 강한 속성을 지닌 패턴화된 카드들이 나에게 일격을 가했다. 나는 그 일에 대해서 회계사와 이야기하지 않았다. 기대하지 않았지만, 그런 대답들은 어떤 감정적으로 선택된 기호를 포함하고 있었으며, 기술적으로 아주 작은 재정적인 감각을 열어 놓았으며, 그럼에도 불구하고 돈에 대한 개인적인 관계에서 중요한 요소가 존재하고 있었다.

바로 이것이 심리와 타로의 방법이다. 이러한 일들이 '이유가 있어 일어나든' 일어나지 않든지 간에 논쟁의 여지가 있다. 그러나 우리가 무의식적으로 가장 필요한 것으로 이끌리고 심지어 꼭 필요한 것이 아니라도 자연적인 질서에 부정할 수 없는 지성을 강조하기도 한다. 종종 그러한 대립의 주제들은 동시적으로 모든 문제에 대한 다채로운 의미의 영역을 작동시킨다. 그러한 문제의 대부분은 다른 식으로 틀에 박힌 언어 용법이나 틀에 박힌 심리치료에서 대수롭지 않게 취급된다. 타로 리더들은 차원들이 현재 내담자들에게 (감정적으로 채워 주고) 의미가 있고 기술적인 발견과 같은 모든 차원을 연구하는 데 강압적이어서는 안 된다.

방향성의 대립

대립의 원리 중 네 번째 단계는 방향성이라는 카드의 수직이나 역방향에 의해 기호화된 것이다. 외향적이거나 내향적이거나, 팽창하거나 수축하거나, 전진하거나 후퇴하거나, 긍정적이나 부정적이든 간에 카드의 힘 있는 방법을 배우는 것은 바로 여기에서다. 예를 들어, 전차 카드의 정방향은 외적인 팽창이나 상호작용, 도전, 산업을 의미한다. 그리고 그것의 힘 있는 성질은 대체로 외향적이고, 세상과 관련된 더 큰 참여를 향하여 바깥으로 여행하는 것이다. 그러나 전차의 역방향은 가능성이 다른 영역으로 제한되는데, 예를 들어 내적인 팽창, 어떤 경우에는 신경과민의 팽창 그리고 신경과민적 수축이 될 수 있다. 카드의 에너지는 자기 자신으로 다시 투사되기 때문에 바깥으로 향하는 전차를 모는 사람의 본질적인 파동은 목적에서 좌절되거나 의도적으로 내적인 임무를 향하여 방향을 바꾸기도 한다. 그러나 이것은 다시 팽창과 수축의 전차 카드와 같이 그런 대립적인 것과의 긴장감이다. 이것은 다시 그 카드의 다채로운 충동에 생명을 불어넣고, 깊이와 생명력을 불어넣는 것은 바로 그 전차의 팽창과 수축에 관한 양극성과 같은 그러한 대립 사이의 긴장감이다. 그것이 없다면 목적과 본질이 결여된 카드일 뿐이다. 고대 중국의 현자인 노자의 저서 『도덕경』(B.C. 6세기경)의 기록에서는 다음과 같이 표현되어 있다.

> 줄어든 그것은
> 먼저 늘어난다.
> 쇠하는 그것은
> 앞서 강했던 것이다.
> 하강하는 그것은
> 상승한다.
> 받기 전에
> 주어야 한다.
>
> 이것이 바로 사물에 관한 자연의 인식이다.[6]

아주 조심스럽게 위대한 현자의 시를 모방하여, 나는 타로와 심리학의 연습을 위한, 이와 유사한 취지를 포함하는 두 개의 새롭게 정비된 내용을 만들어 보았다.

(노자)	(로젠가르텐)	
도	심리학	타로
줄어든 그것은	움츠리는 사람은	가능한 것은
먼저 늘어난다.	먼저 확대되어야 한다.	먼저 상상되어야 한다.
쇠하는 그것은	아픈 사람은	경계를 만드는 것은
앞서 강했던 것이다.	먼저 건강해야 한다.	먼저 한계가 없어야 한다.
하강하는 그것은	억눌린 것은	아래가 있으면
상승한다.	먼저 의식되어야 한다.	위가 있다.
받기 전에	통찰력 이전에	뜻밖의 발견 이전에
주어야 한다.	드러남이 있어야 한다.	예언이 있어야 한다.
	이를 사물의 본질에 대한 인식이라고 한다.	

대립, 조화, 변화

이에 대한 차이를 예증하기 위해 덱의 한 예인 수비학적 관점을 선택하고, 방향성을 위해 역방향을 보고, 구조를 위해 '장애물'의 등장을 의미하는 펜타클 2를 살펴보고자 한다. 차원성의 측면에서, 우리 밖에 있는 외부 세계에 반영되는 객관적인 수평적 해석 수준으로 시작해 보자.

에딩거(Edinger)는 다음과 같이 논했다.

의식의 경험은 '앎'과 '공존성'의 두 가지 요소로 이루어져 있으니, 곧 이원성의 배경 속에서의, '타인'의 현존 안에서의 앎이다. 상징적으로 숫자 2는 짝을 이루는 상대를 가리킨다. 그리하여 우리의 의식은 어쨌든 짝을 이루는 상대의 경험에서 태어난다는 결론에 도달한다.[7]

각 짝패에서 '2'는 짝을 이루는 대립의 역동적인 긴장 속에서 의식의 출현을 표현한다. 펜타클 2의 원소는 흙이므로, 우리는 물리적인 것, 형상, 물질적인 실재의 영역과 우선적으로 연결되어 있다. 펜타클 2에 그려진 역동적인 긴장들은 고체 물질의 대상과 연결 되어 있을 것이다. 심리치료법의 상황들에서나 비임상적인 맥락에서도 똑같이, 펜타클은 단지 물리적이거나 신체적이거나 재정적인 관심사만이 아니라 심리적인 구조화의 작용, 구체화 작용, 경험의 객관화 작용에 더 일반적으로 적용된다. 펜타클은 물질에 영을 반영하고 조직화 · 물리화의 기본적인 단계를 우리에게 가르쳐 준다. 펜타클 2를 훨씬 더 깊이 탐구하기 위해 기교적인 솜씨를 통해 원형의 실타래를 더 잘 돌려 조정하는 세 가지의 예를 보여 주고자 한다.

Marseilles	Universal/Waite	Crowley/Thoth

펜타클 2의 세 가지 고전적인 버전에서, 카드의 상징적인 언어적 의미는 '조화로운 변화'다. 그러한 상상력은 자비로운 이 전이가 대상 안에서의 대립이 원리나 본질적인 양극성의 신중한 부산물이라는 것을 알려 준다. 1761년에 니콜라 콩베르에 의해 출판된 본래의 마르세유 버전에서 두 개의 펜타클(동전 또는 원형)은 유려한 무한대

의 상징인 렘니스케이트(lemniscate)에 의해 결합된다. 카드는 동적인 균형 속에 있는 우아한 순환적 이원성의 흐름을 보여 준다. 20세기의 현대적인 두 가지 덱에는 이 중심적인 주제가 넘어왔지만 카드의 특징과 의미를 확대하기 위해 보조적인 상징들로 장식되었다.

웨이트 버전에는 무의식적인 심층들의 상징인 바다 곁에서 춤추고 있는 곡예사가 나타나 있다. 특히 곡예 기술은 이원적인 실재들의 능숙한 보존과 균형을 조장하기 위해 필요한 평형과 리듬을 지니고 있기 때문에 여기서는 곡예 행위가 강하게 제시되어 있음에도 불구하고, 펜타클들은 렘니스케이트(무한대의 상징)를 통해 다시 연결되어 있다. (오른쪽의)토트 덱에서, 렘니스케이트는 전형적인 '우로보루스'(자신의 꼬리를 물고 있는 감긴 뱀)로 혼합되었다. 우로보루스는 어둠과 자기 파괴뿐만 아니라 풍요와 잠재적인 창조성도 수반하는 제일의 자각 상태, 태초의 상대들이 처음 차별화되기 전에 존재한다고 믿는 상태를 상징한다. 감긴 뱀(렘니스케이트) 안에는 보편적인 극성(음양)의 원리인 중국의 도의 상징을 지니고 있는 두 개의 펜타클이 보인다. 그 비교적인 의미에서 음양의 원리는, 우리가 평범하게 이원주의라고 하는 것이 아니라, 다음과 같이 앨런 왓츠가 말한 것을 의미한다.

……함축적인 통일성을 나타내고 있는 명백한 이원성……. 짝을 이루는 상대는 다르지만 분리할 수 없는 동전의 양면, 자석의 양극, 진동에서의 움직임과 그 간격과 같다. 하나가 다른 하나를 자기편으로 끌어들일 궁극적인 가능성은 결코 있을 수 없는데, 그것들은 싸우고 있는 적이라기보다는 오히려 다투고 있는 연인들에 더 가깝기 때문이다.[8]

사전 편찬자 아드리안 룸(Adrian Room)은 자신의 『대조적인 쌍들의 사전(Dictionary of Contrasting Pairs)』에서 이와 관련해서 다음과 같은 관찰을 했다.

> 대조를 이루는 말들이, 대립되는 것(예, '많은 사람들이 거명되었지만 소수만이 선택되었다.')과는 다르게 결합될 때(예, '선과 악' '좋을 때나 나쁠 때나'), 그 결과는 개념의 전체성이다. '남녀'는 성에 관계없이 모든 인간을 의미하지만 '남성 또는 여성'은 두 성 사이의 차이를 가리킨다.[9]

앞에 있는 각각의 세 가지 타로 실례에서, 변화의 주제들이 극성의 주제들과 밀접하게 결합되어 있는 것을 볼 수 있다. 룸의 방식으로 언어학적으로 이야기해서, 펜타클 2의 정신인 상대들의 균형은 ('삶과 죽음'이나 단순히 '삶/죽음' 같은) 대조를 이루는 쌍들의 결합과 같은 뜻이다. 반면에 상대들의 불균형은 대조적인 쌍들('삶 또는 죽음')의 대립을 의미한다. 둘 중 어느 작용이든 대립의 영역 안에 속하는 것이다. 그럼에도 불구하고, 이른바 '한 단어가 반대어로도 쓰이는 단어들'에 대한 호기심 너머에서는(상대들), 결합이라는 특별한 행위가 포함, 통합, 균형, 팽창이라는 의식의 종합적인 결실을 맺는 반면에(상대들), 대립의 행위는 배척 분해 정체를 가져온다. 심리학에서는 그 구분이 접두어 'counter'에 반영되어 있는데, 레버(Reber)의 『심리학 사전(The Dictionary of Psychology)』에 따르면 이 말은 다음과 같다.

대극, 그러나 두 가지 서로 다른 함축적 의미는 곧 ① 대립의 제안 혹은 대립적인 작용을 의미하는 '~에 대항하여', ② 대립의 부분에서는 '상보적인' 혹은 '상호적인'의 두 가지 의미를 지니고 있다.

여하튼 이 둘의 작용은 심리학적인 설명이 구조화된 형태와 관련이 있다. 우리의 예를 조금 더 보면, (대립된) 대조적인 쌍 '삶과 죽음'은 결합되면 하나의 스펙트럼의 반대 극 간의 명백한 통일성을 표현한다. 곧 '삶과 죽음'은 이제 더 큰 스펙트럼 '존재'의 구성 요소로 보이는 것이다. 반면에 대립된 구조 '삶 또는 죽음'은 보다 편협하게 실존적인 두 상대 간의 투쟁과 갈등을 암시한다.

펜타클 2가 역방향이거나 '장애물' 위치에 있다고 해 보자. 우리는 이러한 지향적이고 구조적인 동격자들로부터 '조화로운 변화'가 이 배치에서 방해가 된다는 것뿐만 아니라 대조적인 쌍들이 현재(결합되어 있다기보다는) 대립되어 있다는 것도 추론할 수 있다. 그리하여 우리는, 세속적인 대상(펜타클)에 관한 대립적인 관계가 규칙이 되었다고 추정한다. 게다가, 앞에서 언급한 것처럼 엘리베이터가 실제로 여러 단계를 올라갔다가도 내려가듯이, 균등화에 차원성을 부여함으로써 펜타클 2는 문제나 신비의 외부적인 단계뿐만 아니라, 비슷하게는 외부적인 단계를 의미한다고 더 가정할 수 있다. 예를 들어, 양극성과 변화의 주제를 말하기 위해서는 객관적이고 외부적이며 실질적으로 물리적인 현실 분야의 첫 번째 법칙을 포함할 가능성을 반영하는, 즉 해석의 수평적인 단계에서 시작하기에 충분하다.

다음에 제시한 표는 상담실의 조용한 치료실에서 나타나기 쉬운 역방향의 펜타클 2와 연관된 그러한 대조적인 쌍들을 포함하고 있다. 이 논의에 대한 보다 분명한 초점을 제시하기 위해 가정한 내담자가 이용될 것이다. 이혼으로 함께 살고 있지 않은 두 사춘기 딸을 둔 42세의 윌리엄은 여러 해 동안 술을 절제하고 있고 회복 중인 알코올 중독자다. 그는 필라델피아의 작은 신문사 편집자로 1주일에 60시간 이상 일한다. 그는 가벼운 우울증, 고립, 신경쇠약, 불면증, 재발 두려움 등의 증세를 보인다. 이제 세 번째 치료의 시간에서 치료사의 제안으로 윌리엄은 10장 카드(켈트 십자가) 타로 스프레드의 장애물 위치의 역방향 펜타클 2를 무작위로 선택했다.

이어지는 설명은 더 커다란 타로 패러다임을 지도하기 위한 것이므로 치료사/타로 리더 지망자를 위한 통상적인 작용 절차를 제시하기 위한 것은 아니다. 이 카드에 대한 윌리엄의 연상에만 근거하여, 그리고 그의 우선 사항에 바탕을 둔 그것들 나름대로의 중요성의 순서대로, 앞에서 든 '기쁜/슬픈'의 예처럼 대립적인 전체성으로 단어의 쌍들을 종합화하는 (힘에서의) 우선적인 '결합' 상태가 뒤따르는 영어에서의 정상적인 언어학적 건설을 반영하는 현재의 '대립' 상태를 우선 보여 주는 난들로 관련된 대조적인 쌍들을 분류했다. 더욱이 나는 '개념의 전체성'이나 이후에 보다 정확하게 정의하게 될 문제인 '전체 스펙트럼'을 덧붙였다.

대극의 쌍

'장애물' 위치에 있는 (역방향의) 펜타클 2

윌리엄의 연상:

반대되는	결합된	개념의 스펙트럼
일 또는 가족	일/가족	최고 우선 사항들
조정하다 또는 이혼하다	조정하다/이혼하다	부부간의 해결책
대결하다 또는 굴복하다	대결하다/굴복하다	의사소통
이용하다 또는 자제하다	이용하다/자제하다	회복
데이트하다 또는 독신으로 남다	데이트하다/독신으로 남다	독신 상태
항우울약 또는 자기 신뢰	항우울약/자기 신뢰	증상 경감
집을 구입하다 또는 집을 빌리다	집을 구입하다/집을 빌리다	새 주택
룸메이트 또는 혼자	룸메이트/혼자	거주
변호사 또는 중재인	변호사/중재인	이혼 협상
양육권 또는 방문권	양육권/방문권	독신 부모 신분
동물원 또는 축구	동물원/축구	딸들과 함께하는 토요일

　결합된 쌍들이 반드시 '개념의 전체성'을 사라지게 하는 것이 아니라 오히려 전체 스펙트럼 안에 있는 다른 대조된 쌍들을 포함하여 양극의 대립이 공존할 수 있다는 것을 세 번째 열을 통해 볼 수 있다. 예를 들면, 제시된 '의사소통의 스펙트럼'상에서, 결합된 쌍들 '대결하다/굴복하다'는 소용되는 가능성의 전체 범위를 거의 고갈시키지 않으며, 이는 자산, 협상하다, 듣다, '성적 충동' 등과 같은

중재적인 역할의 의미를 추가적으로 포함할 수 있다. 아리스토텔레스의 '범주들'과 일치되어, 네 가지 하위 부류의 대립은 한층 더 차별화될 수 있다(상관관계, 모순, 중용, 상실과 소유, 긍정과 부정). 가끔 중복되기도 하는 전문적인 방법(Ogden, C. K[10]와 Needham[11]의 책을 보라)에서 완전히 벗어나는 도전을 하지 않고도 매개 공간을 제공하는 대립의 유형과 그렇지 않은 유형은 우리의 목적을 알기에 충분하다. 어떤 것들은 상호 배타적인 극들을 가지고 있지만, 다른 것들은 상호 보완적으로 공존할 수도 있다. 조정 불가능하게 보이는 큰 간격을 나타내면서 그 상대와 '마주 보고' 있는 한 부분의 필수적인 본질을 여전히 유지하면서 대립은 종류와 정도가 다양할 수 있다.

잠시 언급한 필라델피아 편집자는 다만 증명을 위한 것이었으므로 이제는 그를 잊어도 좋다. 단지 윌리엄 같은 한 개인에게만이 아니라 전반적인 임상적 심리학 업무에 보다 전체적으로 적용될 수 있는, 성실하지만 거의 철저하지는 않은 대조적인 쌍들의 목록을 제시했다(pp. 191-192 참조). 윌리엄의 예를 따르면서, 심리치료법의 '대극의 쌍들'에 대한 작은 용어풀이집을 각 쌍의 그 상대에 대한 '대립' '결합' 관계에 의해 범주화시킬 것이다. 나의 목적은 불필요한 대립적인 쌍들로 경험을 분열시켜 그것으로써, 달리는 모든 경험에 실렸을 전체성을 가리기 위한, 소리에 근거한 알파벳 언어들의 분할적인 경향을 증명하는 것이다. 융도 이렇게 말했다.

심리학적인 이론이 기술적인 수단 이상이 되어야 한다면, 대립의 원리에 바탕을 두어야 한다. 이것이 아니라면 그것은 다만 신경증적으로 불균형적인 심리 상태를 재정립하기 때문이다. 대립 없이 균형은 있을

수 없으며, 자기 조절 체계는 있을 수 없다. 정신은 그러한 자기 조절 체계일 뿐이다.[12]

필라델피아 편집자의 경우처럼 다음에 제시한 목록에서 (우리가 그다음에 타로로 옮겨갈 때 더 분명해질 이유들로) 각 쌍에 '개념의 전체성' 또는 의미의 스펙트럼을 보여 주고 있는 세 번째 난을 부여했다. 정의상 스펙트럼은 어떤 특별한 차원을 따라 분리 배열된 구성 요소들의 범위다. 첫 번째 예인 '행복한 또는 슬픈'은, 보다 양면 가치적이며, 미묘한 경험의 분위기로 작용할 때(아마도, 상황에 따라 하나의 극이나 그 반대에 대한 강조로) '행복한/슬픈'으로 결합한다. 이 예에서 측정된 '개념의 전체성' 또는 스펙트럼은 '전환적인 50에 대한 반응'으로 불릴 수 있다. 분명히 이 지정된 행복과 슬픔의 극들 사이에는 많은 다른 정도의 느낌이 추가적으로 포함된다.

이어지는 도표(pp. 191-192)에서, 50가지의 일반적인 심리치료법 구성 개념을 열거해서 그것을 대립의 맥락에 따라 분리 배열했다. 나중에 타로로 돌아올 때 '가능성의 스펙트럼'의 개념이 더 분명해질 것이다.

심리치료법의 언어

레버의 가장 최근의 『심리학 사전』은 17,000가지 이상의 항목을 포함하고 있기 때문에 현대 심리치료법에 적용될 수 있는 불가해한 전문적인 용어의 세계를 따르는 작은 견본을 초과하지만,

대극의 쌍
심리치료법 구성 개념

번호	대립된	결합된	스펙트럼
1	남용 또는 의존	남용/의존	중독
2	공격적인 또는 수동적인	공격적인/수동적인	커뮤니케이션
3	아니마 또는 아니무스	아니마/아니무스	반대적인 성적 성향
4	식욕부진 또는 다식증	식욕부진/다식증	섭식장애
5	공격하다 또는 방어하다	공격하다/방어하다	자율적인 반응
6	청각의 또는 시각의	청각의/시각의	환상
7	양극의 또는 단극의	양극의/단극의	심한 우울증
8	몸 또는 마음	몸/마음	병의 원인론
9	넓은 또는 좁은	넓은/좁은	영향의 범위
10	인지의 또는 감정적인	인지의/감정적인	인식
11	의식적인 또는 무의식적인	의식적인/무의식적인	인격
12	내용 또는 절차	내용/절차	치료의 초점
13	치매 또는 우울증	치매/우울증	노인성 치매증
14	부인 또는 수용	부인/수용	죽음에 대한 관계
15	의존 또는 자율	의존/자율	별거
16	지배적인 또는 복종적인	지배적인/복종적인	제어
17	의기양양 또는 절망	의기양양/절망	양극성
18	내인성의 또는 외인성의	내인성의/외인성의	우울증
19	도취증 또는 긴장 이상	도취증/긴장 이상	복지
20	폭발 또는 안쪽으로의 파열	폭발/안쪽으로의 파열	감정적 반응
21	분해된 또는 통합된	분해된/통합된	에고 응집
22	동성애의 또는 동성애가 아닌	동성애의/동성애가 아닌	성적인 방향 설정
23	죄의식 또는 수치	죄의식/수치	신경증 원천
24	이상화하다 또는 평가절하하다	이상화하다/평가절하하다	대상 왜곡
25	팽창 또는 수축	팽창/수축	보상
26	통찰력 또는 망각	통찰력/망각	자각
27	내향적인 또는 외향적인	내향적인/외향적인	성격
28	잠재적인 또는 명백한	잠재적인/명백한	꿈 내용
29	학습된 또는 유전된	학습된/유전된	특징의 근원
30	좌반구 또는 우반구	좌반구/우반구	두뇌 처리 작용
31	남성의 또는 여성의	남성의/여성의	성의 특질

32	자기도취증 환자 또는 경계	자기도취증 환자/경계	인격 병리
33	강박관념의 또는 강제적인	강박관념의/강제적인	반복 행동
34	고통 또는 쾌락	고통/쾌락	감각
35	페이스 또는 리드(lead)	페이스/리드	유도
36	정력 또는 음위	정력/음위	성적 기능
37	조숙한 또는 지체된	조숙한/지체된	지적 발달
38	정신병 또는 신경증	정신병/신경증	정신병리
39	렘 수면 또는 동기(同期) 수면	렘/동기 수면	수면
40	드러내다 또는 감추다	드러내다/감추다	꿈의 작용
41	자아 또는 대상	자아/대상	대상관계
42	표시 또는 상징	표시/상징	심상
43	지지해 주는 또는 재건의	지지해 주는/재건의	심리치료법의 목적
45	동정 또는 감정이입	동정/감정이입	연민
46	사고 또는 느낌	사고/느낌	인격 유형
47	해로운 또는 교육적인	해로운/교육적인	가족 상호작용
48	전이 또는 역전이	전이/역전이	치료사/내담자 관계
49	희생자 또는 가해자	희생자/가해자	학대
50	의지력 또는 굴복	의지력/굴복	회복

나는 그냥 50번에서 멈추기로 했다. 이 언어학적인 수련에 참가하고 있는 사람들에게 가장 커다란 인지 가능성과 실질적인 가치가 있는 용어들을 택하려 했음에도 불구하고, 선택을 위한 나의 판단 기준은 꽤 임의적으로 하였다. 타로의 의미를 싣기 위해 여기에서 토대의 일부를 설정하고 있음에도 불구하고, 심리치료법 구성 개념들과 타로 카드 의미들이 체계적으로 서로 유사하다는 것을 어떤 식으로든 암시하고 있지는 않다.

때로는 이 두 전통이 보다 조정 불가능해 보이면서도, 또한 때로는 분명히 보완적인 것처럼 보임에도 불구하고 그 둘은 훈련과 언어 체계로서 매우 다르다. 그럼에도 심리학과 타로의 언어와 방법들은 특히 각자가 상대방을 맥락화, 심화할 수 있도록 도와주기 때문에 상호 간에 유익하며 의욕을 살려 준다는 것이 이 책의 전제다. 유명한 언어학자 오그던(Ogden)은 한때, "대극의 본질에 대한 분석은 보편적인 언어에 관한 모든 작업에 근본적이다(앞의 각주 참고)."라고 썼다. 그리고 틀림없이 이 연구의 관점에서 볼 때 타로는 출현하는 새로운 종류의 보편적인 언어로서 그것에 자격을 주는 일정하며 특별한 속성을 소유하기 위해 고려되어야 한다.

표에서 제시한 용어를 살펴볼 때, 주의 깊은 독자는 이론적인 기반이나 기술적인 부정확성에 관해서 일정한 편성표 또는 스펙트럼 라벨에 이의를 제기할 수도 있으므로, 그에 정중하게 양해를 구하는 바다. 다른 사람들은 그들 자신의 이론에 맞는 매우 중요하고 일정한 상대들을 희망했을지도 모르지만, 그러한 반론들은 당면한 논의에는 곧 부차적으로 보일 것이다. 나의 탐구에서는, 많은 표준 용어들이 결국 아주 분명하게 묘사되지 않았다는 것, 그리고 심리학에서의 일정한 기본 개념이 이론적인 원천과 역사적인 용도의 경우에 따라 의미심장하게 변화된 내포적인 의미를 지닌다는 것이 오히려 이상하다는 것을 발견했다. 또한 어떤 용어들은 그 치료 맥락에 따라 복합적인 수준들의 의미를 가지고 있다. 다른 것들은 다소 부정확하고 불특정하게 남아 있지만, 이는 특히 소리에 근거한 알파벳 언어에서 제시될 때는, 심리학적인 생각들의 성질이라고 생각한다.

예를 들어, 아주 중심적인 용어를 '자아(self)'로 정의하는 것에 대해 레버는 다음과 같이 말하고 있다. "놀랍지는 않지만, 이용의 다양성은 대단히 폭넓고 다소 비체계적이며, 의도된 의미는 문법적인 형태로 미묘하게 상호작용하는 방식들로 용어들이 이용될 수 있다는 사실에 의해 종종 혼동되기도 한다."[13] 아주 중요한 심리학적인 구성 개념은 종종 언어의 시험관 속으로 부어지면 증발하여 사라지는 것처럼 보이기도 한다. 『국제 심리학사전(The International Dictionary)』에 정의된 것처럼 찰머스(Chalmers)도 '의식'이란 말로 같은 점을 주장하고 있다.

용어는, 의식이 의미하는 것을 파악하지 않고는 이해할 수 없는 용어들로 정의하기는 불가능하다. 의식은, 매혹적이지만 파악하기 어려운 현상이다. 그것이 무엇인지, 그것이 무엇을 하는지, 그것이 왜 진화했는지를 구체적으로 설명하는 것은 불가능하다(Sutherland & Keith, 1989).[14]

마이너 아르카나에서의 대립

앞 장의 약간 '가치가 없어 보이는 연습'은 먼저(실로 인간의 지식의 모든 분야에서처럼) 심리학에서 대립의 고유성을 보여주었으며, 그다음에는 보다 균형 있고 체계적인 타로 사전의 적합성을 가리키고 있다. 각각의 타로 카드는 종종 둘이나 그 이상의 심리치료법 용어들에 포함되고, 의미에서 다면적인 대립을 지닌다는 것이 나의 믿음이다. 따라서 각 카드는 그 타고난 이원주의 안에 있는 긍정적인/부정적인 면들만이 아니라 내부적인/외부적인(즉, 밀교적인/개방적인) 대립들도 내포하고 있다. 결과적으로 각 카드는 그 충분한, 결합된 의미의 스펙트럼을 위해, 그리고 이보다 큰 비이원적인 스펙트럼 안에 배치되어야 하는 내담자의 특정한 견해를 위해 이해해야 한다. 이 생각에 대한 지지는, "각각의 짝패, 각각의 마이너 아르카나는 양극단의 무기다. 그것은 자를 수도 치료할 수도 있는 것이다."[15]를 긍정하는 버틀러의 고전적인 『타로 사전(Dictionary of the Tarot)』과 마찬가지로 여러 저서에서 찾아볼 수 있다.

심리학 언어의 경우와 마찬가지로 이론적인 원천과 역사적인 용도에 따라 타로에서도 어느 정도의 변덕스러운 의미가 나타날 것이다.

어떤 카드들의 의미는 심리치료법의 일정한 구성 개념들의 경우처럼 맥락(스프레드의 위치, 상징적인 수준 등)에 의해 변하기도 할 것이다. 그럼에도 다른 것들은 다소 부정확하고 비특징적으로 보이기도 할 것이다. 그러나 이 장의 처음에서 대략적으로 설명한 대립의 범위, 즉 구조적·수비학적·차원적 지향성의 수준들 안에서 맥락화될 때, 굉장한 응집성과 간결성이 타로 체계 속으로 들어온다. 그러나 가능성의 덱이 완벽하게 공식화된, 포괄적이고 순조롭게 진행되며 완전한, 심리 영적인 전지전능한 꿈의 기계라는 것이 나의 주장은 아니다. 그것도 진화해 왔으며 한층 더 진화할 필요가 있다. 오히려 나는, 타로는 실로 인간 정신의 우주를 통해 널리 여행하기 위한 충분한 마력과 더불어 다재다능하며, 정교하게 조정되고 복잡하게 설계된 새로운 부류의 심리학적인 하나의 운송 수단이라고 믿고 있다. 아직 입문하지 않은 사람들에게 나는 그들이 시험 운전을 해보기를 권한다.

타로에서 대립의 표현이 신속히 이루어지기 위해서는 한 가지 최종적인 지식이 필요하다. 우리의 심리치료법 용어 목록에서는 전문 학파들과 전문적인 명칭들을 엄격히 피했기 때문에 같은 규칙이 타로 정의에도 적용될 것이다. 타로의 누스피어를 통해 최근 몇 십 년에 갑자기 퍼진 대단히 많은 비교적인 다양성과 변경을 대변할 자격이 나에게는 없을 뿐만 아니라, 또한 동시에, 여기서 나의 의도, 곧 대립의 법칙과 그 밖의 핵심적이며 근거가 충분한 심리학적인 원리들을 올바로 이해하는, 균형 있고 통합적이며 보편적인 타로 사전의 촉진과 체계화는 보다 편협하게 평가된다.

그다음에 이어지는 것은 마이너 아르카나 전체의 분류다. 물론 대립의 법칙들 안에서 똑같이 구성되어 연관된 메이저들은 각 열의 끝에 있는 수에 의해 참조되며, 다음 두 장에 걸쳐 훨씬 더 깊이 논의될 것이다. 여기서의 체제는 타로에 독특한 의미 차원을 포함시키기 위해 발전했음에도 불구하고, 이 사전을 간결하게 전하기 위해 우리는 적어도 절차에서는 심리치료법의 대조적인 쌍들의 목록에서 조금 차용할 것이다. 따라서 네 가지 짝패 각각은 원소의 친화력(공기, 물, 불, 흙)에 의해, 그다음에는(에이스부터 10까지의) 핍 카드들과 궁정 카드(시종, 기사, 여왕, 왕)의 일련의 규칙을 통해 먼저 구조적으로 정확히 배열된다.

카드의 의미들은 그때, 현대 상징주의자의 전통(시를롯의 『상징사전』[16] 참조)과 융의 구성 개념들에 대한 한 안목[새뮤얼의 융의 분석에 대한 비판적 사전(A Critical Dictionary of Jungian Analysis)[17] 참조]과 더불어, 20세기의 웨이트, 맥그리거 매더스, 크롤리(Crowley), 폴 포스터 케이스(Paul Foster Case), 그리고 그 밖의 사람들(버틀러의 『타로의 사전』[18] 참조)의 이른바 '황금 새벽회' 규칙에 근거한 현대적인 해석을 통해 접근된다. 단일어 표현들(그리고 그 상대들)은 내 자신의 해석 경향, 경험, 심리적 경향들뿐만 아니라 그리어, 아리엔, 폴락, 두

켓 등(라일리의 『타로 사전과 개론(Tarot Dictionary and Compendium)』 참고)과 같은 보다 동시대의 주석가들의 종합을 통해 추가적으로 개정 향상되어 왔다.[19] 각각의 '카드 쌍'은 외부 스펙트럼, 역방향의 스펙트럼, 내부 스펙트럼, 온전한 스펙트럼 수준들로 한층 더 세분된다.

특별 기고란에서는, 외부는 보다 일반적이고 외적인 의미의 차원을 배치하며, 역방향은 의미의 부정적인 양극이나 타협된 방향, 곧 그림자적인 측면을 설명하고, 내부는 내적인 심리적·경험적 차원을 표현하며, 마지막으로 스펙트럼은 서술된 개념의 전체성을 포획하기 위함이다. 이 논의를 위해서는, '내부적인' 의미들은 특정한 형이상학적 또는 마법적 공식화보다는 심리학적인 어감을 더 많이 강조하는 경향이 있을 것이라는 것도 말하고자 한다. 기호법에 대해서는, 각각의 단일어 쌍은 사선(/), 곧 '역시/또는' 처럼 양자택일을 지칭하기 위해 이용되는 사선으로 표시된다. 도표에 있는 각각의 모든 스펙트럼 다음에는 제시된 해당 트럼프 카드를 번호로 기록하고 있는 마지막 난이 있다.

마지막으로, 이어지는 사전에는 전 세계의 속담을 포함한 생생한 리딩의 한 핵심적인 표현이 특별히 설명되지 않는다. 그러나 부록 A에 각 카드를 위해 이용하는 핵심 관용구들과 속담들의 목록을 포함시켰다. 이 부록은 효과적인 대면 리딩을 위한 충분한 향연이다. '영혼의 밤의 여행(컵 8번)'이나 '대상을 핫케이크처럼 만들어 버린(펜타클 8번)'과 같은 관용구들은 실제로 타로 상징들의 효과적인 전달을 위한 중요한 매개들이다. 지혜의 정수를 담고 있는 것으로 생각되기 때문에 속담들도 해석을 위한 훌륭한 수단들이다. 지혜는 경험에서 오며, 경험은 실수에서 온다고 한다. 그러므로 속담은 다음 세대를 위한 본보기로 바뀐 누군가의 실수들의 기록이다.

그러나 다음 페이지에 있는 사전에 담긴 내용은 단일한 단어의 구조를 통해 각 카드의 의미의 영역을 명확하고 포괄적으로 설명하는 것이고, 해석의 개인적인 형태를 어법과 속담의 수식어적인 표현을 해 놓은 것이다. 마이너 아르카나를 보다 간결하게 체계화하기 위해 '마이너 아르카나의 심리학적인 스펙트럼들'이라는 제목의 축약된 요약표, 차원적인/지향성의 상세한 내용이 없이 해당되는 의미의 온전한 스펙트럼에 대한 요약표가 이 장의 끝에 첨부된다. 타로 덱을 배우고자 하는 독자는 이 사전을 공부에 통합시키는 것이 좋을 것이다. 이어지는 장들에서는, 훌륭한 타로 덱인 메이저 아르카나를 탐구하면서 대립의 원리들이 한층 더 발전될 것이다.

타로 사전

마이너 아르카나(공기)
검의 짝패

	외부	역방향	내부	스펙트럼	트럼프*
	생각/통찰	분리/정신	사고/앎	마음	
Pips					
Ace	관념/지능	환영/혼란	발견/명료함	지성	1
2	우정/충실	의심/배신	친화력/존경	신뢰	2
3	우울/비탄	수치/비난	고통/성찰	슬픔	13
4	휴식/물러남	스트레스/고립	정신적인 정화/에너지 충전	피정	9
5	알력/패배	비관주의/경멸	분열/불화	절망	15
6	이주/비행	탈출/마비 상태	여행/변화	과도기	10
7	무용함/체념	회피/피함	도둑질/사기	방어	16
8	중압감/마비 상태	죄의식/함정	무력함/무기력	개입	15
9	그림자/악마들	우울증/악운	낙망/고뇌	왜곡	18
10	파멸/재생	부인/억압	방향을 바꿈/해방	복종	13
Courts					
시종	분리/교활함	의심/망상증	계산/경고	관찰	12
기사	초점/식별	합리화/강박관념	평가/축소	통찰력	5
여왕	통찰/정직	원한품은/독선적인	일치/일관성	정확성	2
왕	정확성/심판	지성적/심판의	구체화하다/자각	명료	20

마이너 아르카나(물)
컵의 짝패

	외부	역방향	내부	스펙트럼	트럼프*
	사랑/치유	소멸/정체	흐름/느낌	영혼	
Pips					
Ace	수용성/유동성	절망/무감각	욕망/황홀경	감정	17
2	결합/교제	용해/포기	매력/이해	관계	6
3	축하/기쁨	저항/쓰라림	애정/공유함	표현	14
4	편안/불편	냉담/무기력	약속/가망성	기대	4
5	상실/비탄	황폐화/충격	집착/내려놓음	분리	13
6	정취/향수	후회/고착	부드러움/갈망	기억	2
7	공상/가능성	파편/투사	선택/풍부	다양성	18
8	여행/물러남	보상받지 못하다/정체되다	하강하다/빼앗다	피정	9
9	쾌락/향락	탐닉/중독	유지/만족	충족	21
10	긍정/감사	팽창/축소	흥분/심취	영감	17
Courts					
시종	순수/개방	변덕스러움/불안정함	애정/의존	상처받기 쉬움	8
기사	로맨스/탐구	자기도취/불신앙	열정/이상화	가슴	6
여왕	보살핌/치유	숨이 막힘/벌함	줌/보냄	양육	3
왕	지혜/지지	조종하다/배신하다	감정이입/동정	연민	5

＊ 메이저 아르카나에 대응(다음 장을 보라.)

1. 마법사	2. 고위 여사제	3. 여황제	4. 황제
5. 신비 사제	6. 연인	7. 전차	8. 힘
9. 은둔자	10. 운명의 수레바퀴	11. 정의	12. 거꾸로 매달린 사람
13. 죽음	14. 절제	15. 악마	16. 탑
17. 별	18. 달	19. 태양	20. 심판
21. 세계			

마이너 아르카나(불)

지팡이의 짝패

	외부	역방향	내부	스펙트럼	트럼프*
	상상/의지	돌발/공격	창조성/통찰력	마음/정신	
Pips					
Ace	착수, 창업/창조	암흑/열광, 흥분	개성화/모험심	열망, 갈망	1
2	통합/집중	혼란/불안, 근심	가능성/동조	선택	2
3	분투/실행	애증/무기력	투시/지시	의도, 계획	7
4	자유/통행	현상 유지/휴지	식별/통합, 융화	독창성	14
5	경쟁/분투	수동적 공격/투쟁	불화/다양성	대립, 모순	16
6	성취/승리	오만/패배주의	신뢰/예견, 기대	낙관, 낙천	7
7	시련/장애	완고/단호함	충성/지위	인내	9
8	주장/이동	목표가 없는/분산	중점/목표, 경향	목표	7
9	힘/지배	통치/집단 따돌림	유효성/빈틈없음	힘	8
10	부담/과로	함정/폭행, 남용	고갈, 소모/기진맥진	압박, 우울	16
Courts					
시종	전언/정보	위장/혼란	공유/보여 줌	의사소통, 연락	5
기사	실행/끈기	충동/격정적	카리스마/투사	결단, 결의	7
여왕	도량/자극, 촉진	반발/저지	보측/채널링	에너지	19
왕	권한 부여/지배	독재/과대망상	명백함/상상	선견지명	17

마이너 아르카나(흙)
펜타클의 짝패

	외부	역방향	내부	스펙트럼	트럼프*
	견고성/물질주의	밀집/ 비실재	지각/ 관계	신체	
Pips					
Ace	계획/발단	무력/무질서	기초/핵심	현시, 출현	1
2	조화/변화	분열/일방적	위/건강	양극성	6
3	활동/기술, 솜씨	임박/모욕	구체화/건축	건설	3
4	힘/획득	집착/탐욕	구조/외양	형태	4
5	결핍/의무, 책임	갈망/질투	겸손/조정	손실	13
6	순응/수확	망상/부재	측정/비교	타협, 양보	11
7	지연/성숙	실패/낙담	배양/성장	인내, 끈기	14
8	노고,연구/훈련	기민/반항	차별화/반복	훈련, 통제	9
9	풍부/소박	본성/천성	양성, 교육/순화	양성, 재배	3
10	품위/안정	조화/기분 전환	개입, 연루/투자	구현, 구체화	8
courts					
시종	해체/분석	현실적/구분	분리/감소	객관적	1
기사	절약/유용	밀집/강박관념	근거/수용	실용성	14
여왕	가정/행복	공포/주의	예민/미학	평범한 매력	3
왕	성취/모험	타락/실패	완전무결/이익	신뢰, 책임	4

한 번 더 요약하기 위해 마이너 아르카나의 각 카드를 위해 '총체적인 개념' 혹은 '완전한 영역'을 짝패와 숫자에 따라 작성한 다음의 차트를 덧붙인다.

이 목록은 앞의 차트에서 얻은 것으로 마이너 아르카나가 설명하고자 하는 총체적인 열쇠를 잘 보여 준다.

마이너 아르카나의 심리적 영역

짝패	검(SWORDS)	컵(CUPS)	지팡이(WANDS)	펜타클(PENTACLES)
원소	공기	물	불	흙
기능	사고	감정	직관	감각
영역	마음	영혼	영	신체
Pips				
Ace	지성	감동	열망, 갈망	출현
2	신뢰	교제	선택	양극성
3	슬픔	표현	계획	건축
4	후퇴	기대	창조	형성
5	낙담	이별, 분리	갈등	손실
6	이동	회상	희망적	양보, 타협
7	방어	다양성	불굴, 고집	인내
8	간섭	후퇴	결승점	통제, 절제
9	왜곡	실현, 성취	원동력	재배, 양성
10	단념	상상	우울, 압박감	구현
Courts				
시종	주시	상처받기 쉬움	의사소통	객관적
기사	통찰력	애정	결단	실용적
여왕	정확	애정어린 양육	에너지	평범한 매력
왕	명료	연민, 동정	선견지명	신뢰, 책임

▶각주

1) Needham, Rodney, *Counterpoints;* University of California Press, London, 1987, p. 29.

2) Jung, C. G., *Collected Works,* Vol. 7 Part 1: *Two Essays on Analytical Psychology;* Bollingen Series, Princeton University Press, 1953, p. 71.

3) Jung, C. G., *Collected Works,* Vol. 6: *Psychological Types;* Bollingen Series, Princeton University Press, 1921, par. 337.

4) Feng, Gia-Fu, and English, Jane, *Lao Tsu: Tao Te Ching;* Vintage Books. 1972.

5) Edinger, Edward F., *The Creation of Consciousness: Jung's Myth for Modern Man;* Inner City Books, 1984.

6) Watts, Allan, (with collaboration of Al Chung-liang Huang) *Tao: The Watercourse Way;* Pantheon Books, New York, 1975, p. 23.

7) Room, Adrian, *Dictionary of Contrasting Pairs;* Routledge, London, 1988, p.ix.

8) Watts, Allan, (with collaboration of Al Chung-liang Huang) *Tao: The Watercourse Way;* Pantheon Books, New York, 1975, p. 14.

9) Ogden, C.K., *Opposition: A Linguistic and Psychological Analysis;* Indiana University Press, 1967.

10) Needham, Rodney, *Counterpoints;* University of California Press, London, 1987.

11) Jung, C. G., *The Collected Works* (Bollingen Series VII); Trans. R.F.C. Hull. Princeton University Press, p. 60.

12) Reber, Arthur, S., *Dictionary of Psychology;* Penguin Books, London, 1985.

13) Chalmers, David J., *The Conscious Mind: In Search of a Fundamental Theory;* Oxford University Press, 1996.

14) Butler, Bill, *Dictionary of the Tarot;* Schoken Books, New York, 1975, p. 85.

15) Ibid.

16) Cirlot, J. E., *A Dictionary of the Symbols* (Second Edition); Routledge & Kegan Paul Ltd., London, 1962.

17) Samuels, Andrew, Shorter, Bani, and Plant, Fred, *A Critical Dictionary of Jungian Analysis;* Routledge & Kegan Paul Ltd, 1986.

18) Riley, Jana, *Tarot Dictionary and Compendium;* Samuel Weiser Inc., York Beach, ME, 1995.

19) Rosengarten, Arthur, *Tarot as a Psychotherapeutic Tool;* self-published manual, Encinitas, Ca., 1994. (54 pages).

07
보편성

우주에서 지구를 바라볼 때, 국가 간의 어떤 경계선도 볼
수 없다. 이것은 다가올 새로운 신화에 대한 상징일지도
모른다. 이것은 우리가 찬양할 나라이며, 이 나라들에는
우리를 하나로 묶어 주는 국민이 있다.

– 조지프 캠벨(Joseph Campbell)

신께 기도하라. 그러나 주변의 바위를 정리하라.

– 인디언 속담

차이성

상식은 인간의 복잡성과 다양성의 조화가 어떤 훌륭한 공식과 분류보다 훨씬 앞선다는 사실을 의미하는 것처럼 보일지도 모른다. 언뜻 보기에 '보편성'이란 다소 위로적이며 고무적인 것처럼 들리지만 파고들수록 점점 파악하기 어려워진다. 제4장에서 약 400개의 심리치료 학파 중에서 어떤 학파가 다른 학파보다 주목할 만큼 더 효과적이라는 어떠한 증거도 발견할 수 없다는 사실에 대해 언급했다. 만약 그 정도의 차이가 치료사들 사이에 있다면, 치료사는 환자들의 다양한 유형을 단지 상상만 할 수 있다는 것이다. 그러므로 오늘날 대부분의 전문가들이 자신을 '절충적'이거나 '통합적'으로 생각한다는 사실이 놀랄 일은 아니다. 보편적 치료를 하는 사람은 더욱 그렇다.

치료사들과 모든 형태의 정신건강 전문가들은 치료 도구와 기술로 자신의 임의로 효과적으로 분류할 때, 그리고 이른바 그들의 '묘안(bag of tricks)'의 범위에서 조정할 때 틀림없이 자신의 절충주의에 실질적인 이득을 추가할 것이다. 더구나 보편적인 적응과 효과를 요구하는 단순한 조정은 부적절하게 지나친 확대를 초래하여 서로 다른 것을 융합하거나 과장되고 기만적이거나 실망스러운 운명인 것처럼 보인다. 간단히 말해서, 현대의 남성, 여성, 어린이, 치료사, 환자 그리고 심리학 바로 그 자체는 단순한 일반론에 저항하는 달콤하고 변화 가능한 서로 다른 사람들의 집단 속에 섞이게 된다.

그러나 실제적인 측면에서(결국에는 항상 그쪽으로 전해 내려오는 것처럼) 필요한 기능은 몇 세트의 복합적 요소의 체계적 분류에 의해 다루어지고, 그렇지 않으면 성가시게 크고 다루기 어려운 것으로 느껴진다는 사실은 논쟁의 여지가 별로 없다. 자유주의자들은 부인할지 모르지만, 어떤 실용적 필요성은 일반화된 공통점을 통해서 나온다. 우리가 포괄적인 구조와 전체로서 인간 성격의 기능에 대해 언급하거나, 그해 태양일의 숫자에 대해 언급하거나 다양한 과정과 인류 고통의 치유에 대해 알고자 하거나, 모든 사회경제 부문을 통틀어 소득세를 누진해서 납부하는 계층에 대해 알고 싶어 하거나, 인간 개개인의 특성과 형태를 구별 짓는 데 힘을 소진하거나 할리우드 음악 시상식('The Best Vampire Rock/Alternative Polka Written for Hawaiian Documentary Category')에서 이른바 '하위 장르'를 체계화시키는 데 힘을 소진하는 그런 분류들이 비록 불완전하지만 시상식에서 평가하는 심사위원을 조직하고 추진하는 데 아주 유효하다는 것을 증명한다.

모든 현대 임상 실제의 에메랄드 서판(Emerald Tablet)인 정신장애의 진단 및 통계 요람(DSM)에서도 확실히 이러한 문제를 간과하지 않고 있다. 범주적 접근에 한계가 있음을 주목하면서, 작가 자신에게 다음과 같이 경고하고 있다.

DSM-IV는 정신장애를 정의된 특징으로 만들어진 기준을 토대로 유형을 나눈 범주적 분류다. 범주들을 이렇게 명명하는 것은 일상적인 생활에서 정보를 모아 정리하고 전달하는 전통적인 방법이며, 의학적 진단의 모든 체계에 사용되는 기초적인 접근이 된다. 분류에 대한 범주적 접근은 하나의 진단 분류에 속하는 모든 구성이 역사적으로 서로 같을 때, 분류 사이에 분명한 경계성이 있을 때, 그리고 다른 분류들이 서로 배타적일 때 최상의 기능을 한다. 그럼에도 불구하고 범주적 분류 체계에 한계가 있다는 것이 인식되어야 한다.

DSM-IV에서 정신장애의 각 범주는 다른 정신장애나 비정신장애와 분리시키는 절대적 경계선과 완전히 분리된 본질이라는 가정은 없다. 또한 동일한 정신장애를 앓고 있는 것으로 묘사되는 모든 개체는 모든 중요한 방법에서 동일하다는 가정도 없다. 그러므로 DSM-IV를 이용하는 치료자는 비록 과학적인 분류를 가지고 특징을 정의하더라도 개인의 특징을 분류할 때 다소 이질적일 수도 있다는 것을 고려해야 한다.[1]

성격에서의 인간의 이질성에 대한 사실은 인간사의 거의 모든 면에서 임상학적 증후군과 정신장애 너머까지 미치고 있다. 심리치료에서, 고유의 차이성과 불규칙성은 학파 간의 치료 방식과 이론적 오리엔테이션이나 개인 태도의 이질성과 전문가들의 훈련의 견지에서뿐만 아니라 심지어 한 전문가가 단 하나의 방식과 오리엔테이션을 고수함에서 오는 차이점과 같이 치료사에게서도 똑같이 나타난다. 심지어 그런 요소들이 적절하게 동일할 때, 그 순간의 주관적인 내용에 더 많이 의존하게 될 것이다.

예를 들어, 두 명의 게슈탈트 치료사들은 자신들의 개인적 차이성 때문만 아니라, 각자의 내담자에게서 일어나는 독특한 상호작용 때문에 정확히 같은 방법으로 조정을 하거나 개념화하지는 않을 것이다. 같은 이유로 두 명의 융 지지자들은 정확히 동일한 주안점을 가지고 꿈을 분석하지 않으며, 자아(self)심리학자들은 함께 일어나는 전이와 역전이를 끌어낸다. 심리학에서 인간의 차이성에 대한 사실을 부정하지도 간과하지도 않는다. DSM-IV에서 언급한 것처럼 모든 점에서 동일한 구조를 가진 동질성은 의학과 같은 비심리적인 분야에서 더욱 효과적으로 사용될 수 있다. 왜냐하면 의학에서는 주류와 비주류 사이에 존재하는 명확한 경계선이 서로 용납되지 않기 때문이다.

동질성

심리학에 이질성을 부여하고, 환자, 치료사 그리고 모든 심리적 방법에 비동일성과 아주 광범위한 차이성을 부여한다면, 인간이 육체와 정신에서 아주 유사한 많은 부분의 동질성이 남아 있다는 것은 특별한 것이 아닌가? 생리학과 생화학에서의 유전자의 유전적 영역을 넘어서, 인간의 행동과 관습을 통해서, 인간의 필요성, 희망, 동기 그리고 취약함을 통해서, 감정의 표출, 매일 일어나는 근심과 궁극적인 갈망을 통해서, 서로 다른 별개의 수준의 일치, 통일성 그리고 동질성을 쉽게 관찰할 수 있다. 비록 다양한 사람으로 이루어진 인간에게 차이점이 많이 있지만, 마찬가지로 본질적인 특이성과 예언 가능한 동질성의 또 다른 계층도 분명히 있다. 이 두 가지 사실 사이의 모순이 마이너와 메이저 아르카나 사이의 관계와 흡사하다.

몇 년 전 파티에서 일 년차 레지던트를 가르치는 정신분석 교수와 가졌던 일상적 대화가 생각난다. 그때 심각한 퇴행성 정신분열증 환자와 두려운 첫 만남을 가졌다. 당연히 몇몇 초보자들은 정신병원의 꽉 잠긴 병동에서의 첫 회진 전에는 아무런 두려움을 느끼지 못했다. 그는, "첫날 나의 정신분석 레지던트들에게 할 말은, 정신분열증 환자가 너희와 다르기보다는 오히려 너희와 같다는 사실을 명심해야 한다는 것이다."라고 말했다. 그 당시 나는 그의 진솔한 설명에 충격을 받았다. 일반적으로 인간이 얼마나 겉보기에 서로 다른지를 받아들인다면, 심각한 정신병의 예기치 못한 행동은 말할 것도 없이, 언젠가는 분명히 달리 생각하게 될 것이다. 예를 들면, 궁극적으로 거대한 범주에 대한 개인적·문화적 차이점을 너무 잘 알고 있어서 관련된 모든 연결고리와 공감들이 단순히 무의미하고 무질서해질 때까지, 매일 점점 더 이질적이며 독특한 계층 간의 단절에 따른 혼란스러운 집단 정신병원과 같은 인간 공동체의 붕괴를 상상하는 것이 어렵지는 않을 것이다. 〈블레이드 러너〉와 〈워터 월드〉 같은 공상과학영화들은 이런 어지러운 환상을 표현한다.

그러나 왜 이것이 결코 사실로 일어나지는 않는지, 왜 개인차의 경향이 인간의 성장 과정을 지배하지 않으며, 개구리처럼 서로 다른 환경에서 성장한 모순된 개인주의자들을 점차적으로 양성하지 않는 것인가? 가정 그 자체가 오직 반만이 진실인 것처럼 그 해답은 쉽게 추정이 된다고 믿는다. 체형, 지능, 성격 그리고 인종의 타고난 유전적 차이성을 떠나서, 진실로 인간의 차이성의 영역은 표면적 현상에 불과하다. 극히 미미하게나마 개인의 '성격'을 형성하는 데 도움을 주는 타고난 재능과 특징과 함께, 주로 형식적이며 성격적 경향성, 개인적 선호성과 문화적 기질을 포함하고 있다. 이런 것들이 중요하지만, 그것들은 거의 우리가 의식적으로 알고 있는 것, 즉 페르소나, 습관, 선택, 이야기 그리고 가공의 사실과 같은 외부 영역 안에 존재한다.

우리의 논쟁을 조금 더 연구해 보자. 변화무쌍한 인간의 차이점이 거역할 수 없는 규칙이라면, 사람들 간의 극단적인 차이점이 완전히 서로 다른 개인, 즉 상상할 수 있는 가장 근본적으로 다른 관점에서 현실을 지각하고 구축하려는 사람들에게서 명백하게 존재한다는 결론을 내릴 수는 없을까? 예를 들어, 불가지론자이며 품위있는 대학 교수이고 캘리포니아 멘로파크에 있는 70개 병상의 스탠퍼드 대학교 두부외상센터의 신경병리학 과장을 생각해 보자. 그는 돈이 많고, 좋은 교육을 받았고, 진보적 시각을 가졌으며, 미국 정신의학의 대학과 전문가 모임에서 어느 정도 재능 있는 사람이다. 우리가 그를 그와 외관상 반대로 보이는 치아 장애를 가지고, 읽기 · 쓰기를 잘 못하는 백발의 침례교도인 앨라배마 휴이타운에서 온 노동자에 비유하려는 논쟁의 목적에 대해 이야기해 보자. 그는 지방에 살고, 초등학교 5년까지 교육을 받고, 야구팬이며, 인종차별주의에 대해 완고한 사람이다. 이러한 상반된 비교는 꽤 타당하다.

그런데 명백한 초기의 불일치적인 면을 넘어서, 우리는 여기서 극심한 정도의 차이를 가진 개인을 만나기는 어렵지만, 반대로 외관상 차이를 가진 그저 그런 어설픈 지식을 가진 두 사람을 만나게 된다(그것이 사실임에도 이 한 쌍이 머지않아 언제든지 베이비시터를 교환하거나 e-메일을 주고받지는 않을 것이다). 그러나 그들이 역사적 시대, 구어와 문어, 시간에 대한 뉴턴의 해석과 데카르트의 정신과 육체의 이원론, 국가, 헌법과 투표, 경제, 통화제도와 조세제도, 미군의 할당된 일, 페퍼로니 피자에 대한 사랑과 터키의 신에 대한 감사기도

의식을 공유한다는 사실은, 비교해서 말하자면 태어날 때 떨어진 쌍둥이처럼, 이 두 타인을 명백하게 연결시킨다. 아주 광범위한 인간의 가능성으로 이 두 신사를 서로 조금 바꿀 수 있다.

아니, 심각한 구조적 차이와 의심할 여지없이 서로 별개라는 사실과 함께, 문화적 확산에 의해서도 설명되지 않는 비교를 위해, 우리는 교수와 노동자를 북극 알래스카의 14세기 원주민 이누피아의 물개 사냥꾼에 비유하는 편이 훨씬 더 좋을지도 모른다. 사람들은 이질성의 높이에 점점 더 가까이 간다. 600년간 격리된 원주민과 50세의 스탠퍼드 대학교 교수를 갈라놓는 차이성의 간격은 본질적으로 비교 불가능한 것과 그들을 둘러싼 세상의 우주적 지각으로 설명할 수 있다. 왜냐하면 경험, 그들과 관련이 없는 주체, 객체 그리고 사건의 인지적·언어적 구성에 의미를 부여하는 다양한 구조와 그들이 치켜세우며 기능화시키고 계속해서 구체화시켜 온 매우 다른 민족 신화(풍조)를 포함하기 때문이다. 각각의 언어는 관련이 없는 어의(語義)의 기원의 문장 구성 패턴에 의해 작용하고, 어휘는 종종 다른 사람들이 인지할 수 없는 개념의 대상을 인용한다. 외부환경, 신체구조, 과학기술, 지형, 기후 등은 경험을 공유하는 데 조금밖에 제공하지 않는다.

그러나 이상하게도 14세기 원주민 이누피아와 현대의 미국인은 각자 남편과 아버지가 되도록, 그들 자신의 집단 내에서 결혼하도록, 그리고 엄격히 금기시하는 근친상간을 지키도록 정신적으로나 사회적으로 안내되고 있다. 이누피아와 미국인 모두 자신들의 연장자로부터 인정받기를 갈망하고, 자기 불신과 대립의 시대에 영혼의 의사를 찾아내기를 갈망한다. 모두 도전을 통해 에너지를 얻고, 거래, 사냥, 인간관계술, 에너지 그리고 지혜에서 뛰어난 인격을 지닌 사람을 (내키지 않지만) 지도자로 용인한다. 그들의 기술을 향상시키기 위해 도구를 발명하고 사용한다. 게임, 댄스, 도박을 고안해 내고, 기분 전환을 위해 음악을 만들며, 이야기를 나누고 재미로 우스갯소리를 한다. 그들의 신앙심을 회복하기 위해 자신들의 신과 마법과 더불어 하나로 합쳐지길 바란다. 양쪽 다 이런 일(우리 스스로 당연한 일로 생각하는)을 공유한다는 사실은 도저히 어떤 상호 관련된 지식, 습관, 신념, 혹은 추리에 의해 설명될 수 없다.[2] 우리들의 바다표범 사냥꾼과 심리학자/노동자는 설사 표면적 판단 기준이 있다 할지라도 아무것도 공유하지 않는다. 그리고 우리는 그들의 길이 결코 엇갈리지 않는다고 추측할지도 모른다.

원 형

대신에, 이 묘한 한 쌍이 공유하는 유사한 동기, 감정 그리고 행동들은 문화나 의식에 관계없이 호모 사피엔스에게 타고난 보편적 경험일 것 같다는 사실을 검토해 보는 편이 훨씬 더 설득력 있다. 이러한 결론은 인류 문화가 근본적으로 서로 다른 연합체에서 동질성의 비슷한 예를 발견하듯이, 하바나 시내의 먼지 나는 시내 도로를 맴도는 쿠바 택시 기사와 비교했을 때 고대 티베트의 원주민 본포(Bonpo) 양치기에게서도 똑같이 발견되듯이 점점 더 확실해진다. 개인 성격에서의 이러한 유사성은 심지어 가장 근본적으로 모순이 되는 지적 · 역사적 · 지리적 그리고 문화적 배경의 개인에게 한결같이 작용하는 인간의 정신에 내재된 근원적 핵심 구조의 산물로 추정된다. 어떻게 이러한 경향이 약간의 생명 유지 요소, 모르퍼겐 분야, 유전적 프로그램 때문인지, 아니면 형이상학적인 요소가 여전히 고찰될 여지가 남아 있기 때문인지를 추정하는 데 미스터리로 남아 있는 개인과 문화를 그냥 지나칠 수 있겠는가? 그러나 그러한 행동이 본능적으로 제공되고 전달되며 동일하고 보편적이라는 사실은 그들의 존재가 독자적·의식적 사고와 아무런 관련이 없다는 사실을 시사한다. 융은 다음과 같이 말했다.

> 철저히 인간의 본성이며, 우리가 오직 경험적인 정신 구조라고 믿는 (우리가 추가로 개인적 무의식에 집착하더라도) 우리의 직관과 더불어, 모든 개인에게서 똑같은 총체적·보편적 그리고 비인간적 본성인 이차적 정신 구조가 존재한다. 이 집단무의식은 개별적으로 따로 나타나지 않으나 물려받는다. 그것은 이전부터 존재해 온 형태(pre-existent form), 즉 원형(archetype)으로 존재한다.[3]

융은 본질적 원형이 인간의 인지에는 작용하지 않는다고 믿었다. 그러나 그는 깊은 정신적인 공간(집단무의식)에서 발산되는 원형적 표현이 시각적 이미지로 인지되며 꿈, 환상, 건국신화, 요정 이야기, 그리고 독창적 제작에 경험적으로 관찰된다고 주장했다. 이른바 원형적 이미지는 앞에서 언급한 바다표범 사냥꾼과 심리학자의 실례에서, 그리고 출생, 입사, 결혼, 부모관계, 연극, 초월성, 우주와 사람과의 관계, 분리, 그리고 죽음과 같은 인간으로서의 보편적 경험을 이루는 그런 행동들에서와 같이 객관적 행동에서도 동시에 관찰된다.

코빗(Corbett)에 따르면, 융의 이론은 원형의 개념을 과장되게 신비화하는 경향이 있지만(심지어 오늘날에도 융의 이론이 학문적으로나 과학적인 주류 분야에서 내몰리고 있는 것처럼), 사실 개념적으로 원형은 물질과 생물학적 본능의 법칙과 유사한 마음에서 그 자체를 표현하는 것처럼 자연법칙의 기능을 단순하게 나타낸다.[4] 융이 반복적으로 언급한 것처럼 원형은 경험적인 사실이다. 그러나 그의 이론에 대해 공정하게 말하면, 예를 들어 르네상스의 연금술에서 발견되듯, 원형적 이미지에 대한 난해하고 비밀스러운 역사적 묘사를 통한 융의 설명은 숨이 차서 헐떡거리는 융 이론의 반대자(융 이론의 지지자)들을 남겼다. 아마 심지어 융 자신도 그의 이론을 높이 평가하는 사람들에게서 정확한 메시지를 확보하는 데 문제를 가지고 있었을 것이다. 그러나 시를롯이 다음과 같이 정확하게 관찰했다.

융은 '원형'이란 말을 최고의 항상성과 유효성, 정신분석적 진화에 대한 최고의 잠재력을 포함하는, 그리고 우월성을 향한 열등성을 지적하는 이러한 보편적 상징을 꾸미는 데 이용한다.[5]

원형을 격하시키지 않으면서 그것을 해명하고 현실적으로 주목할 만한 독창적인 형태로 구체화하는 것은, 인간의 가능성에 대한 보편적 청사진을 체계화하고 융의 풍부한 통찰력에 더욱 접근하기 쉽게 하려는 심리학적 연구가들에게는 가치 있는 목표임이 분명하다. 그러나 우리는 원형이라는 개념이 새로운 사상이 아니라는 것을 명심해야 한다. 그것은 옛날에 신들의 마음속에 존재하고 인간의 영역에서 모든 존재의 모델로서 역할을 한다고 여겼던 형상(Form), 즉 플라톤의 이데아의 전통에서 계속 이어진다. 융에 따르면, 이전 시대에서는 아리스토텔레스의 견해와 영향에 의견을 달리함에도 불구하고, 모든 현상에 대한 상위 개념과 이전에 존재하는 것으로 이데아에 대한 플라톤의 개념을 이해하는 것이 그렇게 어렵지는 않았다.

심리학 발전의 보편적 청사진으로서 무의식적으로 작용하는 인간 정신에 나타나는, 이전부터 존재해 온 형태(pre-existent form)에 대한 개념은 칸트의 지각(知覺)에 대한 선험적 개념과 쇼펜하우어의 원형에서 발견된다. 내적 심리 구조의 이론은 프로이트, 클라인(Klein), 이삭스(Isaacs), 비온(Bion), 모니 키를(Money-kyrle)의 심리분석 작품에서는 언급되지 않은 인지 발달에 관한 피아제(Piaget)의 작품에서, 언어학자인 노암 촘스키의 언어학의 '심층구조'에서, 그리고 언어학자인 레비 스트로스(Levi Strauss)의 구조적 인류학에 함축되어 있다. 영-아이젠드레이스(Young-Eisendrath)와 홀(Hall)[6]뿐만 아니라 새뮤얼[7]도 원형 이론을 구조적 사고에 비유했다.

그러나 원형의 순수한 형태는 알 수 없으며 심상의 특별한 범위 안에서 추측만 할 수 있다는 융의 주장을 받아들인다면, 그리고 모든 신체를 그러한 원형적 주제로 체계화하고 분류하기를 바란다면, 그때는 기본적으로 이러한 '이차적 정신 구조'를 가장 보편적·추상적, 그리고 응집된 요소들로 환원시키는 원형적 이미지를 포괄하고 있는 판테온(우상)을 제작하는 두려운 임무를 추구하기 위해 기꺼이 떠나게 된다.

마치 심리 현상을 다루는 기록자로 바뀐 오디세우스처럼, 우리는 자기중심적인 꿈의 이미지, 환상, 신비적이며 가시적인 내용의 극복할 수 없는 개인적·총체적 보고를 수집, 분류하기 위해 끝없이 도전하거나, 그렇지 않으면 이론적으로 인간의 발전과 가능성에 대한 본질적 실마리를 포함할지도 모르는 가상의 문화적 소산과 생각을 줄여 가야만 할지도 모른다. 어떤 요소가 가장 원초적이며, 보편적이고, 상호 문화적이며, 감소될 수 없는 무한하고 지속적인 것을 증명할 것인가?

불행하게도 그런 고도의 지적 내기, 항해 지도는 손쉽게 얻을 수 없다. 이러한 목적을 향한 눈부신 발전이 로제타석의 상형문자나 DNA 분자의 유전자 암호의 해독과 같이 과거에 일어났을 때, 새롭게 부각하는 지도는 지지자와 전문가들의 작은 모임에 광활하고 고무적인 전망을 열어 준다. 그러나 그들은 또한 규범화된 원리와 범례의 언어학적 굴레와 한계에 빠지는 경향이 있으며, 그렇지 않으면 수학 공식, 과학적 특별함이나 난해한 추상적 개념에 대해 전반적으로 애매함을 겪는다.

이러한 이유로 상징적 접근을 취하는 어떤 지도가 매력적이며 즉시 인지 가능한 화상(畵像), 상징적 표상의 지도를 통해 표현하려는 개념의 다양한 양상을 동시에 드러내고자 하고, 각각 단독으로 필설을 다할 수 없지만, 대신에 다양하고 무궁무진한 보편적 가능성을 제시함으로써 유리한 입장에 놓이게 된다. 랠프 메츠너(Ralph Metzner)가 『의식의 지도(Maps of Consciousness)』에서 다음과 같이 언급했다.

심리 변화의 원형을 직접적·시각적 형태, 즉 언어나 암호에 대한 중재자 없이 인지하는 사람의 마음과 감각 속에 되풀이되는 형태로 표현하게끔 시도되어야 한다는 사실은 놀랄 일이 아니다. 이미지 속에서 내면적 과제의 많은 면을 보여 주는 단계(step)를 보는 것, 따라서 문화적·언어적 관습을 초월하는 보편성에 대한 가르침을 확신하는 것, 이것이 바로 타로다.[8]

보편적 실재의 구조화

어떤 개개의 원형에서 야기된 형태들의 다양성을 탐구할 때, 사람은 형태와 본질 모두에서 무궁무진한 가능성의 샘을 발견하고, 다른 것과는 구조적으로 다른 명확하게 독립된 의미의 영역을 만들어 내기 위해 그 자신의 경계 범위에서 충분히 지속적이며 일관성 있는 것을 발견한다. 물론 22장의 메이저 아르카나 중 어떤 것에 대해서도 그와 같이 말할 수 있다. 예를 들면, 소크라테스, 알베르트 아인슈타인, 오베 완 케노베, 조지 번스, 스리 아우로빈도, 산타클로스, 그리고 돌아가신 나의 삼촌 해리(그는 수입한 시가 담배로 완벽한 둥근 원 모양의 연기를 불어 내곤 했다)는 현자(Wise Old Man)의 원형의 이미지로 각각 해석될 수 있다. 비록 그들은 형태와 내용에서는 이질성이 있지만, 기능에서는 연속적이며 추상적이다. 그들은 영혼의 봉사에서는 결정적인 아버지 같은 대리인들이다. 타로에서 우리는 이 원형을 9번 은둔자(Hermit) 카드로 연상한다.

이러한 원리를, 우리가 영웅의 원형이라고 불렀을지도 모르는 마이클 조든, 헤라클레스, 존 F. 케네디, 록키, 잔 다르크, 밥 딜런, 그리고 스카이워커의 이미지를 포함한 것을 둘러싸고 조직된 남성적

지도자의 또 다른 그룹과 비교해 보라. 이런 맥락에서 일치하는 타로 카드는 7번 전차 카드다. 타로에서, 7번 전차 카드는 야망의 달성, 실행, 추구, 끈기, 그리고 상식을 벗어난 모든 것에 대한 도전과 연관되어 상징한다. 니컬스(Nichols)는 다음과 같이 언급했다.

> 7번 전차 카드는 고대인들이 오만이라고 불렀던 과장된 자아의 상태를 그리고 있다. 심리학적 용어로, 이것은 에고, 혹은 개인의식의 중심을 인간의 한계를 초월하는 원형적 모습과 동일시하려는 (상상 자체가 그렇게 되는) 상태를 나타낸다.[9]

현자   영웅

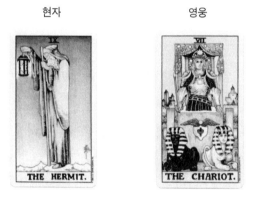

물론, 현실적으로는 모든 개인이 인간 수명의 진화라는 주요한 무대에서 나타나고 사라지면서 강하고 나약한 개인적 성질을 가진 수많은 원형적 에너지가 복합되어 있다. 앞서 제시한 예는 실제적인 사람 그 자체가 아니라, 그들의 본질적인 전체를 알 수 없지만 그들의 페르소나와 대중적 이미지가 더 많다. 사실, 우리 모두는 전차에 의해 움직이고 아마도 우리 인생의 다양한 시간과 상황에서 은둔자의 충고를 받는다.

여전히 가능성의 영역은 두 개념의 경계선 안에 존재한다. 이러한 두 개의 다른 원리들은 어떤 기준에 의해 특별한 관계를 일으키는가? 보편적 가능성의 상징으로서 정확하게 어떤 의미의 내적 영역 안에서 각각의 엔트리(유력한 패)가 주어지는가? '소년에서 남자'로 갈라놓을 수 있는 '의학 감별 진단'이 있는가? 그리고 물론 결정적인 의문으로, 이러한 두 명확한 배역의 성격들이(그들의 외적인 문화적 '측면'과는 대조적으로) 우리의 14세기 이누피아 물개 사냥꾼, 우리의 20세기 신경병리학자와 리틀 릭 크리크(Little Lick Creek)에서 온 노동자를 동등하게 인식할 수 있을까?

원형적 실재의 불변

융의 자아심리학에 대한 구성파의 미술가들의 시각 (조망)을 소개하는 데 있어서 영-아이젠드레이스와 홀은 융의 표현에 따르면 콤플렉스(강박관념) 혹은 원형으로 불리기도 하는 모든 영혼(마음)의 내용에 있다고 믿는 네 가지 불변의 원리를 따로 떼어놓았다.

융의 철학적인 업적들로부터 이끌어 낸 하레(Harre)와 피아제 그리고 많은 발달적·정신분석학적·구조적 이론가들과 저자들은 모든 원형을 구성하는 네 가지 필요충분조건을 목록화하고 있다.

원형적 실재의 불변

- **작용**: 개인적인 인과관계의 경험, 행동의 근원, 의도성(만약 그들이 우리에게 말할 수 있다면 아마도 이렇게 말할 것이다. "나는 ~의 작용이다. 내 의도는 ~이다.")
- **응집**: 하나됨 혹은 핵심(중심) 됨의 경험 혹은 육체와 영혼의 결탁 (정신의 영역들과 분리된 신체의 조직에 대한 직접적인 관련이 있는 지식을 가지고 보는 관점으로서의 내 스스로의 위치, "나는 ~로 조직되었다.")
- **연속성**: 현재가 과거와 미래와 더불어 연결되어서 우리에게 허락한 것이며, 자기 이야기들의 배경이 되는 언어적 · 비언어적 기억과 마침내 나타난 전망을 기능적으로 연결해 주는 '계속해서 진행되는' 경험("나는 ~한 과정에 있다. 나는 ~게 되고 있다.")
- **정서적 각성**: 각성의 본능적인 패턴, 표현, 그리고 삶의 도처에 동기 유발된 상태. 사람들과 다른 유기체들 그리고 다른 것들 간에 관계하고 있는 주관적인 것들에 고정된 구조들이 있다("나는 ~에 의해 각성과 동기 부여를 받는다").[10]

이런 원리를 연구 대상으로 하는 것은 여기에서 언급했던 예들로 우리를 지금 되돌아가게 한다. 현자와 영웅의 원형 혹은 타로 용어로 은둔자와 전차 그리고 그들의 구성에 이 '엄격한 시험'을 적용한다.

앞에서 말한 모델에서, 은둔자는 지혜와 자각(발동력, 작용)의 원동력으로 보일 수 있다. 그는 철수 혹은 후퇴의 길의 주변에 긴밀하게 결부되어 있다. 그는 자기반성과 자아실현을 하는 중이다. 그것은 곧 어제 그가 그만둔 의지다. 그는 새로운 오늘을 다시 시작하고 내일로 향할 것이다. 그리고 마침내 은둔자는 정신적인 충만함(정서적인 각성, 정서적인 자극/흥분)에 의해 자극받고 동기를 부여받는다. 전차는 은둔자의 전형을 다음과 같이 상세히 설명한다.

　　……한 노인이 외투의 접힌 한 부분에 의해 부분적으로 가려진 랜턴을 그의 오른손에 들고 가고 있다. 밖은 어둡지만(설전이 물러나고 줄어듦) 짙지 않고, (대기를 나타내는) 푸른빛이 감돈다. 만약 그가 그의 길에서 본능의 유혹을 찾는다면 그는 그것을 없애지 않을 것이다. 그러나 다만 그의 지팡이를 들고 그것 스스로 빛나게끔 주문을 걸 것이다. 의학과 의술의 신 아스클레피오스가 그러했듯이, 그는 영계(伸)의 지도자다.[11]

　　대조적으로 트럼프 7, 전차를 모는 전사는 세상의 학식의 대리인이다. 그는 자기주장과 의사소통의 과정에서 행위를 중심으로 하여 구성(편제)되고, 도전에 의해 동기를 부여받는다. 본래 은둔자가 내성적(내향적)인 데 반해 전사는 외부 지향적이고 역동적이며, 사교적인 사람이다. 은둔자가 나이, 차이(구별), 경험을 구체적으로 표현한 데 반해, 전사는 젊음, 용기 그리고 강렬함(격렬함, 맹렬함)을 표현한다. 완전히 다른 성격에도 불구하고, 그들이 실로 함께하는(공유하는) 것은 강한 고집(끈기)과 결심이다.

　　시를롯은 전사에 대해 다음과 같이 언급한다.

　　……이륜 전차 전사의 허리 갑옷은 이루수에 대항해 생명의 힘을 수비하는 것을 의미한다. 그것은 네 가지 요소들과 흙, 물, 바람, 불 외에 존재하는 우주의 구성 요소인 제5원소를 상징하는 다섯 개의 황금 못

(스파이크)에 의해 안전하게 보호된다. 그의 어깨에는 형식의 세계를 의미하는 두 개의 초승달이 있다. 전사는 처음엔 한 쌍의 스핑크스인 것처럼 보이는 것을 끄는 것 같지만, 실제로는 앞으로 전진하기 위해 정복해야만(복종시켜야만) 하는 적개심을 상징하는 쌍두뱀 앰퍼스 비너를 끈다.[12]

영-아이젠드레이스와 홀은 불변의 우주(원동력, 응집, 연속성, 그리고 정서적인 동기)의 축소를 믿는다. "개인이 정서적으로 주입된 이미지의 주관적인 개성을 쉽게 만들 수 있는 조건을 제공하라." 이 공식에 대한 양극적이고 반대의 법률의 함유물을 가지고, 우리는 좀 더 정밀하게 은둔자는 '후퇴/접근'의 양극단의 주변에 밀착한 사람, '분리/애착'의 과정을 통해 털어놓는 사람이고, '영혼/자아'에 의해 자극을 받는 지혜와 무지의 대리인임을 볼 수 있다. 비록 그것 나름으로 목록화되지는 않았지만, 그러한 반대는 다가오는 어휘에 넌지시 비춰진다. 게다가 우리는 트럼프(으뜸패) 카드들에서 순전히 전형적인 힘에 관여하기 때문에 내적인 중요성이 제1의 요소이고 외적인 중요성은 보다 2차적이라 하는 것이 한층 더 사실이라고 여긴다. 비교해 보면, 보다 중요하지 않은 아르카나의 카드들은 두드러지게 유사한 메이저 아르카나임을 연상하는 개개의 '지각 있는(의식적인) 활동의 정도'로 받아들여야 할 것이다.

다음에 제시한 도표(p. 225 참조)는 앞에서 언급한 같은(동등한) 복합적인 요소들을 종합적으로 다룬 메이저 아르카나의 어휘를 간결하게 하고자 했다. 그러나 이 어휘 목록은 우선 앞에서 논의했던 전형적인 실재의 네 가지 불변의 원리로 체계화했다. 비록 개인의 선호, 중요성(강조점, 중점), 개인적인 교제와 마찬가지로 어떤 맞서는 이론적인 구조물들이 아마도 이 광범위한 분류 개정과 수정을 위해 공개된 상태로 두었겠지만, 좀 더 좋은 제의가 발견된다면 나는 이를 기꺼이 수정할 것이다.

부전공으로서 내 계획은 치료를 실천하는 사람에게 좀 더 쉽게 다가갈 수 있고, 근거가 충분한 심리학적인 원리가 좀 더 쉽게 구성된 타로 소사전을 간단하게 구체화하는 것이다. 앞에서도 이미 언급했지만, 각 카드에 사용된 중심 어구와 격언은 부록 A에서 볼 수 있다. 그러나 앞서 말한 개개 존재의 근원적인 실재(현실성)를 암시하는 '자아의 불변' 모델은 특별히 주의해야 한다. 이 '자아'의 예상은 경험적으로 그것 나름으로 증명되거나 혹은 보편적으로 함께 쓰는 것이 아닌 전제다. 곧바로 어휘 목록을 뒤따르는 장에서 우리는 메이저 아르카나가 다가갈 수 있었던 것에서 몇몇의 대안이 되는 철학적인 구조를 탐구할 것이다. 하지만 지금 메이저 아르카나의 이 새로운 어휘 목록을 검토해 봐야 할 것이다. 그러고 나서 이런 정의된 구성 개념을 가지고 뒤따르는 장에서 철학적으로 연구할 것이다.

타로 어휘록

메이저 아르카나

번호	아르카눔	힘 · 원동력 (intention)	응집 (organization)	연속성 (process)	정서적인 동기 (motivation)
1	마법사	의지	힘	변형	지배
2	고위 여사제	통찰력	투시력, 간과	직관, 직감	비밀, 수수께끼
3	여황제	양육	사랑	치유	창조, 창작
4	황제	질서, 명령	구조	구성, 체격	권위, 권한
5	신비 사제	길잡이, 안내	윤리	배움, 학문	이해력, 사려
6	연인	관계	조화	화해, 적응	동맹, 결합
7	전차	도달, 달성	행위	추구, 수행	도전
8	힘	신임, 자신	인내, 지구력	수락, 용인	자존심, 자부심
9	은둔자	지혜	은둔	내성, 자기반성	영혼, 정신
10	운명의 수레바퀴	변화	시기	흐름, 유동	기회
11	정의	침착, 평정	균형	조정, 조절	평등
12	거꾸로 매달린 사람	자각	미결	인도	초월, 탁월
13	죽음	변형, 변질	해산, 분해	사망, 죽음	생명
14	절제	변화, 변질	통합	혼합, 융합	정제, 순화
15	악마	분리, 이탈	반대	속임, 기만	지배, 통치
16	탑	파괴, 살인	저항, 저지	비우기, 피난	해방, 석방
17	별	광명	영감, 암시	출현, 발생	희망
18	달	정신	상상	변동	감동, 감정
19	태양	의식, 자각	에너지	활동	자각, 인식
20	심판	결심, 결정	완성	각성, 자각	책임
21	세계	완전	일반성, 보편성	관여, 참가	축하, 찬양
0	바보	가능성, 실현성	개방성, 솔직	발견, 폭로	놀이, 연극

▶각주 ───●

1) *Diagnostic and Statistical Manual of Mental Disorders* (Fourth Edition); American Psychiatric Association, Washington, DC, p.xxii.

2) *Ethnographic Portraits: The Inupiat Eskimo of Arctic Alaska;* Internet: http: www.lib.uconn.edu/Arctic Circle/Cultural Viability/Inupiat/1800s. html.

3) Jung, C. G., *Collected Works,* Vol.9 Part 1: *The Archetypes and the Collective Unconscious;* Bollingen Series, Princeton University Press, 1969, paragraph 90.

4) Corbett, Lionel, *The Religious Function of the Psyche;* Routledge, London, 1996.

5) Cirlot, J. E., *A Dictionary of Symbols* (Second Edition); Routledge & Kegan Paul Ltd., London, 1962.

6) Young-Eisendrath, Polly, and Hall, James A., *Jung's Self Psychology: A Constructivist Perspective;* The Guilford Press, New York, 1991.

7) Samuels, Andrew, Shorter, Bani, and Plant, Fred, *A Critical Dictionary of Jungian Analysis;* Routledge & Kegan Paul Ltd, 1986, p. 27.

8) Metzner, Ralph, *Maps Of Consciousness;* Collier Books, New York, 1971, p. 55.

9) Nichols, Sallie, *Jung and Tarot: An Archetypal Journey;* Samuel Weiser Inc, York Berach, Maine, 1980, p. 145.

10) Young-Eisendrath, Polly, and Hall, James A., *Jung's Self Psychology: A Constructivist Perspective;* The Guilford Press, New York, 1991, p.5.

11) Cirlot, J.e., *A Dictionary of Symbols* (Second Edition); Routledge & Kegan Paul Ltd., London, 1962. p. 147.

12) Ibid., p.44.

08
바보의 여행

만약 내가 도달하고자 하는 곳이 사다리만으로도
도달할 수 있는 곳이라면,
난 거기에 도달하려는 시도를 포기할지도 모른다.
내가 진정으로 도달해야 하는 곳은 내가 이미 존재해야만
하는 곳이다.
사다리로도 도달할 수 있는 곳은 나에게 흥미를 주지 못한다.
– 루트비히 비트겐슈타인(Ludwig Wittgenstein, 1889~1951)

상상의 문

수세기 동안 타로 학자들은 그들이 이어받은 비법의 근원과 특성을 통해 22장의 메이저 아르카나에 접근해 왔다. 그러나 유감스럽게도 전통적인 심리요법으로 이러한 상징을 구체화하는 심리학 실천가들에게는 별 흥미를 끌지 못했다. 오닐(Robert V. O' Neill, 1986)은 메이저 아르카나의 역사적이고 난해한 토대의 경계학에서 플라톤의 가르침과 신플라톤주의, 그노시스주의, 비밀주의, 신비주의, 기독교의 신비주의, 유대교의 신비주의 카발라, 동양의 종교, 연금술, 중세의 복원 마술, 수비학 그리고 철학적이고 형이상학적인 현상에 기반을 둔 점성학에 이탈리아의 르네상스 시대에 타로의 위급 상태를 상세히 기술했다.[1]

그러나 땅에 첫발을 내딛는 것과 마찬가지로 우리가 이 학문에서 추구하고자 하는 것은 복잡하고 심오한 비전 체계에 대해 어떤 특별한 이해도 요구하지 않는 이미지와 현대 포스트모더니즘의 심리치료사와 내담자 간의 폭넓고 의미심장한 거리인 동시대의 심리학적 상징과 발자취다.

그리어(Greer)[2]와 자일스(Giles)[3] 같은 또 다른 저자들은 연금술사 카발라를 향한 타로의 친밀한 관계를 보여 주었던 웨이트(Waite), 크롤리(Crowley), 맥그리거 매더스(MaeGregor Mathers), 윌리엄 버틀러 예이츠(William Buthler Yeats), 이스라엘 레가르디(Israel Regardie),

폴 포스터 케이스(Poul Foster Case)의 지도하에 크게 영향을 받은 20세기 초반 타로의 발전을 포함하면서 오늘에 이르기까지 타로의 매혹적인 진화의 가치를 완벽하게 저술했다. 더욱이 자일스(Giles)는 전형적인 심리학과 뉴 에이지 영성을 향해 타로가 가지고 있는 최근의 미국인의 지배력을 묘사했다. 심지어 획기적인 물리학과 창조적인 예술과의 관련성도 기술했다. 그럼에도 불구하고 자일스는 특별히 다음과 같이 언급했다.

타로는 상상의 영역에서 시작된다. 상상은 우리가 영적인 경험을 할 수 있도록 하는 능력이다. 보통의 지각은 감각을 통해서 작용한다. 그래서 오로지 물질 세계에 대한 경험에 제한되어 있다. 하지만 상상은 반드시 물질성을 지배하는 공간과 시간의 규칙에 의하지는 않는다. 상상의 방법을 통해 즉각적으로 과거, 미래 혹은 다른 나라, 지구 너머, 심지어 물질적 차원에 존재하지 않는 영역까지도 여행을 떠나는 것이 가능해진다.[4]

전문화된 비밀의 훈련과 전수는 별개의 문제로 하고, 우리가 지금 메이저 아르카나를 여행하는 것은 마음속 상상의 문 안에 있는 것이다. 우리가 메이저 아르카나를 통해 나아가기 때문에, 우리는 그것의 가장 좁은 범위의 상징적 의미를 한정시키거나 감소시키려는 경향에 대해서 경계해야만 한다. 이를테면, 프로이트 학파의 성적 관심을 '상징의 격하'로 묘사하는 것이나 '남근선망(Penis envy)'을 발견하기 위해 경쟁하는 복잡한 영향력을 격하시키는 것 등이다. 상징의 영향은 현실의 모든 수준에 고루 미칠 수 있도록 자유로워야 한다. 그런 다음에야 비로소 주요한 집중, 정신적 고상함과 철학적인 깊이가 완전히 꽃필 수 있다.

바보의 여행

많은 학자가 타로 카드가 성격 발달의 절대적인 21개 문들과 메이저 아르카나를 구성하는 변화를 통해 심리·영적인 비법 전수를 위한 바보의 이동을 상술한다고 상상해 왔다. 가장 드러나지 않는 '0' 이자 실질적인 숫자가 없는 바보 카드는 순결하고 잠재력이 있으며 두려움이 없는 모든 사람을 구체화한다고 생각한다. 바보는 경험과 현상계의 고됨을 통해서 그의 길을 만들어 나가는 무한한 가능성을 가진 빈 석판이다〔혹은 루퍼트 셸드레이크(Rupert Sheldrake)가 제안한 것처럼 필름이 가득 든 자동카메라를 준비하고 기다리고 있다〕. 각 번호가 매겨진 열쇠(혹은 트럼프)는 철학적인 입문, 성숙, 성장, 그리고 완성을 통해 연달아 일어나는 진행의 과정에서 바보를 위해 가장 중요한 문 하나를 연다. 한 걸음이 내디뎌졌고 자기 것으로 이해되었기에, 자연스러운 진행은 멋진 여행의 다음 발달 단계를 위해 준비되어 있다.

이렇게 메이저 아르카나를 통한 이른바 '바보의 여행'은 연속적인 가정이 처음으로 마법사, 다시 말해 1번 카드를 가장 빠른 발달 단계에서 시작함을 의미하게 했다. 우리가 앞 장의 사전에서 봤듯이 원동력으로서의 마법사는 인간 의지의 대리인이고, 자기 변화의 과정에 있어서 주변에 있는 개인의 힘을 조직화하고, 세계의 미스터리에 의해 자극받고 동기를 부여받는다. 바보가 마법사의 방에 들어감에 따라, 이런 교훈들은 마법사의 가능성의 범위에 있는 많은 개인적인 관점을 배우게 될 것이다. 에머슨(Emerson)이 확고하게 "인생이란 우리가 이 세상에서 살면서 배우지 않으면 안 되는 교훈의 연속이다."라고 말하는 것처럼 말이다.

치료에서 내담자는 아마도 자신의 희생 양식과 관련된 이 첫 번째 문을 찾을 것이다. 그리고 마법사의 자기 창조를 위한 독특한 능력들, 선택을 통한 책임, 풍부한 기략, 개인적인 권한에 빠질지도 모른다. 또 다른 내담자는 아마도 희망했던 결과들이나 명확한 주장의 이득을 상상하는 법을 배우게 될지도 모른다. 셀 수 없이 많은 여행의 주기를 통해, 바보는 가상으로 교훈이 충분히 흡수되고 융화될 때까지 매번 다른 문으로 도전을 반복할 것이다.

개발의 진보는 '2번' 문에서 '20번' 문까지 한 번에 한 문씩 마지막 문에 도달할 때 이루어지는데, 마지막 문을 열면 전체를 의미하

는 세계 카드(트럼프 21)를 만난다. 세계 카드는 이 여행의 과정에서 전 영역을 조직화하고 초월적 의식에 의해 각성된다. 추측컨대, 여행은 거기에서 멈추고, 원칙상 이 마지막 상태는 이제 온전히 개방되고 평가되며 실현되고 완벽해진다.

그러나 여행에 대한 마지막 도달에도 불구하고 중요하게 여겨지는 것은 첫 번째 동기인 이른바 '뿌리 카드' 라 할 수 있는 아버지와 어머니의 원형, 마법사, 고위 여사제, 신비 사제 등 초기의 트럼프들이다. 세계 카드는, 예를 들어 21번으로 그 최초의 값인 여황제(트럼프 3)로 수비학적으로 나뉜다(2+1). 심판(트럼프 20)은 고위 여사제(2+0)나 트럼프 2로 감퇴하며, 장엄한 태양(1+9=10=1+0)은 운명의 수레바퀴로 감퇴하나 마법사(트럼프 1)로 그 뿌리를 더욱 깊이 둔다. 말하자면, 바보가 심리학적 성숙이라는 더 큰 요구를 충분히 준비하기 전에 프로이트 학파들이 '오이디푸스적 성공' 을 요구(또는 신프로이트 학파의 '객관적 항상성' 의 요구)하는 것처럼 우리는 '뿌리 카드 성공' 을 먼저 이루어야 한다.

그러므로 숫자의 상징은 이제 타로의 수비학에 '과거, 현재 그리고 미래' 가 진보적이고 산수적인 차원을 추가함을 통해 개념화된 발전이므로 과정의 선형적인 개방에서 중요해진다. 바보의 여행은 시작부터 가야 할 길이 결정되어 나아갈 단계가 정해져 있다. 예를 들어, 트럼프 3인 여황제는 트럼프 2인 고위 여사제보다 진화적인 나선형으로 보았을 때 '더 높은' 단계인 것으로 보인다(또는 최소한 '이후에' 발생할 것 같다). 그러나 정확히 어떤 규준의 원리에 의해서 그러할까? 모든 경우에서 고위 여사제의 통찰력과 침투성은 여황제의 양육과 사랑보다 항상 앞설까?

어떤 타로 전문가들은 보다 복잡한 선형적 이론을 과감하게 주장했다. 일단 상징적인 숫자 마술이 우리의 계산력에 미치면 더하기와 빼기가 매력적인 작업이 된다. 간단한 산수 작업을 통해 트럼프 2는 트럼프 3에 더해져 트럼프 5, 신비 사제를 생성한다. 공들인 형이상학적 공식과 카발라의 이론적 해석은 그런 계산을 정당화하기 위해 적용된다. 그러나 나는 그런 매력적이고 정처 없는 이야기들이 곧 바보를 조기 퇴진시킬 것이라고 믿는다. 수비학적 개체들은 추가적인 수학적 속성에 의해 선택되도록 '날조' 되어 왔으며, 그 결과 숫자의 질과 양 둘 다를 하나의 끓는 큰 냄비에서 혼합시키게 된다. 여황제에 고위 여사제를 더해 보라. 교황이 나온다. 그러나 이 모든 것이 정말로 이해가 되는가?

성장과 시작의 진보적인 문들을 통한 바보의 여행의 선형적 공식은 성격 개발에 대한 현대의 서구 이론들과 유사하다. 아이러니하게도, 둘 다 심리학을 위한 기초 작업 대부분이 설정된 지난 세기의 전환점에서 대중적이었던 인과 작용과 진화의 과학적인(기계적인) 구조 내에서 형성되었다. 관점은 변화와 성장의 선형적 경로를 가정한다. 난해한 원리 내에서 틀 지어졌을 때에도 타로의 패러다임은 주류 문화와 과학적 관점에 구조적인 가정을 평행하게 이동시켜 왔다. 선형적인 시간은 이 세계관의 필수적인 특징으로서 그 모두에서 사실 형이상학적인 가정이다. 오늘날 그것이 아무리 우리에게 사실적으로 보인다 하더라도 선형적 시간은 변화가 하나의 선과 같이 흐르며, 이는 그것이 가정적으로 포함하는 사건들과 무관하다. 그것은 바보가 다양한 갓길이나 양귀비 밭으로 방향을 바꾸기 위해 스스로의 주관적인 경향과 무관하게 개발 중인 노란색 벽돌 길을 따라 예비된 스크립트와 함께 메이저 아르카나의 연속적인 문을 통과한다고 가정한다. 그러나 우리가 아는 것처럼, 그의 마술사적인 탁월성을 둘러싼 과대 선전에도 불구하고 에메랄드 시의 위대한 오즈는 무언가 당황스러운 것이었다.

더욱 놀랍게도 선형적 시간의 상대적으로 최근의 패러다임을 특별히 승계하는 것은 브렌트 슬라이프(Brent Slife)에 따르면, 대량 생산되어 저렴한 손목시계들에 대한 산업혁명의 소개와 마케팅보다 일시적으로 큰 빚을 진다. 상상해 보라—타이멕스의 선조들에 의해 발명된 우리의 용감한 신세계를! 이제 모든 시민은 사실상 그들의 시간과 생활이 빠르게 흘러가고 있었다는 증거로 그들의 시계를 확실히 지적할 수 있다. 우리가 다양하게 '시간'으로 당연시했던 것은 19세기에 제조된 근대 발명품에 불과하다. 이 점의 충분한 효과는 여기에서 우리가 간략하게 언급한 것보다 분명 더 크다. 그러나 내 생각에 슬라이프는 명백하고 중요한 차별을 시도한다.

> 시간은 선형적 시간과 구별될 수 있다. 시간은 변화와 무관한 개념이다. 선형적 시간은 그런 변화에 대한 해석이나 조직과 관련 있는 개념이다.[6]

사실 오늘날 남아 있는 일차원적인 시간은 서구 문화의 대부분의 사람에게 그 둘이 시각적으로 분별하기 힘든 시간(전반적 개념)과 혼동된다. 바보의 여행의 진보적인 무대들은 '시간의 화살'에 대한 이러한 뉴턴 이론의 패러다임을 반영한다. 하나의 미래를 향해 전진하는 변화의 절대적 측정이나 연루된 행사들과는 무관하다. 주관적인 설명이 변화되는 반면에 경로 그 자체는 미리 결정된다. 결과들은 평행한 사건들이나 미래의 가능성보다 이전의 원인이 미치는 영향에 더 연결된다. 이 전제에서 추론되는 것은 과거에의 수위에 대한 배치다. 그러므로 존재론적으로 과거는 선형적인 전제가 최초의 사건들에 가장 큰 비중을 돌리는 것처럼 '경험의 어머니'로 간주된다. 연속에서 '처음'은 과정을 가정적으로 시작하는 일시적인 개체다. 슬라이프는 다음과 같이 언급했다.

> 선의 은유는 현재와 미래가 과거와 유사하게 남아야 한다는 것을 의미한다. 과거는 대부분의 유틸리티에서 일시적인 개체로 간주된다. 현재는 시간의 일직선상에서 정지물일 뿐이기 때문에 덜 유용하며, 미래는 그것이 어떠한 확실성으로도 알려지지 않기 때문에 훨씬 덜 유용하다. 오직 과거의 정보만이 진정으로 알려지고 이해될 만큼 충분히 실질적이고 확실한 것으로 관찰된다.[7]

심리학적 발달에 관한 대부분의 20세기 모델들은 그만큼 과거보다 탁월하다. 경쟁자가 없던 프로이트는 과거에 이미 확립된 사실들을 심리학으로 끌어들이려 했다. 아동기 때의 경험은 오늘날 여전히 현재의 감정적 문제로 관찰되며, 자서전적 역사는 우리의 평가를 계속 지배하고, '우리가 어떻게 양육되었는지'는 여전히 현재의 행위에 대한 자기 설명(또는 합리화)을 선호한다. 동일한 선형적 경향은 타로에서 바보의 여행이 신화로 전환되는 것으로 보일 수 있다.

프로이트의 쟁점들에 대해 완전히 반대하는 이론가들은 심리학과 타로 모두에서 과거의 중요성에 대해 동의하는 것처럼 보인다.

예를 들어, 인지-행위 치료자들은 과거 투입(past input)과 기억 암호화에 참여한다. 인본주의자들은 치료적 '과정'의 승리자들이며, 오랫동안 상실했던 성장의 기회들을 언급한다. 행동주의자들은 강화 역사, 진보적 완화 그리고 즉각적으로 선행하는 자극을 고려한다. 마찬가지로 타로전문가들도 합리적으로 보이거나 과장된 것으로 보이는 우주적 진리의 시간 선에 대한 각 카드의 개발 링크에 정교한 진보적 설명을 고안한다[예를 들어, 절제가 왜 죽음(13)과 악마(15) 사이에 끼어 있는지를 설명하는 이상한 개발 논리]. 과거의 영향력을 결코 부인할 수 없는 반면에 선형적인 법칙은 사물의 계획에 그들의 정당한 위치가 설명되어야 하며, 미래의 영향력에 대한 것은 무의미하다고 하기 위해 현재에 자극적이고 상호 연결된 행위의 중요성이 제일인 것으로 가정하고, 어떤 형태의 선형적 과거 이상의 모든 경우에서 특별한 '인과적인 위치'를 부여한다.

바보의 여정

종종 메이저를 통한 이른바 여행이라는 것은 변화에 대한 헤겔(Hegel)의 3중 변증법(정합/반정합/종합), 생성의 법칙이나 심리적 과정에 대응하여 7개의 트럼프 중 3개의 평행선으로 나뉜다. 그런 하위 집단화는 새로운 세트의 위계질서를 바보의 여정에 제공한다. 이론가들에 따르면, 7개 중 첫 번째 열은 의식의 발달['마법사(1)에서 전차(7)까지'], 두 번째는 무의식의 특징에 참여하는 것들['힘(8)에서 절제(14)까지'] 그리고 세 번째는 초월적인 영역들이나 집단적 무의식에 참여하는 것들〔'악마(15)에서 세계(21)까지'〕을 상징할 수 있다. 가정상 심령적인 교육의 수준을 통해 이 과정은 영혼이 더 높은 의식으로 나아가도록 안내한다.

주제에 대한 변이들은 때때로 관련된 철학적/형이상학적 이론들에 따를 것을 제안한다. 예를 들어, 로버츠(Roberts)는 9개씩 2줄 '마법사에서 은둔자' '운명의 수레바퀴에서 달' (나머지 4장은 남긴다)로 나누었을 때 더 이해가 잘 된다고 주장하는데, 그 원인은 그것이 '추가된 숫자의 원래 원형의 의미를 보존하기 위한 능력'을 보여주는 '마법의 숫자 9'의 연금술적인 속성들 때문이다.[8]

여전히 다른 타로 평론가들은 두 부분으로 메이저 아르카나를 나눌 것을 제안해 왔으며 운명의 수레바퀴(10)와 정의(11)를 중점으로 분리하였다. 반으로 나누는 이 분리법에서 바보의 여행은 수명(壽命)상 중심의 반대 사이클로 표시되는데, 이는 영혼과 물질의 상승/하락, 인생의 전반기/후반기, 현실의 구조화/비구조화, 또는 개별화의 인간적/초인적 단계들과 같이 나타난다. 그러나 이 모델들 각각이 내포하는 것은 선형적 개발과 변화의 가정을 남긴다. 이는 궁극적으로 경험과 가능성에 대한 불필요한 한계를 낳는다고 믿고 있다.

일차원적인 법칙에 대한 과잉 의존에서 벗어날 수 있는 내재적 문제들에 많은 호기심을 가지고 있는 암시자이자 타로 역사학자인 오닐(O'Neill)은 많은 타로 전문가들이 고민해 온 메이저 아르카나의 숫자 체계에서의 중요한 변화에 대한 초기 증거를 발견했다. 예를 들어, 16세기 덱은 트럼프 7과 8을 거꾸로 하고 더 나아가 연이어 나오는 트럼프 9, 10, 11도 역전시킨다. 청교도인들이여, 조심하라!

현대의 디자이너들에 의해 거의 종교처럼 추종되었던 트럼프 11(힘)과 트럼프 8(전통적으로 정의)의 웨이트의 현대적 변화가 포함되지 않은 전통적인 마르세유 타로의 여덟 가지 변화를 주목하라. 오닐은 다음과 같이 말했다.

> 그러나 만약 우리가 마르세유 타로의 질서에 대해 성공적으로 논쟁한다 해도…… 우리는 여전히 그 수치에서 문제를 경험할 것이다. 수가 연속된 동종의 패는 우리의 연구 전체에 걸쳐 개발되는 설명에 거의 문제를 일으키지 않는다. 그러나 변화는 수비학에 의한 연구에 여전히 문제를 일으킬 것이다.[9]

카발적인(연금술의) 전통에 따른 히브리어의 22 문자는 연속적으로 존재의 전체 사이클과 창조의 무한한 단위를 묘사한다. 메이저 아르카나의 22개의 이미지들은 각 문자의 본질을 상징적으로 전달하고자 하는 것으로 보인다. 바보의 여행(알레프에서 타브까지—바보에서 세계까지)은 우주, 남자와 여자, 기업 경영, 심지어는 분석 과정의 일대기에 이르기까지 22가지의 에피소드를 정확히 관찰할 수 있다. 연속물들은 이러한 광범위한 구조 속에 고정된 무수한 운영 공식을 나타내는 그룹들로 나뉘게 되는데, 마지막 분석에서 『The Tarot of Ceremonial Magick』의 저자 론 밀로 두켓은 다음과 같이 특징짓는다.

> 그것은 바보의 여행이 아니라 신성한 정신적 작업을 엿볼 수 있는 믿어지지 않을 만큼 놀라운 기회를 우리에게 제공한 바보의 이야기(단어를 만들기 위해 무수히 결합시킨 문자들로 설명되는)다. — 패턴과 공

식은 창조적인 자각으로서 가능성과 잠재력을 가진 모든 것의 부차적인 역할을 수행한다. 이것은 대부분 무수한 결합들로 분류되고 각 문자의 개념을 섞을 수 있는 카드에 전이하는 바람직한 상황을 나타낸다.

비선형으로 가는 길: 사랑 마이너스 영

아인슈타인은 일찍이 "셀 수 있는 것이 셈의 전부가 아니라면, 셈의 전부는 셀 수 있는 것이 아니다."라고 말했다. 현대 물리학의 아버지가 말한 것이 타로에서의 숫자와 수비학의 구별을 말하는 것은 아니지만, 그럼에도 불구하고 이는 우리의 논의에도 마찬가지로 적용된다. 지금까지 우리는 피상적이긴 하지만 '시간'을 매개로 전개되는 수의 연속적인 선형 단계를 밟아 왔다. 그러나 시간은 단순히 변화와 관련된 개념이기 때문에 실제 수를 절대적이고도 연속적 변화 순서를 가정하는 뉴턴의 견해와 다르게 해석할 필요는 없다. 뉴턴의 입장에 따르면, 변화 속도는 그것 내에서 발생하는 사건과 독립적으로 존재한다.

이 패러다임에 따르면, 삶의 '모험'은 주관적 방향이 무의식적으로 주어지는 경우가 거의 없다. 뉴턴의 시간을 통한 전개가 진정으로 주관적인 경험이라면 신성불가침의 시간 차원─과거, 현재, 그리고 미래─은 인지하는 자(perceiver) 자신에게 맡기고 객관적 과학을 자아의 갈라진 틈새를 따라 비틀거리며 걷게 할 것이라고 주장하는 것도(제발 그런 일이 없기를) 무리가 아니다. 기계론적인 가설은 이내 스테인리스 스틸과 같은 무결한 오라(aura)와 함께 큰 위험에 처하게 될 것이다. 경험상 과거와 미래는 현재에서만 일어난다. 아마 뉴턴은 1975년경 이미 웃음거리가 될 것이라고 예상했던 자신의 인과 패러다임을 샌프란시스코의 선(Zen) 스승인 비숍 샤쿠(Bishop Syaku)에게 다음과 같이 제시하면서 매우 우울해했을 것이다.

오, 결국 이미 세상에 나온 여러 유치한 상상, 특히 실재, 시간, 원인과 결과, 또는 심지어 불교와 같은 달콤한 것들에 상처받은 그대 마음의 큰 관념이여! 어디에도 '실재'는 없습니다(웃음). 오직 그대 마음의 관념만 있을 뿐입니다!

그러나 심리학에서 선형적 인과관계에 의존하는 것은 오늘날조차 변화에 대한 해석으로서 간주되어 왔다. 서양심리학에서 심리학적 생성은 심리적 존재를 크게 압도한다. 예를 들어, 청소년기는 그 자체(회상해 보면 진정으로 그 자체에 대한 완전한 경험이었다)에 대한 전면적인 경험으로 인식되기보다는 고통받고, 관리되고, 극복해야 할 어린 시절과 성인기 사이의 과도기적 과제로 더 많이 연구된다. 말할 것도 없이 10대는 성인보다 주목을 덜 받는다.

그러나 오늘날 15세의 사춘기들이 피어싱을 하거나 '고딕록(gothic rock)'에 대한 음란한 충동을 가지는 것을 성인기 준비 과정에서 또래집단을 동일시하기 위한 핵심적 발달 욕구로 단순하게 해석하지는 않는다. 선형성은 불가피하게 직접적 현상학에 이러한 구조적 지침과 터무니없는 해석을 강요한다. 즉, 삶의 질이 주는 주관적 의미 경험은 그 작용에서 배제된다. 대부분의 심리학 주제들은 이와 비슷하게 접근된다. 그런 주제들은 원인과 결과에 답하기 위해

'왜' 라는 질문을 강조한다. 사실 선형적 기준에 바탕을 둔 핵심 가정은 객관성, 연속성, 과정 그리고 축소성의 개념을 포함한 현대 심리학적 해석의 두 번째의 속성이 되었다. 그러나 약 2500년 전에 노자는 다음과 같이 말했다.

훌륭한 여행자는 정해진 계획을 가지고 있지 않으며, 또 도착을 의도하지도 않는다.

양자 패러다임

아이러니하게도, 현대 선형 시간에 대한 과학적 비판은 대부분이 그 출생지인 물리학에서 시작되었다. 아인슈타인 개념의 선구자인 에른스트 마흐(Ernst Mach)는 선형적 시간 개념은 본질적으로 관계의 다양성을 수용할 수 없다고 생각했다. 대신 사건은 기능적으로 독립된 것으로서 이해했다. 이 입장에 따르면, 어떤 사건은 또 다른 사건이 일어나기 전에 발생하기 때문에 단순히 특정한 사건이 우선한다고 할 수는 없다. 반면에 아인슈타인의 상대성 이론은 주로 뉴턴의 선형적 시간관에 대한 해석과 반대에 바탕을 두고 있다. 아인슈타인은 시간은 절대적이지 않고 상대적이라고 믿었다. 상대성이라는 특별한 이론이 보여 주듯이, 시간 측정은 관찰자의 운동 상태(또는 주체에 대한 자각 상태)에 의존한다. 실제로 시간은 '외적인 어떤 것과 관계없이 한결같이 흐르는 어떤 물질(뉴턴의 생각처럼)' 이 아니라고 지적하면서, 다음과 같이 말했다.

사물을 서열화하는 데 유용한 것으로 판명된 개념들은 너무도 큰 권위로 우리를 압도하여, 우리는 그 개념들의 현세의 기원을 잊고 그것을 바꿀 수 없는 사실로 받아들이고 있다(Slife, p. 16 인용).

뉴턴의 견해는 오늘날 여전히 서양 문화와 심리 해석을 지배하고 있지만, 현대 양자물리학자들은 시간의 축소성, 선형성 및 객관성에 대해 논박해 왔을 뿐만 아니라 시간을 관통하는 사건의 연속성에도 도전해 왔다. 예를 들면, 전자는 한 궤도에서 다른 궤도로 시간 경과 없이 순간적으로 이동한다. 전자는 한 양자에서 간단히 사라진 다음 다른 양자에서 다시 나타나는데, 이것은 변화가 진정으로 불연속적일 수 있다는 것을 보여 주는 것이다. 즉, 단지 상대적으로 빠른 변화 속도가 아니라 시간 길이가 없는 변화를 보여 준다. 이 토론을 위해 메이저 아르카나(Major Arcana)를 비선형·비연속적 시각으로 구성할 수도 있다.

비선형적 심리 접근은 세 개의 주요 심리적 실재 요소, 즉 지금-여기, 동시성 및 상호 의존을 강조한다. 이 요소들은 (선형적) 과거 또는 심지어 있음직한(결정론적) 미래뿐만 아니라 경험한 현재를 가장 중요하게 생각한다. 이런 점에서 이들은 예언적이라기보다는 반성적이다. 과거와 사건의 방향성(시간의 화살)의 중요성을 부정하지 않지만 전체론적 사상가와 구조론적 사상가는 사건에 시간 차원이 가장 큰 영향을 미친다는 생각과 관련하여 선형적 이론가들과 다르다. 이 차이는 선형성이냐 동시성이냐 하는 문제다. 전체론자는 주로 선형적 시간에서 앞서는 사건보다는 주로 연구 중인 사건과 동시에 발생하는 사건에 주목한다. 이는 점술(divination)이 취하는 접근법과 같은데, 다음과 같이 질문한다. 즉, "지금 이 순간 무엇이 모이는 것 같은가?" 현재의 일차성을 강조하며 등장한 그 밖의 중요한 서양 구조의 예로는 문맥(context), 시스템(system), 동시성(synchronicity), 대인관계 분야(interpersonal field), 그리고 연루 순서(implicate order)가 있다.[10]

흥미롭게도 이른바 '미래를 보는 사람'이라 불리는 사람들도 현재에 초점을 집중적으로 맞추어 예언한다. 랠프 월도 에머슨(Ralph Waldo Emerson)은 다음과 같이 지적하고 있다. "우리 뒤에 있는 것과 우리 앞에 있는 것은, 우리 내에 있는 것보다는 작은 문제다." 글로벌 비즈니스 네트워크의 공동 창업자이자 미국 국방부와 대기업들에 정보 기지 분야의 새 실재에 적응하는 방법을 자문하는 피터 슈워츠(Peter Schwartz)는 다음과 같이 말했다.

가장 성공한 미래를 보는 사람은 미래를 예언하지 않는다. 이들은 현재를 새로운 방법으로 해석해서 돈을 번다. 이해하기 쉽고 재래적인 것같이 보이는 방법이 더 먼 미래로 안내한다.

더구나 다음 장에서 자세하게 논의하겠지만, 융의 동시성은 '의미 있는 일치'가 피실험자(subject)의 지금-여기의 경험에 대한 영향을 강조한다. 아인슈타인과 마찬가지로 융은 공간과 시간을 정신적 구성, 원래의 정신, 그리고 그 자체로는 존재하지 않는 것으로 보았다. 실제로 융은 공간과 시간은 집단적이면서 원형적인 믿음의 마법에 사로잡힌 관찰자(observer)의 지적 욕구가 만들어 낸다고 생각했다. 융은 현대물리학에서 이미 발생한 것, 즉 지적 욕구가 급격하게 변할 때 '시공(spacetime)'의 구성도 급격하게 변하기 시작한다고 예상했다.

닐스 보어(Niels Bohr), 베르너 하이젠베르크(Werner Heisenberg), 그리고 폴 디랙(Paul Dirac)과 함께 양자 메커니즘과 양자 분야 이론의 주요 창시자이자 노벨상 수상자인 이론물리학 교수 볼프강 파울리(Wolfgang Pauli)는 융의 동시성 이론에서 온전히 자연에 적용할 수 있는 새로운 과학적 패러다임의 약속을 발견했다. 파울리는 다음과 같이 언급했다.

이 배열 요소들은 '육체'와 '영혼'의 구별—플라톤의 사상이 생각의 특성을 '자연의 힘'과 나누어 가지고 있는 것처럼—을 벗어나 고려해야 한다. 나는 이 배열 요소들을 '원형들'이라 하는 것에 매우 찬성하지만, 영혼의 내용물로 정의하는 것은 반대다. 대신 내적 이미지는 그 원형들의 영적 현현이다. 그러나 이것 역시 자연의 법칙에 따라 일어나는 물질계의 모든 것을 창조하고, 생산하고, 그 원인이 되어야 할 것이다. 따라서 물질계의 법칙들은 그 원형들의 물리적 현현을 언급할 것이고…… 그러면 각각의 자연법칙은 이것이 오늘날 항상 바로 볼 수 있는 것은 아니라 해도 내적 상응물을 가지든가 가지지 않든가 해야 한다.[11]

유감스럽지만 오늘날에도 대부분 서양의 심리학 발달 이론은 그러한 인식과 비전의 변화에 계속 뒤처진 채 리얼리즘과 과거에 우선순위를 두고, 연속적이고 인과적이며 외적인 것과는 관계없이 한결같이 흐르는 선형적 시간 흐름에 여전히 갇혀 있다.

불교 여행자

약속한 대로 비선형 사상가들을 위한 또 하나의 메이저 아르카나 접근법이 여기에 있다. 바보들의 선형 여행(정착, 정지, 회귀를 위한 것조차)상의 연속적인 문을 통과하는 경로는 기존의 발달 이론가들의 이성적 구성에는 관심을 끌 수 있지만, 이 패러다임은 타로 방법의 동시적 특성의 본질을 제거한다. 인간 발달 단계를 인과적으로 연결된 상징적 설명으로 일관되게 설교조로 예시하는 것과 진정한 경험 내에서 작동하는 실체의 동시적인, 혼돈된 그리고 상호 의존적인 실재들을 표현하는 것은 전혀 별개의 문제다. 분명 타로 방법은 두 시각을 모두 고려한다. 그러나 그보다 큰 힘은 의심할 것도 없이 후자에게서 비롯된다. 리딩 의지는 내담자(querent)의 자각의 중요성과 동시에 일어나는 현재 순간에 윤곽이 그려지는 그 원형적 패턴에 집중적으로 초점을 맞춘다.

아마도 비선형의 길을 따라 이어지는 가장 깨끗한 심리 발달 표현은 인성 발달의 서양 모델이 아니라 동양 모델일 것이다. 특히 개인적 외관을 구성하는 모든 육체 및 정신적 현현은 독립적인데, 이들은 서로를 조건 짓거나 서로에게 영향을 미치며 그 존재가 끊임없이 일어나고 중지하는 과정 속에 있다고 말하는 고대 불교의 '연기론(dependent co-origination)' (pratitya samutpada/paticca-samuppada) 교의에서 비롯된다.

연기론(종종 '상호 연결된 발생'으로도 번역된다.)은 여기에서 논했듯이 세 개의 비선형 실재의 불변량에 동의한다. 즉, 현재(지금−여기), 일차성, 동시성 및 상호 의존성이 그것이다. 불교를 다른 심령적 전통과 더 크게 구별 짓는 것은 '자아의 공(emptiness of self)'(sunyata/sunnatta)이라는 교의다. 이 교의는 "개인은 자아가 없는 것처럼 불변의 대리인(agency)의 의식 속에서는 전 우주도 자아나 자아에 속한 어떤 것도 마찬가지로 없다."[12]라고 말한다.

오늘날 18세기의 유럽 사상가 중 인정받는 한 사람인 스코틀랜드 철학자 데이비드 흄(David Hume, 1711~1776) 또한 그가 인간 상상의 오역, 환상 또는 허구의 원인으로 생각했던 개념인 자아의 내면적 증거를 찾지 못했다. 자각 분야의 현대 서양 분석은 흄의 분석에도 불구하고 우리가 여전히 일반적으로 '자아'를 경험하는 것이 어떻게 가능한지를 설명하려고 노력해 왔다. 만약 자아가 하나의 영혼도 아니고 데카르트 철학의 실체도 아니라면, 그리고 그 심리적 연속성이 빈약하다면, 왜 우리는 여전히 시간의 경과에도 불구하고 일정한 동일성을 가지고 있다고 생각하는가? '자아 문제'에 대한 현대 이론가들의 주된 관심은 자아는 없다—관념은 논리적·심리적이거나 문법적 허구다—는 주장을 포함한다. 이와 반대되는 견해는 자아의식은 적절히 이해할 수 있고, 뇌의 프로세스 차원에서 정의될 수 있으며, 그것은 단순히 구조화된 사회학적 자취(locus)일 뿐이고, 개인과 공공의 이야기의 중심이며, 그 나름의 말로 표현할 수 없는 범주에 속한다(이 후자 견해가 불교의 입장에 가장 가깝다.)고 주장한다. 갤러거(Gallagher)는 다음과 같이 말했다.

이 반응들은 자아의 문제에 어떻게 접근할 것인가에 대한 의견 일치가 전혀 없다. 어떤 적절한 해결책이 있는지에 대한 의견 일치는 더욱 없다. 간단히 말해서, 현대 철학자들은 우리의 자아에 대한 상식적인 것은 물론이고 철학적인 생각 모두를 지극히 문제가 많은 것으로 만들었다.[13]

심리 발달에 대한 불교의 견해가 너무 정교하고 어렵기 때문에 우리의 논의에서 변화를 '자아'라고 하는 핵심적 실재와 관련된 어떤 것으로 보는 일반적인 서양의 견해와 구별되는 '근본적 생성(radical becoming, Nagarjuna)'이라는 불교의 전통적 교의를 제한할 필요가 있다. 불교의 견해에서 이른바 '개인'이라고 하는 현상은 단순히 차례대로 연관되지만, 연속적인 흐름 속에 있는 요소 또는 원소들(dharmas)의 복합체로서 이해한다. 이 교의도 절대적인 우주적 본질의 존재를 부정하면서, 실재를 이해하기에 적당한 장소는 구조의 연속으로 보이는 현상적 존재가 함께 있는 곳이라고 주장한다.

예를 들어, 한 개인이 일생의 여러 단계를 통과하거나 메이저 아르카나의 문들을 지나 나아갈 때 일반적으로 생각하는 것은 자아의식의 어떤 기본적인 실재는 일찍이 '대리인(agency)'이라고 생각했던 것을 계속 가지고 간다는 것이다. 반면에 불교의 견해는 세계와 자아는 계속해서 '생성(becoming)'되지만 그 자체는 아무것도 아니라는 것이다.[14] 비선형 타로 전문가는 타로 상징들을 통해 서로 연관된 현상의 발생을 탐구하면서 해석은 단지 구조일 뿐 어떠한 궁극적 존재도 없을 뿐만 아니라 또 그러한 것은 모든 일반적 인간 경험의 본성이라고 생각한다.

현대 양자물리학자들(David Bohm, Frijof Capra, Gary Zukov, Victor Mansfield 및 그 밖의 학자들 참조)은 고대 불교의 형이상학에

점점 더 매료되는 동안에 이국적이고 비교적인 이 개념은 현재 베트남 선승이면서 세계적인 스승인 틱낫한(Thich Nhat Hanh)이 들려 주는 간단한 우화들을 통해 우리의 심리학적 청중(psychological audience)의 이해를 쉽게 도왔다. 『이해의 마음: 프라즈나파라미타 하트 수트라 주석(The Heart of Understanding: Commentaries on the Prajnaparamita Heart Sutra)』에서 틱낫한은 '상호 존재(interbeing)'에 대해 말하고 있다. 이해를 돕기 위해 그는 우리에게 백지에 대해 명상해 보라고 한다. 이 불교 승려는 다음과 같이 말했다.

그대가 만약 시인이라면 이 종이 위에 구름이 떠 있다는 것을 분명히 알 수 있을 것이다. 구름이 없다면 비도 없다. 비가 없으면 나무들은 자라지 않는다. 나무가 없으면 종이를 만들 수 없다. 구름은 종이가 존재하기 위해서는 반드시 필요하다. 만약 구름이 여기에 없으면 종이도 여기에 없다. 따라서 구름과 종이는 상호 존재(inter-are)라고 할 수 있다. '상호 존재(interbeing)'는 아직 사전에 없는 단어지만, 만약 우리가 '상호(inter-)'라는 접두사를 동사 '존재하다(to be)'와 조합하면 새로운 동사 상호 존재하다(inter-be)를 가지게 된다. 구름이 없으면 종이를 가질 수 없다. 따라서 구름과 종이는 상호 존재한다고 할 수 있다(p. 3).

틱낫한의 명상은 상호 의존의 층들을 통해 전개된다. 햇빛은 숲이 자라는 데 필요하다. 벌목꾼이 있어야 나무를 베고, 트럭 운전사가 있어야 벤 나무를 목재소로 나르고, 주유소 직원이 있어야 트럭에 기름을 넣을 수 있는 것과 같다. 이들이 없으면 종이는 존재할 수 없다. 한편 벌목꾼은 매일 빵을 먹지 않고는 벌목을 할 수 없고, 그 트력 운전사는 자바산 커피를 마시지 않고는 트럭을 운전할 수 없다. 따라서 우간다산의 네브라스카 소맥과 커피 알맹이도 이 한 장의 종이 안에 존재해야 한다. '상호 존재' 논리는 결국 확장되어 벌목꾼의 부모, 흙, 흙 속의 미네랄, 강, 열, 달, 별, 심지어 우리 자신의 마음까지 포함한다. 왜냐하면 분명히 종이는 우리 지각의 한 부분이기 때문이다. 틱낫한은 다음과 같은 결론을 내렸다.

> 명백한 사실은, 이 종이는 '비종이적(non-paper) 요소'로 구성되어 있다는 것이다. 만약 우리가 이 비종이적 요소를 그 본래의 자리로 되돌릴 수 있다면 종이는 전혀 존재할 수 없다. 마음, 벌목꾼, 햇빛 등과 같이 '비종이적 요소들'이 없다면 종이는 없을 것이다. 이 종이는 얇은 두께만큼이나 그 속에 우주 속의 모든 것을 가지고 있다(p. 5).

상호 존재의 원

'상호 존재' 시각에서 메이저 아르카나를 상상하기 위해서 우리는 먼저 그것을 가장 잘 정의해 주고 있는 상징(선)인 바보들의 여행이라는 짐을 벗어 버리고 그것을 비선형성을 가장 잘 설명하는 기하학적 형태인 원으로 교체해야 한다.

아무리 구조심리학적 설명이 인상적이라 할지라도 어디에나 있는 그 선은 의심할 줄 모르는 우리의 불쌍한 바보를 점점 줄어드는 가능성의 막다른 골목으로 데리고 간다. 대신 필요한 것은 전개되고 있고, 경험했으며, 주관적인 경험의 동시적이고 상호 의존적인 특징을 가지면서 지금-여기에서 존재를 창출하고 소멸시키는 자발적인 우주적 에너지의 춤을 포착하는 접근법이다. 그것은 열린 가능성의 영역이다. 즉, 바보의 명백한 운명 그 자체다.

대신 우리가 더 많이 돌아가는 이 우회로를 선택한다고 가정해 보자. 힌두어로 원을 뜻하는 '만다라(mandala)'는 어떠한 '정신적 상태(mental status)'나 또 다른 '정신적 상태(mental status)'를 설명하는 고대의 원형지도다. 이것은 바보의 여행과 전적으로 부합한다. 만다라들은 잘 알려진 티베트 불교 탕카(Thanka) 만다라들에서와 같이 명상과 집중에 사용되는데, 오늘날까지 동양의 모든 국가에서 찾아볼 수 있다. 불교학자 스넬그로브(D. L. Snellgrove)는 다음과 같이 지적했다.

> 만다라의 본질적인 특징은 여러 방향에 대한 불변성이다. 왜냐하면 그것이 가장 우선적으로 표현해야 하는 것은 중심에서 공간으로의 발산이기 때문이다. 그 형태 속에 발산 과정이 표현되는 신성들은 순수 상징의 가치를 가지기 때문에, 그들의 형태와 수는 명상가가 자신의 성격을 상상하는 차원의 범주들과 관련되어 있다. 왜냐하면 그것은 이 두 가지, 즉 서로 같은 신성한 니르바나(nirvana) 형태들과 그 자신의 자아(samsara)의 구성 요소들이기 때문이다.[15)]

이와 같이 만다라는 비선형 주관성과 상호 존재 접근을 위한 개념과 시각적 틀을 제공한다. 따라서 우리 목적을 위해 바보를 원 안에 위치시키는 것은 중심에서 타로 공간의 심상의 문으로의 주관적인, 지금-여기의 발산을 의미한다.

융 자신은 동양의 만다라에서 원형적 자아의 상징적 표현을 발견했다. 분명 부티아 부스티(Bhutia Busty)의 라마교 수도원 방문 후 융의 관심은 한 노승이 그에게 만다라를 훈련된 라마승만이 상상 속에서 구축할 수 있는 정신적 이미지라 설명하면서, 더 나아가 "같은 만다라는 어디에도 없다."라고 주장했을 때 고양되었다. 이것은 만다라의 이질성이 그 작가 특유의 영적 상태를 반영한다는 의미다. 융은 다음과 같이 말했다.

> 중심은 중심점으로 나타낼 수 있지만 그것은 자아에 속한 모든 것을 포함하고 있는 주변으로 둘러싸여 있다. 즉, 전체적 성격을 구성하는 반대되는 상대들로 둘러싸여 있다. 이 전체성은 우선 의식으로 구성되어 있고, 그다음으로 개인적 무의식으로, 마지막으로 그 원형이 모든 인류가 공통으로 가진 무한히 큰 집단적 무의식 부분으로 구성되어 있다.[16]

이 사실을 염두에 두고 바보를 중심에 둔 비선형 메이저 아르카나의 지도를 그릴 때 주변부에 등거리로 나머지 21개 트럼프를 위치시킨다(특별한 순서는 없다). 어떤 카드도 '시작' 또는 '종점'으로 지정되지 않는다. 왜냐하면 그렇게 하는 것이 시작도 없고 끝도 없는 우주라는 불교의 우주관에 더 부합하기 때문이다. 대신 이 여행은 그 작가 특유의 영적 상태에 따라, 다시 말해서 주관적으로, 동시에 상호 의존적으로 현재의 순간에 전개되어야 한다. 이 임의적이고 조정되지 않은 순서는 사실 제3장에서 설명한 타로 방법 자체의 '권능을 부여받은 무작위(empowered randomness)'와 일치한다. 다음 그림

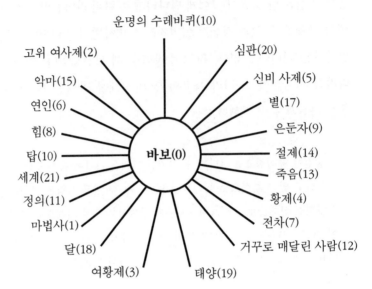

바보의 여행 만다라

운명의 수레바퀴(10)

고위 여사제(2)　　　　　　　심판(20)

악마(15)　　　　　　　　　　신비 사제(5)

연인(6)　　　　　　　　　　별(17)

힘(8)　　　　　　　　　　은둔자(9)

탑(10)　　　　바보(0)　　　절제(14)

세계(21)　　　　　　　　　죽음(13)

정의(11)　　　　　　　　　황제(4)

마법사(1)　　　　　　　　전차(7)

달(18)　　　　　　거꾸로 매달린 사람(12)

여황제(3)　　　태양(19)

은 이를 만들어 낸 사람의 그 순간의 투사와 임의적 영적 상태 이미
지다.

　이 접근법에서 어떤 사람의 주의를 끈 곳은 그 사람의 그 순간의
영적 상태를 반영한다. 따라서 그곳은 여행의 주관적 출발점이 된
다. 그림에 나타나 있듯이, 원주상의 위치에는 어떤 산술적 순서나
선형 값도 주어지지 않는다. 그럼에도 불구하고 원주상의 각 트럼프
는 그 이름 뒤 괄호 속에 나타낸 것과 같이 그 번호 상징을 가진다.
예를 들어, 고위 여사제 카드의 2는 이 카드가 바보의 주관적 여행
에서 두 번째로 나타나든 일곱 번째로 나타나든 이중성과 그 수비학

적 조합을 가진다. 그 타이밍과 배치는 그 사람이 주관적 실재를 구성하는 것에서 시작하는, 자아가 만든 퀼트 이불 위의 한 땀(patch)이다. 타로에서는 두 이야기가 똑같은 경우는 없지만, 각각의 인간적 이야기는 카드들의 요소 내에 존재하는 동일한 상상적 관념(또는 불교의 samsara)의 모형에서 태어난다.

이제 틱낫한의 우화 논리를 사용하여 원주에서 각각의 타로 트럼프는 더도 덜도 말고 (상징적인) 종이 한 장이라고 생각해 보자. 만약 당신이 바보이고(그리고 우리 각자도 그렇다고 가정하자.) 우주적 가능성의 원형적 불변량에 의해 모든 방향으로 둘러싸여 있다면(예, 메이저 아르카나), 어떤 비밀이 먼저 당신의 관심을 사고 당신의 여행을 시작시키는지는 전혀 중요하지 않다. 왜냐하면 진리 속에서는 그들은 모두 항상 '상호 존재'를 소유하기 때문이다.

그러면 이 '바보의 여행'에서 당신이 처음에 균형 잡힌 정의 저울(트럼프 1), 또는 아마도 달의 음산한 광기와 울부짖는 개(트럼프 18), 아니면 심지어 그 모든 것을 부숴 버리는 파괴력과 강력한 방호벽을 가진 번개 맞은 탑(트럼프 16)의 불길한 장면에 시선이 머물렀다고 가정하자. 트럼프 16(알 수 없는 일이지만, 이 트럼프가 이 순간 내 자신의 관심을 사로잡은 것 같다.)은 자신이 폐허와 탈출의 소란 속에서 짓눌려 포위된 채 버려진 자의 고통을 겪는다. 병리학적으로 탑 카드를 시대 착오적인 '신경증(nervous breakdown)'인 에고 콤플렉스의 보상작용의 상실과 동등시할 수도 있다. 여기가 아마 그 어디보다도 시작하기 좋은 장소일 것이다.

그러나 이 '번개 맞은 탑'을 자세히 들여다보면(놀랍겠지만) 다른 많은 것도 바로 발견할 수 있을 것이다. 이 파괴된 건물 안마당에 당

탑
(뉴 팔라디니)

황한 기색 없이, 당황한 추종자들 앞에서 마치 알렉산더 대왕처럼 거만하게 몸을 웅크리고, 마음속의 탈출을 열심히 계획하고 있는 고상한 황제(The Emperor)가 눈에 띌 것이다. 당연히 반대 법칙에 따라 황제의 지배가 없으면, 즉 그의 강한 구성적 에고가 없으면 그를 가둘 만한 강력한 탑을 만들 필요가 없다. 황제의 명령과 나무랄 데 없는 질서 의식과 튼튼한 현실이 없다면, 지금 혼란을 야기하고 있는 혼돈과 무질서가 있을 수 없다. 그의 놀라운 건설과 확장력이 없다면, 그 반대의 힘인 파괴와 보상작용의 상실도 없다. 따라서 탑과 황제는 '상호 있음(inter-are)', 즉 그들은 상호 존재의 자질을 나누어 가지고 있다고 할 수 있다.

극적인 붕괴에서 비롯되는 히스테리와 탈진을 지나 계속해서 탑 정면 너머로 더 깊이 보면 위험에 빠진 황제 옆에 기품 있게 앉아 있는 황제의 아름다운 여왕, 즉, 아름다움과 세속적인 풍요의 빛나는 여신인 여황제(The Empress)를 보게 될 것이다. 여황제가 없으면, 황제도 없다. 다시 말해서, 그녀의 선물과 순종적인 사랑이 없으면, 황제는 점점 기진맥진하고 우울해져서 마침내 탑을 상실한다. 그녀의 열정과 수태 능력이 없으면, 왕국은 황량하고 공허로 가득하게 되고 그리하여 어떤 아이도 태어나도록 허용되지 않는다. 그녀의 신성한 손길과 여성적인 치유력이 없으면, 사람들은 점점 병들어 의존적이게 된다. 따라서 탑, 황제 그리고 여황제가 이 상호 존재를 나누어 가진다고 할 수 있다. 즉, 세 사람은 모두 상호 동시에 일어나고, 세 사람 모두 상호 존재한다.

그러나 그의 현명한 조언에 황제가 전적으로 의존하고 있는 신비 사제(The Hierophant)는 어떤가? 그의 미묘한 안내와 도덕적 지혜가 없으면, 황제의 명령은 점점 멍청해지고, 사람들을 휘어잡을 수 없게 되어, 마침내 사람들이 저항하게 될 것이다. 또는 황제에게 바른 걸음, 인내, 창조적이면서 자비로운 지도자의 기술을 가르치는 절제(Temperance)는 어떠한가? 또는 그 문제 때문에 그녀의 온화한 친절함과 유쾌한 발랄함을 백수의 왕인 사자의 사나움과 결합하여 사람들의 신뢰와 확신을 불러일으키는 힘(Strength)은 어떠한가? 사실 탑은 결정적으로 비탑(non-Tower)의 요소로 구성되어 있다. 그렇지 않으면 달리 무엇으로 구성될 수 있겠는가? 이러한 것들이 없다면 탑은 탑으로서 인정받을 수 없다(발칸 국가의 어떤 중세 복원 사업의 경우처럼). 따라서 또 신비 사제, 절제 그리고 힘도 탑, 황제 그리고 여황제와 함께 상호 존재를 가지고 있다고 말할 수 있다. 모두 동시에 발생하고 모두 상호 존재한다. 각각의 구성품이 없으면 탑은 탑이 될 수 없고, 황제는 황제가 될 수 없다.

그러나 탑을 더 자세히 들여다보면 그다지 몸을 뻗치지 않고도 저 멀리 탑 위에 태양(The Sun)과 세계(The World)가 있는 것을 발견할 수 있다. 물론 태양은 여황제의 생명력과 열정과 황제의 자각과 확신의 에너지를 준다. 세계의 네 귀퉁이는 여황제의 영양 공급 열망의 객체와 황제가 통치할 제국의 경계를 가지고 있다. 그것들이 없다면 여황제는 점점 소원해지면서 우울해지고, 황제는 의식을 잃으면서 산산조각날 것이다. 이것은 갈수록 잠 못 이루고 동요하는 사람들을 불안하게 한다. 불안이 이 땅에 가득 찬다. 탑은 이제 동요를 느끼면서 초기 단계의 불안정과 혼돈의 조짐들을 나타낸다. 왕국은 불안하다.

그러나 탑을 좀 더 자세히 들여다보면 붉은 뿔이 있는 악마(The Devil)를 발견할 수 있는데, 아이러니하게도 이 악마에 의한 속임수의 외적 현현을 막기 위해 탑 자체가 지어졌다. 사람을 유혹하는 힘에도 불구하고, 악마는 지금 악마다운 장난을 하고 있다. 그는 탑에 갇혀 버려진 창백한 얼굴의 여황제에게 만월(The Moon)의 달빛과 연인들(The Lovers)의 질투 속에서 운명의 수레바퀴(The Wheel of Fortune)를 돌리다 탑문 위에 혼자 앉아 자신의 행운의 별(The Star) 아래에서 자신의 문제를 묵상하는 잘생긴 은둔자(The Hermit)에게로 달아나라고 유혹한다. 불행이 찾아온다.

그들의 내면에서 일어나는 비행을 위해 달콤한 분위기를 만드는 독과 특별한 주문을 마법사(The Magician)에게 요구하였고, 두 사람을 위해 튼튼한 말이 끄는 전차(The Chariot)를 준비시켰다. 그러나 갑자기 여황제가 멈춰 서서 거꾸로 매달린 사람(The Hanged Man)

앞에서 생각에 빠졌다. 그녀는 진정 이 계획은 겉으로 보이는 그대로인가 하고 물었다. 기꺼이 명확하고 보다 좋은 판단(Judgement)의 은혜를 입은 그녀는 계획과 반대로 신비 사제와의 개인적인 시간을 갖기 위해 이동하고, 곧 이 신비 사제는 그녀에게 당연히 이 성소 안에서 말한 모든 것은 반드시 기밀에 부친다고 확신시킨다.

두 사람은 45분 동안이나 지연된 충동 만족의 이점과 충동 이론의 보다 큰 의미에 대해 토론했다. 그녀의 눈은 오직 하나의 행동만을 의미해야 하는 무시작의 상호 관계의 망 쪽으로 열려 있었다. 운명의 수레바퀴만큼이나 악마, 달, 연인, 은둔자, 별, 마법사, 전차, 거꾸로 매달린 사람, 그리고 심지어 신비 사제 그 자신과 함께 모두 그녀 자신과 본질적인 상호 존재를 나누어 가졌다. 마지막 순간에 그녀는 주마다 신비 사제와 갖는 정기적인 회합 시간에 황제를 데려오는 데 동의했다. 사람들은 마치 우연인 것처럼 이제 큰 환호로 왕국의 복귀를 축하했다. 맛있는 사과와 석류의 달콤한 향기가 탑의 많은 과수원에 감돌았고, 높은 산은 부활한 땅의 기쁨의 활기를 북돋웠다.

이 알레고리에서 우리는 대부분의 메이저를 통해 연장되는 상호 존재의 법칙을 본다. 이 이야기는 '현재 드러나고 있는 문제' 또는 확인된 증상을 벗어나(또는 더 좋게는 '내에서') 현재 이 순간 동시에 발생하고 있는 많은 힘들의 한 예다. 이와 같이 살펴본 심리적 힘은 현재에 초점을 맞추고 있고, 동시적이며, 상호 의존적이다. 이 힘들은 그 또는 그녀의 상황적 문맥에서 총체적 개인을 정확히 평가하는 데도 매우 중요하다. 만약 대부분의 임상의이 일상적인 경험을 통해서만 경험한다면 지정된 문제 속에 잠복해 있는 복잡성을 인정할 것이다. 그러나 이러한 상관관계는 경험에 비추어 주관적으로 순서화하고 만든 것이기 때문에 사건의 선형 또는 역사적 진행에 따라서는 쉽게 예견할 수 없다는 것을 다시 한 번 강조해야 한다.

독특한 외적인 관심과 모임의 특정한 부분이 포함되기 때문에 우리 우화에 대한 대안적인 가능성은 실로 끝없이 나타난다. 그러나 다시 말해서, 메이저 아르카나의 22개 카드인 원형적인 불변의 한정된 그룹에서 나온 그런 가능성은 기억되어야만 할 것이다. 사실상 상호 존재는 타로가 그 주제와 의미 있고 정확하게 항상 인지되는 이유다. 정말로 모든 것이 서로 연결되어 있고 가능성의 거대한 우주적인 통(cosmic vat)으로 나타났다면, 그것은 어떤 주어진 리딩에서 의미심장한 일치를 찾거나 만들지 않는다는 것이 불가능할 것이다. 그러나 "왜 이런 특정한 카드일까?"라는 질문이 남는다. 이 대답은 우리가 다음 장인 '동시성 이론'을 더 자세히 보면서 알게 될 것이다.

나는 상호 존재의 또 다른 은유법과 더불어 이 장을 끝마치고자 한다. 이것은 고대의 동양에서 온 것이다. 내가 여기서에 보여 주었던 것과 마찬가지로 그것이 간단히 타로 혹은 심리학적인 가능성의 영역뿐만 아니라 이전에 볼프강 파울리에 의해 제안된 존재의 물질적인 영역을 포함하여 상호 의존성의 개념을 우아하게 요약하고 있다고 생각한다. 이것이 '인드라 망(Indra's Net)'이라는 개념이다. 신 인드라의 망은 실재 구조의 심오하고 미묘한 은유법이다. 그것은 무한한 우주에서 동시에 거대하게 일어나고, 순간적이며 상호 의존적인 본성의 매혹적인 이미지를 가지고 있다는 것을 시사한다. 『깨달은 마음(The Enlightened Mind)』에서 스티븐 미첼(Stephen Mitchell)

은 인드라 망을 다음과 같이 설명했다.

거대한 망을 같이 상상해 보라. 각각의 교차되는 점에 보석이 있다.
각각의 보석은 완벽하게 깨끗하여 망의 다른 쪽에 있는 보석을 비추어
준다. 서로 서로 반대편에 위치한 두 개의 거울에 끊임없이 그 형상을
비춘다. 은유법 속의 보석은 개인 존재 혹은 개인적 의식, 세포, 원자를
의미한다. 모든 보석은 우주에서 친밀하게 다른 보석들과 연결되어 있
고 한 보석에서의 변화는 아주 작게라도 모든 다른 보석의 변화를 의미
한다.[17]

▶각주 ───●

1) O' Neill, Robert V., *Tarot Symbolism;* Fairway Press, Lima, Ohio, 1986.
2) Greet, Mary K., *Women of the Golden Dawn: Rebels and Priestesses;* Park Street
   Press, Rochester, Vermont, 1995.
3) Giles, Cynthia, *The Tarot: History, Mystery, and Lore;* Simon and Schuster, New
   York, 1992.
4) Ibid., p. ix.
5) Slife, Brent, *Time and Psychological Explanation;* SUNY Press, New York,
   1993.
6) Ibid.
7) Ibid,
8) Roberts, Richard, and Campbell, Joseph, *Tarot Revelations;* Vernal Equinox
   Press, San Anselmo, CA, 1982, pp. 59–80.
9) O' Neill, Robert V., Tarot Symbolism; Fairway Press, Lima, Ohio, 1986, p. 298.
10) For a fascinating discussion of this subject see Brent Slife' s wonderful study
    (*op. cit.,* note 5).
11) Atamanspacher, H. and Primas, H, "The Hidden Side Of Wolfgang Pauli"
    [*Journal of Consciousness* Studies, Vol. 3, No.2]; Imprint Academic, USA,
    1996, pp.112–126.
12) Bowker, John (editor), *The Oxford Dictionary of World Religions;* Oxford
    University press, Oxford, 1997.
13) Gallagher, Shaun, *Journal of Consciousness Studies;* Vol 4, No. 5–6 (Models

of the Self), p. 400, 1997.

14) Streng, Frederick J., *Emptiness: A Study in Religious Meaning,* Abingdon Press, 1967, p. 37.

15) Snellgrove, D. L. *The Hevejra Tantra, Part 1,* Oxford University Press, 1959; [quoted in *Mandala: Path of Beauty,* Joan Kellog, ATMA Inc., 1978, p. 31].

16) Jung, C. G., *Collected Works,* Vol.9 Part 1: *The Archetypes and the Collective Unconscious;* Bollingen Series, Princeton University Press, 1969, p. 357.

17) Mitchell, Stephen, *The Enlightened Mind;* Harper Perennial, New York, 1991.

제 **3** 부

경험적 연구

09
동시성

과학은 논리의 선구자의 역할을 멈출 것이나 자연은 그렇지 않다.
자연은 이론에 의해서 밝히지 않는 토대로서 번영한다.

- 융(C. G. Jung)

모든 혼돈 속에 우주가 있고, 무질서 속에 비밀스러운 질서가 있다.

- 융(C. G. Jung)[1]

이상한 작용

영성에 기초를 두고 무작위로 뽑혀진 타로 카드가 심리적인 치료에 얼마나 신뢰할 만하고 유효한가? 심리치료사들이 심리학과 타로의 만남에 대해 앞의 토론을 읽고 수용한다고 할지라도 여전히 궁금할 것이다. 이 질문에는 실질적인 심리학적인 원리와 훌륭한 형이상학적인 통찰력에 바탕을 둔 타로 사전을 만들려는 목적이 있으나 사람들이 비밀스러운 도구를 가지고 누군가의 상담실보다는 거실로 나오게 하는 것에 또 다른 목적이 있다. 특히 타로는 신성하고 '힘 있고' 무작위로 모인 본질적인 지성에 있는 지고의 진리를 요하지만, 많은 이들이 방법에 대한 신뢰가 부족하다는 것을 염려하여 머뭇거리기도 한다. 실제 장면에서 정통이 아닌 도구를 충분히 안전하게 소개하기 전에 치료사들은 그 도구의 사용법과 신비스러운 도구를 더 잘 이해하는 것이 필요하다.

가능성은 적을 수도 있지만 그러한 확언은 방대한 『명과 예언: 손금, 점성학, 타로에 대한 역사적 개론(Fate & Prediction: An Historical Compendium of Palmistry, Astrology, and Tarot)』의 편집자이고 오컬트 저작자인 프레드 게팅스(Fred Gettings)에 의해 드러나고 있다. 그는 자신의 의견을 표현하면서도 당황스럽지 않게 다음과 같이 소감을 적었다. "타로 방법이 효과적이라고 할지라도 그것이 어떤 사람에게 어떻게 효과가 있는지를 설명할 수 없다는 배경을 인정해야만 합니다(고딕체는 저자가 추가함)."[2] 사실상 인드라 망(Indra's Net, 그리고 모든 것 사이에서)과 같이 고대의 지혜로운 신화에 대하여 이론적인 물리학의 기초를 비정형화된 가정하에 두면서 다채롭고 비밀스럽고 이국적인 방법으로 타로의 감추어진 면을 추측해 왔다. 그러나 아직 오늘날까지 어떻게 타로 방법이 작용하는지에 대한 충분한 설명과 경험을 증명한 사람이 없다는 것은 아마도 게팅스의 주장을 더욱 명확히 입증하는 것이다.

아주 과학적이기 위해서, 어떤 사실은 다른 관찰자에 의한 비슷한 조건하에서 반복되는 연관성 있는 방법 및 결과와 연결된 인과관계에 대해 명확하게 설명되어야만 한다.

보이지 않고 불규칙적인 효과에 대한 과학적인 증거를 찾기 위한 본질적인 문제는 타로 경험자가 되려는 지망자에게 실재적인 도전이 될 것이다. 그리고 마치 연관성을 가진 깊이 있는 기술과의 만남으로, 심지어 드러나고 있는 의식의 과학 안에서 만들어진 격렬한 '뇌와 마음'의 토론도 주관적이다. 인간 마음의 주관적인 영역을 이해하기 위해서 과학적인 연구가 잘 적용되지 않는 것에 전반적으로 동의해야 한다. 심령적인 문제를 다룰 때 전통적이고 과학적인 방법이 지닌 문제, 즉 정신적 사건은 항상 명확하게 구분되지 않고 서로 따로 떨어진 것이 아니라는 점이다. (주장하는 바에 따르면) 어떤 경우에서 주관적인 결과는 쉽게 세밀한 언어로 설명되지 않고, 또한 그것들은 영속적으로 혹은 객관적으로 보고되지 않는다. 외부의 행동과 관련하여 한 사건에서 다음 사건으로의 영향력의 명백한 흐름은 없다. 결론적으로 '심리적인 시간'은 정형적이지 않고 명백하지 않은 것이다. 그러므로 심리학적인 시간은 불규칙적이고, 관찰자를 의지하며, 문맥상으로 나타나 있지 않다. 특히 직접적인 수량화나 측정에 관한 모든 것은 번거로운 것이 될 수밖에 없다.

의미 있는 우연의 이론

그러한 본질적인 어려움에도 나는 타로의 경험적인 설명은 융의 동시성 이론에 잘 명시되어 있다고 믿고 있다. 앞에서도 언급했듯이, 오늘날 많은 탐구자들이 동시성은 예언적인 행위뿐만 아니라 과학적으로는 알 수 없는 현상과 어떤 예외적인 물리적인 현상을 가리키는 핵심을 가지고 있다고 믿고 있다. 이러한 관점에서 보면, 내적인 세계와 외적인 세계 사이에 보이지 않고, 비인과적이며, 비정형화된 관계의 연구라고 할 수 있는 '변화의 과학(metascience)'으로 지칭하는 영역이 있다.

4장에서 짧게 논의하였듯이 '동시성'이라는 단어는 1938년에 칼 융에 의해 세계의 사전에 처음 소개 되었는데, 그것은 『주역』을 고전적으로 번역한 중국학자 리하르트 빌헬름(Richard Wilhelm)의 책 서문에 나와 있다. 사람들은 『변화의 책(The Book of Changes)』과 친숙하지는 않지만, 이 책은 다른 책과 경쟁이 안 될 정도로 전통적인 중국 문화의 기초가 되는 교과서이고, 오늘날 직관적인 경향이 있는 서양 사람들의 상상력을 여전히 사로잡고 있다. 그 책은 마술과 샤머니즘의 전통에서 3000년이나 된 예언적 체계다. 전통적인 중국, 즉 철학, 과학, 정치학, 대중적인 문화에서 중요한 모든 것은 거의 역(易-the I)의 해석과 수용을 기반으로 하고 있다. 이 책의 핵심은 가장 오래되고 현대의 시간에서 존재하는 가장 복잡한 예언 체계를 가진 것으로 여겨진다.

　아마도 다른 어떤 예언적인 도구보다도 『주역』의 사용 체계는 타로의 것과 유사하다. 타로 사용 방법에 대한 우리의 설명을 생각나게 하는 중국 문자인 역(易)은 '상상, 열림, 유동성'을 강조한다. 현대 『주역』 학자인 루돌프 리체마(Rudulf Ritsema)와 스티븐 카처(Stephan Karcher)는 다음과 같이 언급했다.

　역(易)은 존재의 다양성을 반영하여 빠르게 방향을 바꾸는 능력과 상상력을 가진 자세를 위해 다양한 사용을 제안하고 있다. 이런 것에 가장 잘 어울리는 단어는 시간, 운명, 심리의 우연의 요구에 의해 움직이고 적용될 수 있는 능력을 가리키는 융통성(versatility)이다.[3]

작가는 다음과 같이 더 자세하게 요약했다.

　『주역』은 어려운 상황을 간파할 수 있는 길을 제공한다. 특히, 우리가 결정하거나 행동하지 못하도록 하는 감정적인 상황을 이성적인 지성이 간파할 수 있는 방법을 제공하기도 한다. 『주역』은 계시이므로 그것을 사용할 수 있다. 그것은 무의식이라고 부르는 현재 경험에 대한 창조적인 기초이며, 신과 영혼과의 대화를 시작하는 특정한 상상의 공간이다. 꿈에 대한 계시처럼 이미지 언어에서 가져온 문제 혹은 질문으로 번역된다. 그것은 상황들을 형상화시킨 내적인 힘으로 당신을 연결시키기 위하여 당신이 경험하는 방법들을 변화시킨다. 계시의 이미지는 영혼과 연결하여 방해하는 것들을 사라지게 한다.[4]

역의 높은 개인의 경험적인 실험으로부터 융은 동시성의 가설을 발전시켰다. 그러나 그는 이후의 연구에서 동시성은 실제의 원형적인 구조에 도전하는 내적이고/외적인 '겹침(crossovers)'의 다양하고 드문 경우에 나타나는 본성의 어떤 이상한 호기심과의 연결이라고 보다 일반적으로 묘사했다. 예언적인 꿈과 같은 예언적인 것, 연결되지 않는 유사한 과정, 과학적으로 알 수 없는 이상한 것, 주체와 대상이 충돌할 것 같은 우연한 사건은 '비인과적(acausal)' 연결이라는, 이 용감한 문학에서 포함하고 있다. 융에 따르면, 동시성은 부가적으로 관찰자에게는 조금은 친숙하고 심오한, 영적으로 강화된 의미심장함을 주는 '비인과성(acauality)'의 특별한 경우이며, '개성화(individuation) 과정에서의 무의식적 보상'이라는 융의 전문 용어로 표현된다.

이런 정의에 따르면, 모든 비인과적인 현상들이 꼭 필요한 동시성을 가지는 것은 아니다. 그것의 이름이 의미하듯이 '비인과성(acasuality)', 즉 어떤 에너지의 상호 교환(뉴턴식 인과율의 특성)은 연관성이 있는 사건 사이에서 일어나지 않는다. 예를 들어, 프린스턴 공업이상연구소(the Princeton Engineering Anomalies Research Laboratory: PEAR)에서 로버트 얀(Robert Jahn) 등이 예를 들어 보여 준 것처럼, 어떤 비인과적인 현상은 자연스럽게 일어나며 과학적으로 증명할 수 있다. 얀은 인간 의식과 복잡한 기계(민감한 물질적인 도구, 체계, 공업 연구에 대한 과정의 공통점)의 상호작용을 연구하는 것을 통해 문제 주제의 의식적인 목적이 기계의 사용법에 영향을 줄 수 있다는 것을 보여 주었다. 대개 작지만 이런 결과들은 수치상 반복될 수 있음을 보여 주었고, 세부 사항에서 특정한 작동법이 있다

는 것을 나타냈다.[5]

그러나 기술적으로 이런 '비인과적 연결성'이라는 대단한 발견이 단순히 '동시성적인' 것은 아니다. 왜냐하면 물론 문제의 주제가 경주용 자동차 운전사, 기계총을 다루는 군인, 심지어 아주 작은 기술을 가진 최고 속도의 컴퓨터 사용자(나와 같이)가 될 만큼 행운이 있거나 어떤 경우에 기계에 대한 천리안적인 재치 있는 즉답이 의미 있게 증명되지 않는 한 그런 발견은 그 주제에 대해 어떤 특정한 의미를 가지지 않는다. 그렇다고 할지라도 어떤 면에서는 확실하다. 홀(Hall)은 그것에 대해 "초심리학 없는 과학은 2차원이다. 동시성이 없는 초심리학은 심리를 잃어버렸다."[6]라고 간결하게 말했다.

모든 고도의 기술을 가진 치료사들은 동시성 가설에 대해서 대안적인 설명을 해야 하기 때문에 용기를 내어야만 한다. 융의 비인과성은 사건들 사이에서 물질적인 에너지의 상호 교환이 불필요할 뿐만 아니라 심리적인 에너지의 상호 교환 또한 불필요함을 명백하게 규정하고 있다. 천체 물리학자이자 『동시성』의 저자인 빅터 맨스필드(Victor Mansfield)는 더 나아가 "중력이 사과가 떨어지는 원인인 것처럼 걱정도 머리를 흔드는 원인이 된다."라고 하면서 이런 점을 특정화했다. 두 사건은 일반적인 인과관계에 의해 쉽게 설명된다. 융이 조심스럽게 이런 점을 통해 투사된 동일시나 변환 과정과 같은 더 미묘한 심리 과정을 배제하고 억누른 어떤 내용, 방어의 심리과정, 고정관념, 전형적인 배열로 인과성을 만들지 않는다고 강조하고 있지만, 심리학적인 인과는 마찬가지로 비인과성의 표현하기 어려운 전제 조건을 부인하고 있다.[7]

동시성 현상의 예는 1995년 4월 19일 오클라호마의 도시 폭탄 사건에서 쉽게 설명될 수 있다. 그러나 먼저, (가설적으로) 이 사건에서 좀 더 일어날 것 같은 원인과 결과의 시나리오를 검진하자. 그것을 일반적인 기사에서 찾는 것은 배제해야 한다. 몇몇의 심리학자가 오클라호마의 도시에서 이어지는 사건의 꿈에 대한 연구를 시도한다고 가정해 보라. 그들은 건물 파괴, 숨겨진 폭탄, 많은 죽음에 대한 파괴 행위와 파멸, 즉 비극의 보고 후에 짧게 일어난 꿈을 포함한 꿈과 환상에서 보고하는 문제의 중요한 문제점을 발견했다. 이런 유사성은 '동시적인' 혹은 '우연적으로 연결된' 것으로 간주되지 않는다. 그런 꿈을 꾸는 사람의 심리는 분명하게 장소와 집합적인 자각을 일으킨 심리학적인 원인에 의해 영향을 받는다. 이런 본질의 충격적인 사건에 따라오는 걱정하는 꿈은 꽤 일반적이다. 반대로 그런 비극적인 뉴스 다음에 사람들은 그 나라의 모든 지역에서 많은 사람들이 그들의 꿈에서 이런 소란을 일으키는 이미지가 통합되기를 더 기대할지도 모른다. 우리는 그때 분명하게 그런 분명한 '원인적인' 상응을 설명하기 위해 '동시성'을 배제해야 한다.

반면에 어떤 특정한 꿈을 꾼 사람이 보고한다면, 첫째, 라이드 트럭과 비명을 지르는 공황 상태의 정부 관리, 머리 빌딩의 붕괴 등 명쾌한 세부 사항이 이런 그의 꿈에서의 신체 상해와 파괴와 같은 종류, 둘째 이런 깜짝 놀랄 만한 꿈은 큰 재해 이전의 밤에 일어났다, 셋째 우리는 이런 꿈을 꾼 사람들은 음모자들과 어떤 가능성 있는 관계를 가지고 있지 않다는 것과 아주 작게라도 음모자들의 일에 비밀스럽게 관여를 하지 않는다는 것을 확신할 수 있을 것이며, 넷째 그런 시끄러운 헤드라인의 그 사건(꿈을 꾼 사람이 말한)이 그 꿈과 충분히 합리적으로 '비인과적으로 연결된' 후 아침에 알게 된다는 것을 결론짓는 것이 알맞을 것이다. 이런 것은 단순히 꿈의 내용과 관련해서 말한 실재적인 사건들은 아직 일어나지 않았기 때문이다.

그러므로 에너지의 어떤 상호 교환도 이런 두 가지 사건이 연결되어 있지 않고 서로 상관성 있게 일어난 것이라고 설명되지 않는다. 거기에는 어떤 신체적이거나 정신적인 상호 교환도 없었다. 그리하여 이런 비인과적인 연결은 꿈과 사건 사이에 명백하게 연결된다. 그러나 동시성은 아직 기술적으로 일어나지 않았다는 것을 주목하라. 그리고 나서 두 번째로 꿈을 꾼 사람이 아침에 뉴스에서 이 끔찍한 보도를 접했다면, 그는 의미심장하게 그런 섬뜩한 우연에 의해 (예, 그 자신의 개성화에 관해) 당황하게 되고 아마 이런 이상한 우연에 그의 핵심적인 믿음(가족의 중요성)을 재점검을 할 것이다. 이런 점에서 공식적으로 이런 두 사건은 동시성을 만들고 있다. 그것들은 지금 '비인과적인 의미를 통하여 연결된' 것이다.

물론 초심리학자들은 다르다고 하지 않을 것이다. 그들의 논쟁은 인과적인 상호 교환은 실제로 일어난다고 주장한다. 예를 들어, 두 번째로 꿈을 꾼 사람은 단순히 예언적이었고, 그의 심령적인 예지는 겉보기에 꿈의 우연이라고 설명된다고 볼 수 있다. 그것은 단순히 통찰력이나 천리안의 경우였다. 어떤 사람은 꿈이 원인이 된 '미래'라고 말하기도 한다. 그것은 단지 우리가 아직 눈에 보이지 않는 그런 힘들을 측정할 수 있는 기술을 가지고 있지 않다는 것이다. 융 자신도 1930년도에 듀크 대학교에서의 라인(J. B. Rhine)의 기공 ESP실험에서의 큰 감흥으로 동시성의 현상에 기여하는 인상적인 초월심리학적인 증거를 받아들였을 뿐만 아니라 타로 공동체에서도 많은 것들이 심령적인 현상이 되는 예언을 믿는다. 카드들은 '심령적인 새로운 출발점(psychic springboards)'으로 행동하면서 혹은 텔레파시와 천리안, 예언적인 현상을 일으키기도 한다. 사실상 과학적으로 설명하기 어려운 조사들은 언젠가는 타로 카드와 리더 그리고 문제 사이에 작용하는 어떤 미묘한 에너지의 영역으로 분리될 수 있다. 그리고 동시성의 가설에 대하여 큰 수정이 필요할지도 모른다.

그러나 더 최근에 맨스필드는 그런 과학적으로는 설명이 안 되는 성질에 대항하고, 사실상 융의 이론에 기술적인 특정 사항을 어기는 중요한 경우를 만듦으로써 이런 논쟁에 도전을 하였다. 예를 들어, 맨스필드는 분명하게 '에너지'가 분리되거나 측정되거나 증명되지 않음에도 심령적인 원인들은 몸 사이에서 일어나는 에너지의 전이라고 주장했다. 물론 심리학적이고 인과적 대리인, 보이지 않는 가설적인 것조차도 융의 '비인과성'의 핵심적인 관념을 벗어나기도 한다.

절대적인 지식

동시성에 대한 융의 이론은 직장에서 내적인 지성이 어느 정도 숨겨져 있으며 균형과 전체성(평정과 개성화)에 대해서 예정된 목적을 향하여 의도적으로 각 개인의 정신을 지혜로 안내하는 어떤 비개인적인 대리인(non-personal agency)이 존재한다. 일반적으로 인간의 인식력을 흐리게 하는 감정의 텅 빔과 더 높은 논리는 신선하게 흐르는 강처럼 흘러간다. 그것은 깊고 청명하며, 시원하고 비개인적이며, 고정되지 않고 장소가 정해져 있지 않다. 그것은 신비로운 근원과 접근하지만, 그럼에도 불구하고 자연적인 질서에 더 근접해지는 것이다. 마지막 단계에서 어떤 논리도 남겨 놓지 않은 채 관습적인 생각의 변덕스러운 습관에 영향을 받지 않는다.

융에게는 그런 초월적인 지성은 모든 심리적인 발전과 변형을 열어 놓는 바로 그 모체로 보였다. 그것은 심리학적인 전체성을 의식과 무의식의 세계로 연결하려는 목적을 가지고 있으므로 보상적인 규칙의 체계로 움직인다. 이런 관점은 목적 원인론과 관련하지 않고, 순응성의 사회적이고 인식적인 요소의 역할에 강조를 둔 진화론적인 심리학의 결정론적 구조와는 다르다.

깊은 심리학적인 관점에서 볼 때, 이런 초월적인 지성은 의식과 무의식의 세계를 연결하는 데 사용하는 다리의 역할을 상징한다. 결국, 사람은 이런 생각을 하는 것을 멈추어야 할지도 모른다. 꿈과 꿈의 상징들이 중요하고 의미심장하게 일반적으로 받아들이는 가설과, 더욱이 이런 자연스럽게 일어나는 이야기가 다방면적으로 드러나고, 난해하게 만들어지고, 경제적이며, 치유적이고, 시적이고, 심지어 웃기기까지 한 가설들은 과연 누구의 권위적인 지식에 의해 쓰였는가? 잠자는 아이? 당신이 코를 골고, 졸리는 '창조적인 면' 마지막 분석에서 우리가 잘 때 우리에게(우리를 통해서) 말하는 이는 과연 누구인가? 융은 수천 가지에 대한 그런 꿈에 대한 연구는 그의 환자들과 그 자신의 마음에서 포착하여 그것들의 진실된 창조자를 설명하기 위한 '절대적인 지식'이라는 개념을 공식화하기에 이르렀다.

　　우리가 어떻게 그것들을 얽혀 놓든, 마지막 원인은 어떤 종류의 예견을 가정한다. 그것은 확실하게 에고와 연결된 지식은 아니다. 그리하여 우리가 알듯이 의식 있는 지식도 아니다. 그것은 다소 내가 '절대

적인 지식'이라고 부르기를 선호하는 스스로 존재하는 '무의식적인' 지식이다.[8]

습관적인 인과율

사람이 오랜 습관을 버리기 어렵다는 것을 알기 위해 행동주의 심리학자들이 필요하지는 않다. 만성적인 반복을 통해서 배운 이런 행동의 패턴은 노력 없이도 아침마다 왼쪽 양말을 먼저 신는 것처럼 자동으로 고착된다. 작가 움베르토 에코(Umberto Eco)는 다음과 같이 말했다.

나는 당신이 믿는 경향이 있는 습관을 발전시키는 것과 믿는 습관을 발전시키는 것 사이에는 어떤 다른 차이점이 존재하지 않는다는 것에 도달할 수 있다고 믿는다.

우리 자신의 제어할 수 없고, 무의식적으로 미리 조정된 기대, 즉 '이것은 ~때문이다.' 라는 것을 인식할 필요가 있는 행동 양식에 대한 습관을 부인할 수 없는 것은 사실이지만, 동시성의 가설에 대해서 짧은 개요를 많이 읽는 것이 난해한 그것을 이해하는 데 좋은 방법이라고 생각한다. 과학적 기반에 세워진 삶을 통해서 배운 거의 모든 것은 다른 점에 대하여 상상을 하지 못하도록 가르치기 때문에 적어도 자기 자신에게는 분명한 것을 진술해야 하는 심한 충동을 느낄 것이다. 그것은 숨은 재주, 투시력 있는 리더, 심리적인 환영, 잘

못된 귀속, 투사된 동일시, 사건, 의미 없는 우연성, 기적, 혹은 위험을 안고 있는 덱 등과 같은 무엇인가가 확실하게 '진정한 원인'으로 작용하여 신뢰(혹은 비난)를 주는 것이다.

원인 없는 원인인 융의 과장된 '절대적 지식'은 이론적으로 모호한 느낌이 들 것이고, 오우지아 보드(Oujia board)에 대한 과학적 원리에 기초를 두고 까다롭고도 형이상학적인(예, 대부분의 치료사들) 불평을 그만둘 것이다. "존재하지 않고 분별할 수 없는 원인으로부터 일어났기에 믿을 수 있는 결과는 될 수 없다." 이와 같이 그들의 용기는 이성적인 확언을 계속할 것이다. 물론 "어떤 신뢰할 수 있는 원인이 만들어지지 않는다면 리딩의 결과는 유효하지 않을 것이다." 이런 논리의 필연적 결과가 필요하다. 타로 리딩의 짧은 시간 후에 사람은 적어도 그 주제에 대해 눈에 띄게 의미 있는 것이 명백하고 확실한 그 순간에 '놀라운' 일로 나타나는 것을 목격하게 된다. 습관적인 반영의 문제로서 우연한 요인, 자기암시, 투사, 사기 혹은 우연의 일치라며 일상적으로 말한다. 그리고 우리는 편안해진다. 참! 이것은 단지 한 경우였다.

그러나 그것은 문제가 되지 않는다. 우리를 안심시키는 이성을 무시함으로써 동시성의 가설은 그 생각이 잘못된 것임을 거듭 강조한다. 리더와 내담자의 카드 사이에 모든 에너지적 상호 교환은 단호하게 배제되고 결과와도 연결되지 않는다. 어떤 숨은 재주, 투시력을 가진 리더, 심리학적인 환영, 다른 사람의 탓으로 돌리는 것, 투사적인 동일시, 사건, 의미 없는 우연, 기적, 위험을 안고 있는 덱들도 리딩의 정확한 원인이 되지 않는다. 정말로 거기에는 이유가 없다.

반대로, 사람들은 세상이 신비로운 방향으로 움직인다는 불안한 조언을 발견한다. 무엇보다도 어떤 외부적인 영향을 받지 않은 채 의미는 비인과적으로 그 자체의 방법의 기능으로 여기게 된다. 대신에 추측하건대, 지난 밤 모든 기교 있는 복잡함 속에서 정확한 꿈들을 전달하는 '지고의 지성' 혹은 '절대적 지성'(적어도 우리의 제한된 우월한 지점에서)은 이 순간을 위해 정확한 카드를 전달한다. 그러나 꿈과 달리 타로에서는 대리인을 신중하게 부른다. 내담자의 감정적인 동기의 협력으로 타로 그 자체는 현명하게 일어난 동시성의 가능성의 조건들을 만든다. 그리고 이전의 단원에서 언급했듯이, 심리학자들이 이런 천부적으로 타고난 안내를 하는 대리인을 정신과 함께 거주하는 것으로 보는 반면에 형이상학자, 신학자, 아마도 획기적인 물리학자는 본성 혹은 신 안에 거주하고 있다고 본다.

타로의 방법에서 의도적으로 정형적인 추측을 분리하거나 혼동시키는 과정인 카드와 내담자 사이에서 일어나는 의미 있는 우연성들은 인과적으로 설명될 수 없다. 왜냐하면 마지막 분석에서 관습적인 인과성이 작용하지 않기 때문이다. 마음과 문제, 주관과 객관 사이의 연결은 예언적인 동시성의 도구인 '힘 있는 무작위성'으로 간주하는 것으로 도움을 받을 것이다. 전형적으로 과학적인 진실과 습관적인 우연성의 거대한 가르침 때문에 인지되지 않을지라도 아마도 '스타워즈'의 명성인 '힘(The Force)'과 연관된 단순하게 자연의 일어남이라고 볼 수 있다. 그것이 자연스럽게 일어났을 때 우리는 그것이 속이는 것이라고 생각할 수도 있고, 그것이 '어떤 종교적인 기적'이라고 분류하기도 한다. 그러한 것이 일찍이 언급했던 사고 장요법(Thought Field Therapy: TFT)으로 타로 실습자들은 '정점의 문제(apex problem)'로 설명한다. 우리는 다만 믿고 싶어 하지 않는다.

우리는 그러한 것들을 이전의 대립의 원리를 유지하는 것으로 여기고, "동전의 한 면, 자석의 양극, 진동의 박동과 간격처럼 다르지만 분리되지 않는 흐름이다." 이른바 '비인과적이고/동시적인' 현상은 단지 관습적인 인과율의 다른 한 면이다. 동시성이 일어나는 희박성은 원인론적인 설명을 하기 위해 당신이 습관적으로 하는 폭식 이상의 것이다. 우리가 그것을 설명할 수 없다면, 그것은 만약에라도 존재하지 않는다. 그러나 이른바 '무작위성'의 개념은 그 자체가 인과관계의 교리 밖에서 발전된 현재의 발명이라는 것을 기억해야 한다. 물론 용감한 19세기 과학적인 진실을 수용하는 전문적인 회의론자와 폭로자라 할 수 있는 부인하고 간사스러운 사람들의 무리는 묶여 있지 않은 '형이상학적인 허풍'에 의해 방해받지 않을 것이다. 그러나 상처 입은 토끼를 내려다보는 탐욕적인 자칼 같은 요구에 그들은 침을 흘릴 것이다. '주제넘은 비과학!'이라고 그들은 큰 확신을 가지고 야유하며 소리치며 말한다. "증명하라! 그것을 증명하라! 그런 방법은 엉터리이고 전체적으로는 무작위적이다. 그것은 절대로 반-복-되-지 않아!"라고 한다.

이런 독선적인 평가단들은 엄밀하게 타로의 무작위적인 선택이 타로 그 자체라는 것을 거의 깨닫지 못한다. 반복성은 거의 핵심이 되지 않는다. 인간 정체성을 나타내는 각각의 독특한 지문과 사인이 있는 것과 같이, 어떤 두 타로 리딩 그 자체가 항상 동일하거나 반복되지는 않는다. 그래도 우리가 그렇게 반복해서 말하고 불러야만 하는 것은 문제의 의미에 대한 일관되고 인상적인 경험이다. 존 밴 엔 위크(John Van Eenwyk)는 『원형들과 이상한 매력들: 상징들의 혼돈 세계(Archetypes & Strange Attractors: The Chaotic World of

Symbols)』에서 다음과 같이 논했다.

　　원동력을 계속해서 반복한다면(궤도, 화학, 반응, 상징) 점차 그것
을 이해하는 것이 가능해질 것이다. 그러나 한 번에 일어난 그것을(기
적, 우주의 창조, 불안정한 전화의 울림 등) 무한적으로 판독하는 것은
어려운 것이다. 반복은 유심히 조사할 수 있는 형태를 만든다. 한 번의
일어남은 비교가 불가능하고, 그리하여 그것들을 '무작위성'이라고 부
르는 경향이 있다.[9]

　　그러나 다른 한편으로 진지한 과학자들은 그들의 생계를 유지하
기 위해 미리 판단하거나 폭로하는 것 없이 정말로 객관적인 근거를
대며 이치에 맞는 도전을 제시한다. 내 생각으로는 동시성의 가설에
대한 확고한 과학적인 근거는 바로 최상의 과학적인 탐험가를 위한
최고의 가치 있는 도전이다. 그러나 상상력이 풍부한 과학적 사고가
인 클라크(Arthur C. Clarke)는 최근에 스리랑카에 있는 자신의 집에
서 다음과 같이 적었다.

　　우리는 지식과 이해의 한계를 확장해 줄 더 많은 과학자가 필요하
다. 정치와 외교와는 달리 과학은 여론과 편의에 의존하지 않는다. 그
것은 열린 마음의 증명, 엄격한 질문, 독립적인 사고 등에 의해 진행되
고 필요하다면 황제가 옷을 입지 않았다고 말할 수 있도록 충분하게 용
감해야 한다.[10]

　　이 경우에 "황제가 옷을 입었는가 벗었는가?" "타로를 사용할 때
이런 동시성의 가설이 실험적으로 증명될 수 있는가?" "과학자들은

조용히 생각해 본다. 경험적으로 실질적인 가치나 적용이 가능할 수 있는가?" 이런 경우에 궁금해하는 것이 옳을 것이다. 타로 본래의 어려움과 관계없이 과학적 측정이 이런 접근법의 충분한 고려가 증명되도록 설계되고, 적어도 더 깊은 조사와 실험의 길을 시작하도록 만드는 예비연구가 될 것인가?

다음 장에서는 동시성을 실험한 나의 몇 가지 연구 중 하나를 설명하고자 한다.

▶각주 ───●

1) Jung, C. G., "On the Nature of the Psyche." Reprinted in *Collected Works Vol. 8;* Second edition (Princeton University Press), Ziff, 246, p. 167.

2) Getting, F., Fate & Prediction: *An Historical Compendium of Palmistry, Astrology, and Tarot;* Exeter, New York, 1980, p. 157.

3) Ritsema, Rudolf, and Karcher, Stephen (trans) *I Ching: The Classic Chinese Oracle of Change;* Element Books Limited, Great Britain, 1994, p. 10.

4) Ibid.

5) Jahn, Robert, and Dunne, Brenda, *Margins of Reality: The Role of Consciousness in the Physical World;* Harcourt, Brace, Jovanovich, New York, 1987.

6) Personal correspondence, 1998.

7) Mansfield, Victor, *Synchronicity, Science, and Soul-Making,* Open Court. 1995, pp. 22-36.

8) Jung, C. G., Synchronicity [*Collected Works,* Vol. 8]; Princeton Uniersity Press, Princeton, N.J., 1978, p. 493.

9) Van Eenwyk, John, *Archetypes & Strange Attractors: The Chaotic World of Symbols;* Inner City Books, Toronto, Canada, 1997, p. 42.

10) Clarke, Arthur, C. quoted in the *San Diego Union Tribune* ("*La Jolla Nobelist Rocks the Scientific Boat*", *Graham, David E.*), September 15, 1998, p. A13.

10
타로 연구 프로젝트

매우 이상한 양파

만일 믿을 수만 있다면, 동시성은 밝혀지지 않은 심리적 가능성과 치료적 가치의 실마리를 풀어낼 수 있을 것이다. 특히 그 매개물로서, 융통성 있는 타로 방식을 사용함으로써 치료적 규칙으로 전환되는 동시성의 변칙 가능성은 한순간에 임상 실습과 관련을 맺게 된다. 비선형, 비인과적인 인생의 사건들에 대한 해석은 상당히 특이한 탐구 여정의 한 분야를 선도하고 있다. 이른바 '절대 지식' 또는 초월적 지성은 이러한 방식을 그런 잠재적인 심리적 가치를 함정에 빠지게 할지도 모른다고 알려 주고 있으며, 영적인 전통에서도 거짓된 추구를 목표로 하는 그러한 힘의 사용에 대한 위험을 보편적으로 경고해 왔다. 그러나 그러한 적용이 오류라거나 혹은 도덕적으로 잘못되었다고 탓할 수 있을까?

많은 표준화된 실습에서 확실히 상반되기는 하지만 그것이 가능하다면, 어떤 사람들은 그러한 지혜를 사회의 심리적 건강 및 이해 서비스로 이용하는 것이 정말로 가장 가치 있는 일이라고 생각할 것이다. 임상학자로서 나는 종종 제기되는 특정 주요 사회문제를 비정통적인 타로 방식을 이용해서 실험할 수 있을지 생각해 왔다. 타로가 내재적으로 까다로우면서 폭넓은 과학/심리학계의 당면 관심사인 복잡한 문제를 어떻게 처리할 수 있을까? 그것을 위해, 더 미묘한 지식(타로 지식)이 그 문제에 대한 실질적인 관련성을 가지기만 한다면 그 진가를 인정받게 되지 않을까?

상당히 까다로운 많은 '현실세계'의 주제와 분야에 대해 생각해 보고 나서 나는 이른바 완벽한 '타로 도전'인 것 같은 미광을, 내가 가지고 있는 방대한 양의 심리 학술지, 잡지 및 신문에서의 요구(필요)를 발견하게 되어 흥분을 감출 수가 없었다. 〈가정폭력〉. 어둡고 결단코 신비스럽지 않으며 육체적이고 고통을 느끼게 하는 이 주제는 처음에는 분명히 비타로적인 것 같았다. 따라서 호기심을 끄는 방식으로, 나의 연구 목적을 달성하기 위한 완전한 시범 사례 주제인 것 같았다. 『Psychology Today』에 게재된 광범위한 조사 내용을 실은 기사에서 다음과 같은 흥미로운 문장이 눈에 띄었다.

연구자들과 임상의들은(이들 중 상당수는 강경파 여권주의자들이다) 오늘날 가정폭력의 발견을 가장 핵심적인 것으로 주시하고 있으며, 그것은 자신들도 놀랄 정도로, 대부분의 사람이 상상했던 것보다 훨씬 더 복잡하면서 훨씬 덜 숨겨져 있다.[1]

이 기사는 새롭게 부상하고 있는 화제(상황)인 부부간 폭력은 '매우 이상한 양파―한 개인과 그 사람이 처한 환경이 여러 수준에서 움직이고 상호작용하고 있는 많은 힘들의 부산물[고딕체는 저자가 추가한 것임]'과 같다는 것을 연구자들이 알게 되었다고 주장하고 있다. 이러한 묘사는 타로 리딩에 반영되어 있는 과정의 역동성 및 다단계적인 해석과 두드러진 유사점을 가지고 있다.

미국에서 일어난 사건 중에서 역사적인 전기(轉機)가 되었던, 심슨(O. J. Simpson)의 '세기의 판결'은 그저 간단하게 해결되었다. 그러나 아직도 민사소송 여파로 여전히 관심사가 되고 있으며, 이는 미국 사회 각계각층의 잠재적인 폭력 위험에 대한 새로운 공동적 인식을 갖게끔 하였다. 이러한 문제에 내재되어 있는 역설적 특성, 즉 사랑과 증오의 혼합은 계층, 교육 또는 사회적 지위라는 어떠한 특정적인 안전장치를 초월한 무대(공간)에 걸쳐 있는 끔찍하고도 매혹적인 현상이다. 더구나 무죄냐 유죄냐의 판결은 미국 법체계의 주요 근간을 이루고 있는 주관적 힘을 과시하는 전례가 없는 판결이었다. 『Los Angeles Times』 사설에서 닐 게이블러(Neal Gabler)는 다음과 같이 논평했다.

어떤 면에서 심슨 사건의 형사 평결은 '선과 악의 해체 축하 파티' 였다. 심슨이 명백하게 유죄라고 생각한 사람들에게, 피가 묻은 장갑, DNA 분석과 같은 증거는 그가 살인을 했다는 객관적인 증거가 되었다. 반면에 심슨이 무죄라고 생각한 사람에게는 이러한 증거는 이른바 L. A. 경찰국과 미국 백인들이 심슨이 유죄인 것처럼 '판결문'을 규정하기 위해 공모했다고 할 것이다. 달리 말하면, 어떠한 객관적 진실도 존재하지 않았다. 단지 다양한 버전의 진실만 있었을 뿐이다(Los Angeles times, 1999월 1월 3일, Opinion, p. M1).

부부간 폭력은 이제 국가적인 관심사로 등장하여 마치 미국 주류 사회가 처음으로 알린 충격적인 사실처럼 타블로이드판 신문에서 이상한 지위를 향유할 정도로 토크쇼 진행자와 파파라치가 이용하는 완벽한 환상적 주제가 되어 버렸다. 물론 대가를 받고 서비스를 제공하는 관련 전문가들은 이러한 현상에 대하여 공격적 입장을 취했다. 유감스럽게도, 이른바 전문가들의 의견은 상충적인 가설과 추

가정폭력의 원인

개인적	관계적 시스템	사회 문화적
분노 관리	**구타 부부**	**힘에 의한 차별**
• 충동적인 행동	• 갈등을 경감시킬 수 있	• 남성 지배
• 만족감을 지연하지 못함	는 능력 결핍	• 문화적 남성우월주의
• 술 중독, 분노 중독	• 종속적 관계	• 성차별
	• 곤경에 빠진 경계선	• 여성 혐오 경향
인지적 결핍	• 힘/지배 문제	• 남성 우위 의식
• 오해하고 있는 사회적	• 잘못된 기대/충족되지	• 매체에 비춰지는 여성상
단서	못한 기대	• 성적 정치
• 의사소통 기술 부족	• 대화 단절	• 폭력 미화
• 낮은 감정 지수	• 직계가족의 행동 모방	• 여권 신장
	• 가치관 차이	
심리 내적 욕구의 결핍	• 불공평한 다툼	**인종/계층**
• 수치심	• 남녀의 차이	• 빈곤의 역학 관계
• 유년기에 대한 좋지 않		• 최하층의 스트레스
은 기억		• 인종차별/소수 인종 압
• 아동 학대		박감
• 구타 부모		
• 성격 병리		
생물학적 원인		
• 세로토인 부족		
• 테스토스테론(남성호		
르몬) 과다		
• 머리 부상에 의한 뇌		
손상		

측을 가진 커다란 몸통에서 다르게 갈라져 나오는 것처럼 보였다. 다음에 제시한 표는 가정폭력에 대한 심리적 원인에 관하여 일반적으로 인정된 이론(이 글이 발표되었을 때)에 대한 예다.

가정폭력 신화

앞의 표에서 명확하게 지적하듯이, 단순한 하나의 이론이 가정폭력 분야를 지배하거나 포용하는 것 같지는 않다. 예측한 대로, 심슨 사건의 민사재판이 종결된 후 몇 달이 지나자 그의 심리적 특성에 대한 어떠한 명확한 답도 합의되지 않은 채, 음지에 있던 가정폭력 문제는 다시 대중의 관심에서 멀어지기 시작했다. 그런 후 또다시 새로이 발표된 미 법무성 연구 보고서(1996)에는 가정폭력은 아직도 심각한 수준으로 충분히 보고되고 있으며 25만 명의 사람들이 1994년 자신의 배우자에게 폭행당한 상태로 병원에서 치료를 받았고, 이는 이전에 비해 4배 이상 증가한 것이라고 역설하고 있다.

여타 관련 신화는 계속 알려지기 시작했다. 비록 미국 가정에 대한 이상화된 시각이 우리로 하여금 가정폭력을 다른 관점으로 보는 것을 방해한다 하더라도, 가정폭력 발생 빈도는 사람들이 인식하고 있는 것과는 반대로 늘어나지는 않고 있다. 그러나 항상 높은 수준을 유지해 오고 있다. 놀랍게도 폭력은 종종 상당히 낭만적이고도 깊은 애정 관계에 있는 부부 사이에서 발생하는데, 이 경우 이러한 사람들은 처음으로 상대방으로부터 인정받았다는 환상과 현실에 끌리게 되고, 내가 말해 왔던 동화되고자 하는 강한 충동 현상 때문에 그들의 관계가 '특별'하다고 느낀다는 것이다. 흑인 여성이 강도 피해자가 되는 것이 백인 여성의 두 배 이상이기는 하지만, 강탈 또는 강간 여성 피해자들의 평균 피해 비율에서 중대한 인종 차별은 없었다. 그리고 마침내 이혼 후 첫해에 여성의 평균 생활 수준이 73%로 떨어지는 반면에 남성의 생활 수준은 평균 42% 나아진다는 놀라운 사실을 발견하게 된다(미 법무성 보고서, 1996).

이러한 혼란스러운 문제에 대한 보다 중대한 특징은 무엇인가? 여기에서 무엇인가를 간과하고 있는 것이 아닌가? 타로는 우리에게 무엇을 말해 주는가? 결국 전통적인 행동학 연구를 통해서는 어떠한 만족스러운 합의도 얻지 못한다는 것이다. 정신분석 및 융 학파의 견해 등의 이러한 수수께끼에 대한 심층적 접근은 실험 조건하에서 검증하기 어려웠던 이론적 가설에 상당히 의존하고 있다. 실험적인 접근과 깊은 관심사 모두를 만족시킬 방법을 가지고 왜 그 현상에 접근하지 못하는가? 왜 타로를 사용하지 않는가? 이러한 연구를 적절히 착수하기 위하여, 나는 실제 가해자/피해자 자신들을 위해 허리케인의 눈 속으로 돌진해 들어가서 리딩을 해야 할 것이다. 어떤 중요한 유형이나 경향성들이 이러한 동시성의 방식을 통하여 나타날 것인가? 어떤 무의식적 요인이나 숨겨진 경향성들이 두드러져 이 주제에 대한 우리의 이해를 촉진시킬 것인가? 분류를 위한 타로 사례 연구가 초심리학적인 인간 내에 있는(만일 존재했다면) 그러한 경향을 대표하기 위해 나타날 수 있는가?

당연히, 나는 그 문제 자체에 관하여 의도적으로 고지식한 관점에서 나아갈 필요가 있다. 대부분의 다재다능한 사람에게 친숙하게 잘 알려져 있는 사실과 경험에 대한 나의 피상적인 목록을 넘어서 이 불안정한 열정과 폭력이 행해지는 주변에 불확실성과 불투명이라는 개방된 위기가 놓여 있다. 아마도 이러한 특성을 연구하는 장점이 여기에 있을 것이다. 사실 예언이라는 맥락에서 볼 때, 높은 미지의 수준으로부터 신탁을 위한 예언 능력이 부여된다. 자일스(Giles)가 특별히 언급하였듯이, "진정한 타로 리더에게 이러한 목적(예언 목적)은 내담자에 대한 최소한의 가능성 있는 정보를 타로 외의 출처에서 얻는 것이다. 그러한 외부 정보가 훌륭한 리딩을 하는 데 거의 도움이 되지 않기 때문에 실제로 그 정보는 해로울 수도 있다."[2] 그 대신, 일반적 질문을 한 후 타로 전문가는 그 절차 자체의 실행에만 중점을 두고, 카드를 경건하게 직관적으로 접근하며, 이와 동시에 끈기 있게 비선형 형태로 질문한다. 이 순간에, 이 문제에 대해 이곳에서 함께, 의미 있는 자료를 모으기 위해서는 무엇이 도움이 될까?

예비 연구

이 타로 연구 프로젝트는 1996년 8월 하순, 남부 캘리포니아에 있는 나의 다양한 치료원과 연락이 되었다. 이곳은 부부간 폭력 및 가정폭력의 가해자 또는 피해자를 원 상태로 회복시키는 서비스를 지역사회에 제공하고 있다. 이러한 두 개의 프로그램이 이런 비정형 예비 조사를 하기에 충분히 수용적이었다.

연구의 목적은 피험자로 기꺼이 참여하겠다는 내담자 중 간절히 바라는 자원자에게 연구 결과의 사용을 승낙해 주는 대신에 1시간용으로 녹음된 타로 리딩을 무료로 제공해 주는 것이었다. 초청 연사로서 나는 각 회복 집단에 먼저 30분간 발표를 하고 카드 시범을 짧게 보여 주었으며, 연구 프로젝트에 관한 일반적 질문에 답했다. 연구 참여에 흥미를 가진 사람들에게는 시간이 허락되는 대로 한 시간씩 회기를 제공하기로 일정을 잡았다. 개인적 또는 역사적인 정보는 카드 리딩을 하기 전에는 결코 얻지 않았다. 피험자에 대해 정한 한 가지 약정 사항은 다음과 같다. 타로 리딩은 그 자신의 오랜 가정폭력 경험에 대해 약간의 개인적인 측면(입장)을 말해야만 한다.

오렌지(Orange)와 샌디에이고(San Diego) 카운티에 있는 홈피스(Homepeace)에서, 가정폭력으로 법원 명령을 받은 남성 가해자를 다루는 프로그램에서 남성으로 구성된 7개 그룹을 방문하였는데, 총 75명 정도 중에 24명이 흥미를 보였다. 흥미롭게도 이들 24명의 자원 참여자는 면담 시 상당히 강한 확신을 보였음에도 불구하고 실제로 13명만 예정된 상담 시간에 출석했다. (특히 모든 리딩이 무료로 제공될 것이라고 상담 전날, 프로그램 책임자가 친절하게 미리 상기시켜 주는 전화까지 했음에도 불구하고) 상대적으로 낮은 참석률과 높은 '결석률'은 그 자체로 중요한 것으로 생각되었다.

이 표본의 경우, 사람들은 과업의 실제에 직면했을 때, 즉 초심리학적인 또는 오컬트로 예견되는 방법을 사용하여 개인적이고, 잘 알려지지 않은 것에 맞닥뜨리게 되었을 때, 자신의 개인적인 폭력과 남용의 문제—가까이는 '건망증'과 여타 다른 방어기제 등의 전 영역으로 향하게 될 것이라는 생각이 상당수의 사람들이 참석하지 않은 원인이 되었을 것이라고 의심한다. 자일스가 시사했듯이, 많은 내담자들이 정상 상태에서는 전통적인 치료 전보다 타로 치료 이전에 덜 방어적인 반면에 기타 비자발적 환경에서 또 다른 유형의 내담자들(일반적으로 반사회적 특성을 가진)은 덜 방어적이고, 덜 모호하며, 덜 조작적이며(단순히 필멸의), 다른 치료자들의 예언적인 관심이나 직면보다 잠재적으로는 더 위협적일 것이라는 두려움을 숨길지도 모른다. 정체를 알 수 없는 동시성적인 방법에 대한 지각은 이 두 방법(전통적인 치료, 타로) 모두를 거의 베어 버릴지도 모른다.

가정폭력에 대한 숨겨진 개별 역학 관계를 이해하려는 우리의 목적은, 이러한 등식에서 '가해자 측'을 단순히 시험함으로써, 이른바 피해자 측은 불만족하는 것 같았다. 그 대신 좀 더 체계적인 접근법을 모색하게 되었는데, 결국에는 보호받고 있는 가정폭력 여성 피해자들에게 몇 개의 공인 프로그램을 통하여 접촉했다. '리브레 서비스(Libre! Services)'는 샌디에이고 주 북부에 있는 지역 단위 기관으로 역시 본 프로젝트에 관심을 표명하였다. 부부-테스트(가해자/피해자)는 지지될 수 없는 것으로 간주되었는데, 그 이유는 업무의 복잡성이 예상될 뿐 아니라 임상적으로 부적절하고 모험적이며 잠재적으로 매우 위험한 것 같았다. 시험을 위한 고려 사항으로 개별적 가해자와 피해자 경험이 우선적으로 모색되었고, 그 자체가 '구타부부' 단위는 아니라는 점에서 부부 단위는 불필요한 것으로 간주되었다.

리브레에서 초기 발표는 세 군데 거주 집단(총 35명의 여성) 앞에서 이루어졌다. 대조적으로, 이 집단에 대한 관심, 참여 및 상담 출석은 대체로 강하고 수용적인 것 같았다. 임시 보호소에 거주하는 여성들에게는, 그러한 리딩의 무료 제공이 여러 피험자에게 제안되는 개입, 즉 이미 더 이상 잃을 것이 없고 상대 남성 피험자처럼 동일한 수치심 및 후회라는 동일한 문제를 가지고 있지 않을지도 모른다고 느끼는, 상처 입기 쉽고 상처투성이인 피해자에게는 매력적인 기대이며 예정된 운명과 숙명에 대한 어떤 신비스러운 환상을 그려 낼 수도 있다고 추측할지도 모른다. 물론, 이것은 단지 추측일 뿐이다.

피험자

타로 연구 프로젝트에는 총 26명의 자원자가 참여에 응했으며, 실험을 위해 테이프에 녹음된 리딩에 참석하는 것을 수락했다. 남성 피험자와 여성 피험자 간에는 서로 아무런 관계가 없다. 4명만 '타로 점'을 이전에 알고 있었다고 보고했다. 13명의 남성 피험자의 평균 연령은 36세이며, 9명은 백인, 3명은 라틴계, 1명은 아프리카계 미국인이었다. 13명의 여성 피험자의 평균 연령은 29세이며, 6명은 백인, 7명은 라틴계로 구성되었다. 남성의 사회경제적 위치는 광범위했으며, 대체로 특정 개체군을 반영하였다. 여성의 경우, 표본의 과반수가 중하층 소득 계층이었으며, 그중 여러 명은 영어를 말할 수 없어서 통역사가 필요했다. 여성 중 6명은 임시 보호소에 사는 자녀도 있었다.

결과 측정

모든 타로 리딩은 11가지의 사전에 지정된 배열 위치로 배치하는 표준화된 카드 배열 방법을 사용했다. 이 배열 리딩은

'피험자의 정신 또는 의식 상태의 현재에 대한 일반적인 투사, 감정적 · 육체적 · 영적인 항목에 대한 지시자'로 설명된다. 이미 언급했듯이, 역방향 카드는 전형적으로 카드의 손상된 상태를 나타내고, 그 자체 상태로 독특하고 완전한 것으로 다루어지며, 각각의 전체 덱 안에서 총 156가지의 가능성(78×2)을 만들어 낸다. 예를 들면, 컵 에이스(Acp) 및 역방향 컵 에이스(즉, 진한 고딕체의 약자 Ace, 부록 참조)는 구분하여, 별도 및 독립된(관련되었음에도 불구하고) 것으로 처리하여 해석되었다. 동일한 카드가 역방향/정방향으로 보이는 것을 만일 같은 방향 리딩으로 읽는다면, 비록 그들의 관련된 문제의 중요성이 언급된다 하더라도 '반복'으로 여기지는 않을 것이다.

덱의 무작위 선별이 각 카드 리딩에 앞서 이루어지는데, 리더에 의해 반복적으로 섞이고(10번), 피험자가 다음에 핑거 페인팅 방식(finger-painting)으로 섞고, 덱을 6번 나누며, 그림이 아래로 향한 채로 부채꼴로 펼쳐진 전체 덱에서 개별 카드들을 선택했다. '선물/안내'라고 지정된 열한 번째 카드는 내담자 자신이 (눈을 가리고) 선택하였다. 사용된 덱은 새로 구입한 표시가 없는 라이더 웨이트(The Original Rider Waite Tarot)인데, 모든 리딩용으로 이용되었으나 많은 다른 기본적인 덱도 똑같이 유용할 것으로 생각된다. 궁극적으로, 특별히 미적인 방식 또는 덱의 '실행'은 모든 타로에 내재된 보편적 전통 방식 및 원형에 보조적인 것이다.

해석 절차

스프레드시트와 축어록을 통하여 수집된 데이터의 내용이 분석되었다. 타로 카드의 전체 빈도를 두 집단〔Homepeace (남성) 및 Libre(여성)〕에 대해 다음의 영역들로 세분했다. 즉, 배열 위치, 원소/짝패, 카드 번호, 궁정 카드, 트럼프 카드, 역방향 카드 등이다. 통계적인 유의성 경향은 각 집단에 대하여 초기 혼합 프로파일을 편집하기 위해 설정되었다. 이러한 혼합 스케치로부터 각 집단의 가장 대표적인 개인 리딩은 사례 연구를 위해 선택되었다.

가 설

타로는 인간적 경험의 원인을 나타내는 동시성적 반영물로 가해자 및 피해자의 성격에 일관되게 나타나는 특정한 의미를 지닌 근원적인 집단의 경향성을 보여 줄 것이다.

연구 결과

연구 초기부터, 예비 연구의 특성에 대해 분명히 비정형적이라는 것을 인정한다. 전통적 연구에 대해 논의의 여지가 없고, 이러한 비교를 위한 실제 비교 연구의 전례가 없으며, 이제껏 소개되지 않은 방법과 체제를 이용했다. 더구나 표본의 크기는 의미 있는 통계적 분석을 제공하기에 충분히 크지도 않고 연구 설계도 적절할 정도로 명확하지도 않다. 나는 이것들이 과학과 형이상학처럼 이 이상한 동료(부부)라는 혼합은 아직도 바로잡아야 하며, 수반되는 직업적 위험 요소의 일부가 될지도 모른다고 생각한다.

그럼에도 불구하고, 어떠한 경향성들은 추가적으로 고려되어야 할 자료에서 나타났다. 이후 보다 심도 있게 고찰하겠지만 남성 피험자의 경우 가장 중요한 시험 결과는 '현재 상황' 위치에서 반복된 (역방향) 은둔자 카드가 있다는 것이었다. 놀랍게도 처음 7개(총 13개 중) 리딩에서 이 색다른 사건은 세 번 발생하였으며, 즉 선택 가능한 156장 카드(역방향 허용)의 경우의 수 중에서 동일한 카드가 동일한 위치에서 뒤집혀 나온 것이다. 역방향 은둔자 카드의 심리적 함축성은 사례 연구 리딩을 심도 있게 해석할 다음 장에서 논의할 것이다.

여성 피험자의 경우, 가장 중요한 시험 결과(통계적으로, 전체 연구에서)는 '장애물' 위치에서 기사 카드가 나타났다는 것이다. 물론 덱에는 오직 네 개의 기사 카드가 있다. 2번, 즉 '장애물' 위치에서 13번의 리딩 중 다섯 개에서 기사 카드가 나왔다는 것은 중요하며 주목할 만한 것으로 여겨진다. 회복 상태에 있는 여성 피해자의 심리와 관련된 이 사건에 대한 추론도 다음 장에서 다룰 것이다.

다음에 제시한 표들은 모든 개별 카드가 남성 가해자 및 여성 피해자에 대한 배열 위치로 세분화한 것을 보여 준다. 이러한 자료들로부터 두드러진 경향은 각각의 표 아래에 기재하였으며, 그 후의 혼합 프로파일을 정하는 데 고려되었다. 나는 이 표들의 해독을 돕기 위하여 다음과 같이 약어로 표시하였다.

타로 덱

메이저 아르카나
트럼프 카드

No.	트럼프 카드	약어	No.	트럼프 카드	약어
I .	마법사(The Magician)	Mag	XII	거꾸로 매달린 사람 (The Hanged Man)	HgMan
II .	고위 여사제 (The High Priestess)	Hprs	XIII.	죽음(Death)	Death
III.	여황제(The Empress)	Emprs	XIV.	절제(Temperance)	Temp
IV.	황제(The Emperor)	Empror	XV.	악마(The Devil)	Devil
V .	신비 사제(The Hierophant)	Hiero	XVI.	탑(The Tower)	Tower
VI.	연인(The Lovers)	Lovers	XVII.	별(The Star)	Star
VII.	전차(The Chariot)	Char	XVIII.	달(The Moon)	Moon
VIII.	힘(Strength)	Strgth	XIX.	태양(The Sun)	Sun
IX.	은둔자(The Hermit)	Hmt	X X .	심판(Judgment)	Judge
X .	운명의 수레바퀴 (Wheel of Fortune)	WhFo	XXI.	세계(The World)	Wrld
XI	정의(Justice)	Just	0	바보(The Fool)	Fool

총계 : 22

마이너 아르카나

짝패(Suits)

	카드(~의)	펜타클	지팡이	컵	검
Pips	에이스	Apnt	Awd	Acp	Asw
	2	2pnt	2wd	2cp	2sw
	3	3pnt	3wd	3cp	3sw
40	4	4pnt	4wd	4cp	4sw
	5	5pnt	5wd	5cp	5sw
	6	6pnt	6wd	6cp	6sw
	7	7pnt	7wd	7cp	7sw
	8	8pnt	8wd	8cp	8sw
	9	9pnt	9wd	9cp	9sw
	10	10pnt	10wd	10cp	10sw
Courts	시종	Pgpnt	Pgwd	Pgcp	Pgsw
	기사	Knpnt	Knwd	Kncp	Knsw
16	여왕	Qpnt	Qwd	Qcp	Qsw
	왕	Kgpnt	Kgwd	Kgcp	Kgsw

총계 : 56

(11장의 카드 배열)

표본 집단: 홈피스(HP, 남성 가해자들)
인원 수: 13
(주: 이탤릭체는 역방향 카드를 의미함)

배열 위치에 따른 분류

(위치)　　　(피실험자)

	HP1	HP2	HP3	HP4	HP5	HP6	HP7	HP8	HP9	HP10	HP11	HP12	HP13
상황	*Hmt*	Kgpnt	Kgpnt	*Hmt*	*Hmt*	9cp	Kgsw	7pnt	9wd	*9sw*	*2wd*	Hprs	Knwd
장애물	*7sw*	10sw	9cp	*2pnt*	10sw	Qwd	Awd	*Apnt*	Star	5sw	5sw	Devil	4pnt
토대	*10cp*	9sw	Hprs	Knpnt	8sw	Pgwd	4cp	Qpnt	2sw	Moon	2sw	*Hmt*	10pnt
원인	Pgsw	5cp	4cp	HgMan	6sw	*Hmt*	Emprs	6wd	10cp	Kgpnt	*Kgcp*	3cp	Char
목적/이상	*6cp*	Qcp	6wd	Qpnt	8cp	10wd	Devil	Awd	Pgwd	5pnt	*7wd*	Qsw	Hiero
영향	Kgcp	Sun	Kgcp	Acp	Star	9wd	Empro	5pnt	Qwd	Knpnt	8cp	Kncp	Awd
자아	Judge	2pnt	6pnt	Awd	*Emprs*	2sw	Apnt	Char	Hiero	9pnt	Sun	Kgcp	8sw
대상	8wd	Qpnt	Qsw	Death	*Lover*	Apnt	5cp	4sw	6sw	*Sun*	Qpnt	10cp	6pnt
희망	*3pnt*	7cp	*9wd*	Qwd	7wd	Awd	Moon	Pgsw	Strgth	9cp	6sw	Star	7wd
결과	Towr	7wd	*Kgwd*	3sw	Pgwd	*Hiero*	7wd	Asw	Char	*4sw*	Knpnt	2sw	Pgcp
선물/안내	Moon	*Temp*	Fool	10cp	4sw	5wd	Knwd	10cp	*9cp*	7pnt	8sw	Kgwd	*8pnt*

주목할 만한 결과(13명에 대한 해석에서):

1. 역방향 은둔자 카드(Hmt)는 '현재 상황'에서 세 번, '과거 원인'과 '토대' 위치에서 두 번 나타났다.
2. 펜타클의 왕(Kgpnt)은 '현재 상황'에서 두 번 나타났다.
3. 검 10번(10sw)은 '장애물'에서 두 번 나타났다.
4. 컵 10번(10cp)은 '선물/안내' 위치에서 두 번, 역방향 두 번을 포함해서 총 다섯 번 나타났다.
5. 지팡이 7번(7wd)은 '결과' 위치 위아래에서 역방향 세 번을 포함해서 총 다섯 번 나타났다.
6. 또한, 컵의 왕(Kcp)은 '과거의 영향' 위치 위아래에서 역방향 세 번을 포함해서 네 번 나타났다.

〈표 2〉 타로 내용 분석

(11장의 카드 배열)

표본 집단: 리브레! 서비스 (L, 여성 피해자들)
인원 수: 13
(주: 고딕체는 역방향 카드를 의미함)

배열 위치에 따른 분류

(위치)　　　(피실험자)

	L1	L2	L3	L4	L5	L6	L7	L8	L9	L10	L11	L12	L13
상황	Qwd	Awd	5pnt	*5pnt*	*WhFo*	7wd	2cp	Hmt	5cp	8sw	Awd	6cp	4sw
장애물	Knpt	*4wd*	9wd	Knwd	Knpnt	Knwd	*2wd*	*Wrld*	5sw	Kncp	*4sw*	Judge	6wd
토대	*Moon*	6wd	6cp	*Mag*	*Wrld*	Apnt	*7wd*	*4sw*	*2cp*	Hiero	*Kgwd*	Lovers	9sw
원인	*9sw*	Hiero	Pgpnt	*6sw*	Acp	2cp	*9sw*	Emprs	10pnt	3sw	*7pnt*	10cp	4pnt
목적/이상	*6wd*	*10pnt*	Apnt	Qcp	*Death*	4sw	3pnt	Judge	4cp	2cp	6wd	8pnt	Pgpnt
영향	*Acp*	*Devil*	*Moon*	8sw	7wd	*3cp*	Char	3sw	*Kgpnt*	7pnt	Pgcp	*Mag*	8sw
자아	*Strgth*	*Death*	10sw	5cp	Kgsw	*Qpnt*	7pnt	5sw	*Sun*	9cp	*Star*	Kncp	*Just*
대상	7wd	Char	*5sw*	Sun	6pnt	Knpnt	Pgpnt	7wd	*Death*	Just	Qsw	Tower	2pnt
희망	*6cp*	Qcp	Kgwd	Pgwd	*Judge*	8sw	*4cp*	Asw	4sw	5sw	9pnt	Sun	10cp
결과	*5wd*	7cp	7cp	Devil	5sw	*WhFor*	Tower	Sun	Hmt	4pnt	*6cp*	7sw	Mag
선물/안내	*10wd*	8sw	Empror	8wd	Kgwd	*10cp*	9cp	*Temp*	7cp	3cp	2pnt	*6pnt*	Empro

주목할 만한 결과(13명에 대한 해석에서):

1. '장애물' 위치에서, 기사 카드는 펜타클 두 번, 지팡이 두 번, 컵 한 번 총 다섯 번 나타났다.
2. 컵 일곱 번(7cp)은 '결과' 에서 두 번 나타났다.
3. 검 여덟 번(8sw)은 '미래의 영향' 위치에서 두 번 나타났고, 역방향 한 번을 포함해서 총 다섯 번 나타났다.
4. 황제 카드는 '선물/안내' 위치에서 두 번 나타났다.
5. 검 아홉 번(9sw)은 '과거의 원인' 위치에서 역방향 한 번을 포함해서 두 번 나타났다.
6. 펜타클 다섯 번(5pnt)은 '현재의 상황' 위치에서 역방향 한 번을 포함해서 두 번 나타났다.

가해자/피해자 혼합 프로파일

앞서 언급했듯이 이 예비 연구의 목적은 타로 방식이 비교적 소규모 표본으로 나타나는 특정 집단의 현상(이 경우 가정폭력)의 핵심을 효과적으로 나타낼 수 있는 심리평가 도구로 사용될 수 있는지를 조사하는 것이었다. 그러나 모든 개인 리딩은 피험자에게 놀랍거나 개인적으로 의미 있는 일이었을지도 모르며, 이는 모든 경우에 실제로 그러한 현상(스스로 보고한 것처럼)이 목격되었다. 이 연구의 목적을 달성하기 위하여, 여기에 그것을 포함하는 것은 전체 집단 경향과의 일관성에 따라 좌우될 것이다. 사실상 혼합 프로파일은 가장 대표적인 사례가 보다 심층적인 분석을 위해 선별될 수 있는 분야를 좁혀 준다.

〈표 3〉은 전체 표본에서 수량적으로 분석한 동시성적인 타로 카드의 경향에 근거한 가해자/피해자 혼합 프로파일을 제시한 것이다. 특정 위치에 '반복(repeats)'이 발견되지 않을 때, 카드 선별 기준은 여타 두드러진 경향에 기초하였으며, 이것에는 전체적인 짝패, 카드 번호, 궁정 카드, 트럼프 또는 달리 고찰 중인 위치를 지배하는 역방향 카드의 빈도가 포함된다. 이러한 이차적인 경향은 덜 결정적인 증거에서 보다 더 명확하게 두드러진 특성을 완전하게 하는 데 도움이 되며, 집단원 개개인의 전체 인상 또는 모습을 더 잘 만드는 역할을 한다. 이미 언급하였듯이 이러한 혼합 프로파일은 특정 사례 자료의 선별에 적용된 표준이 되었다. 다음 장에 소개될 사례 연구는 각각의 혼합 프로파일과 가장 유사한 각 집단의 개인 리딩이다.

〈표 3〉 타로 혼합 프로파일

	남성 가해자	여성 피해자
위치	카드_____	카드 _____
현재 상황	역방향 은둔자	펜타클의 5
장애물	검의 10	지팡이 기사
토대	검의 2	역방향 세계
과거 원인	역방향 여황제	여황제 검의 9
목적/이상	컵의 여왕	지팡이의 7
미래의 영향	역방향 컵의 왕	검의 8
자아	정의	역방향 죽음
대상	역방향 펜타클의 여왕	지팡이의 7
희망	역방향 지팡이의 7	지팡이의 시종
결과	역방향 탑	컵의 7
선물/안내	컵의 10	황제

일반적인 설명

인간의 지문이나 필체처럼 개개인의 타로 배열은 기본적인 구성상 독특한 차이가 있다. 앞의 혼합 프로파일에서도 예외가 아니다. 우리가 앞에서 선택했던 개인적인 사례로 들어가기 전에 우리는 몇 가지 일반적인 요점을 관찰했고 리스트를 기록했다.

먼저, 우리가 실패한 부부 관계를 다루었기 때문에 어떤 반대되는 성적 논제를 다룬다고 해도 별로 놀랍지가 않다. 남성 가해자에게는 양육하는 여성의 원형(어머니/여신)이 여러 가지 역동적인 변형과 콤플렉스 속에서 현저하게 나타난다. 여황제 원형의 이미지는 〈표 3〉에서 보듯이 '과거 원형' 자리에 '역방향'(제대로 발휘되지 못하는)으로 나타난다(트럼프 카드의 초능력 에너지 정도에 의해서). 그것은 아마 유년 시절과 같은 과거로 향하게 한다. 궁정 카드에서는 전형적으로 자아와 원형 사이의 중간 단계로 어머니의 모습이 여러 부분과 요소로 나타난다. 이상적인 공상적 대상으로 그녀는 모든 양육하는 컵의 여왕(목적/이상)으로 상상된다. 가장 중요한 배우자로서 여성의 원형은 더 현실적인 펜타클 여왕(대상)이 역으로 나타난다. 그녀는 일상적인 리듬과 기초적인 믿음을 잃어버린 자비로운 대지의 여신이다.

비슷하게도 여성 피해자에게는 아버지/방어자의 원형이 마찬가지로 여러 가지 면에서 높게 나타난다. 전달자인 황제의 원형 때문에 그는 이성과 규율에 의한 자비의 좋은 아버지이면서 정신적 친구(선물/안내)로 나타나는 철학자의 왕이다. 그는 인간에 불과하기 때문에 열정적인 지팡이 기사의 페르소나에서 욕심 많은 병사로 된다('장애'의 위치에서 질렀던). 그가 더 젊고 친절하고 더 신사적임에도 불구하고 그는 지팡이 시종('원형' 위치)처럼 더 카리스마 있고 순수하고 싶어 한다(그러나 남모르게 두려워하는).

이 연구의 샘플을 가장 잘 반영한 선택된 카드에 대한 간단한 소개를 가지고 다음 장으로 넘어가고자 한다. 이는 기본형 또는 혼합 프로파일이라 부르는 가정폭력의 여성 피해자와 남성 가해자의 동시성의 두 가지 실제적인 사례를 통해 보다 가깝고 세부적으로 주목해 보기 위해서다.

▶각주 ─────────────────────────────────────●

1) *Psychology Today,* November/December 1993, "Marital Violence," p. 50.

2) Giles, Cynthia, *The Tarot: History, Mystery, and Lore;* Simon and Schuster, 1992, p. 131.

11
사례 연구: 역방향 은둔자

나는 내게 필요한 사랑의 손길을 받지 못했다.

– 앤드류(48세)

전체 구성

다음 연구의 구조는 우리의 일반적인 논의와 마찬가지로 기존의 것과 약간 다르다. 이미 지적했듯이 일반적인 실습과 달리 타로 리더는 예견에 앞서서 내담자의 약력이나 환경에 대한 정보가 덜 주어질 때 타로 리딩에서 산만함이나 편견 없이 주의를 완전히 집중할 수 있기 때문에 보다 강렬한 힘을 가질 수 있게 된다. 결과적으로 이 연구의 모든 사례에서 절대로 그 내담자의 이름, 나이, 이전의 타로 경험 여부 외에는 어떠한 개인적 정보도 미리 제공되지 않았다. 이 실습은 그 순간에 무작위로 모은 정보를 신뢰하고 그리하여 리더에게 용기를 주면서 리더로 하여금 절차 실행 그 자체에 적절한 관심을 갖도록, 말하자면 카드 스스로 말하도록 한다. 뒤에 나오는 사례 연구 예견의 순수성을 유지하기 위해서 타로 리딩의 효과는 전기적 또는 환경적 데이터와의 상관관계가 아니라 전체 집단에서 발견되는 경향성과의 유사성으로 판단했다.

그럼에도 불구하고, 실험 리딩이 실행 및 분석된 6개월 뒤 사례 연구를 위해 선발한 두 명을 처음으로 상담자가 만나 인터뷰했다. 이러한 만남은 뒤에 나오는 정정 해석이 그것이며, 완전히 공식화된 직후에 이루어졌음을 미리 밝혀 둔다.

사후 검정 인터뷰를 늦춘 목적은 두 가지다. 첫째, 타로 리딩 당시에 의도적으로 감춘 오염되지 않은 데이터를 얻고, 둘째 최초 리딩과 관계된 사후 전개에 관한 정보를 얻기 위한 것이었다. 리딩과 사후 추수 인터뷰 간의 상당한 시간 공백은 내담자의 전기 및 환경적 정보 보고에서의 실험적 편견을 배제하고, 마찬가지로 예견이 스스로 전개되도록 충분한 시간을 주는 데 필요한 것으로 판단되었다.

일관성을 위해 나는 먼저 6개월 후 실시한 내 인터뷰를 기초로 하여 간단히 전기적 사실(전기적 사실을 다 말할 수는 없다)을 이야기하고자 한다. 그 뒤 내담자의 타로 스프레드에 대해 분석하면서 사후 추수 인터뷰에서 확보한 생각을 중간 중간(관련이 있는 곳)에 넣고자 한다. 이 절차는 세련된 방식은 아니지만 실제 타로 프로세스를 가장 잘 이해할 수 있다. 이제 이 연구는 남성 내담자 집단에서 가장 대표적인 사람을 조사하는 것으로 시작한다. 그의 이름은 비밀 보장을 위해 바꾸었다.

앤드류

앤드류는 48세의 말씨가 부드러운 코카시안으로, 23년 동안 중학교 과학 교사로 근무한 남자였다. 그는 금발이면서 키가 크고 파도타기를 취미로 하는 남부 캘리포니아 서퍼이며 강인한 체력의 소유자였다. 앤드류는 호흡치료사인 에이미와 20년 동안 결혼 생활을 하고 있었다. 그들은 현재 중학교에 다니는 아들을 하나 두고 있었고, 이 리딩 당시 앤드류와 에이미는 별거 상태에 있었다. 앤드류는 집안의 두 아들 중 장남이었고, 그의 부모는 돌아가셨다. 그에게 나중에 가정폭력으로 끝난 사건이 일어났던 것은 그의

아버지가 돌아가신 직후, 그의 어머니가 병원에 입원해 죽을 날만 기다리고 있던 때였다고 말했다.

앤드류는 아내가 의도적으로 괴롭히자 화와 좌절감으로 에이미에게 골동품 탁자를 밀었고 그 결과 에이미의 팔에 상처가 나면서 팔이 부러졌다고 말했다. 에이미는 응급 치료가 필요했고 앤드류의 어머니는 그 며칠 뒤 돌아가셨다. 당시의 혼란과 슬픔 때문에 에이미는 앤드류가 바로 상담을 받아야 한다는 데 동의하지 않았다. 다른 홈피스(Homepeace) 내담자들과는 달리 앤드류는 체포되어 일년 동안의 재활 프로그램에 참가할 것을 명령받지는 않았지만 그는 자발적으로 그 프로그램에 참가하기로 했다. 다음의 구성은 앤드류의 타로 스프레드를 보여 준다.

> 앤드류의 질문: 미래의 나의 관계 패턴은 어떤 형태로 될까요?

- 현재 상태: 역방향 은둔자
- 장애물: 검의 7

- **토대**: 컵의 7
- **과거 원인**: 검의 시종
- **목표**: 역방향 컵의 6
- **미래 영향**: 역방향 컵의 왕
- **자아**: 심판
- **타인**: 지팡이의 8
- **희망**: 역방향 펜타클의 3
- **결과**: 역방향 탑
- **선물 및 안내**: 달

묶음별 해석

처음에 지적했듯이 타로 해석은 과학이라기보다는 예술이다. 3장에서는 이 본질의 연구에 알맞은 '세계적 방법에 대한 나의 제안과 함께 그리어(Greer)의 해석적 스타일(분석적·치료적·마술적·정신적)로 해석했다. 여기에서 우리 목적을 위해, 일차적으로 각 카드를 그 각각의 위치에서 실시한 분석과 의미에 기초하는 세계적 분석 방법을 사용할 것이다. 그것은 스프레드 내의 모든 것은 개인의 정신 내의 어떤 것을 대표하고, 의미의 여러 수준은 각 카드 내에서 찾을 수 있다고 가정한다. 앞으로 점점 더 분명해지고, 내 자신의 이론적 방식이 해석 내에 반영될 것이지만(이것은 피할 수 없다.) 분명 다른 해석도 고려할 수 있다. 정신적 기원의 상징을 해석할 때 반드시 하나의 해석만이 있을 수는 없다.

타로는 본질적으로 구전 전통이기 때문에 나는 그 각각에 일반적 요약을 제시하기 전에 해석하게 될 여섯 개의 역동적 스프레드 집단(제3장에서 설명한 것처럼)을 개략적으로 설명하여 발표의 능률을 높이고자 했다. 전형적으로 카드는 집단 요약 또는 일반적 종합을 시도하기 전에 배열에서 개별적으로 분석한다. 다음에 제시한 요약판의 경우 정해진 카드 문구가 인용문에 들어 있고, 그 뒤에 관련 의미(리딩 후에 잘 익히게 된다)가 고딕체의 글씨로 이어진다. 아울러 명심해야 할 것은, 다음 해석은 앞에 나온 한 남성 내담자에게 이와 같이 바로 제시되는 게 아니라 청중을 위해 여기에 제시되는 것이라는 것이다. 이러한 자료를 내담자와 직접적으로 어떻게 공유하는가는 이미 설명했듯이 그 내담자의 치료법적 방법, 목적, 맥락 및 수용성에 따라 따르다.

묶음 1: 핵심(1-2)

역방향 은둔자 / 검의 7. ['현재 상황' 과 '장애물' 위치의 상호 연결과 관련된 타로 리딩의 중심 역동]

앤드류의 경우 현재 상황 자체는 역방향 은둔자에 의해 '사회적

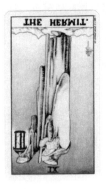

고립, 내향성 및 두려움'의 시간으로 구체화된다. 앞에서 언급한 것처럼 처음 일곱 번의 남성에 관한 타로 리딩 중 3회에서 이 카드는 같은 위치에서 역으로 나타났다. 타로 작가 레이철 폴락(Rachel Pollack)은, 은둔자가 역방향으로 나타날 때 "우리는 물러남이라는 관념의 원형을 훼손시킨다."[1]고 지적했다. 은둔과 에너지 공급과 관련된 은둔자의 치료 특성은 대신에 그들의 반대 특성, 즉 자기 역동과 자기 연민으로 돌아선다. 이 조합은 우울한 정서와 냉정한 행동, 즉 은둔자의 그림자 쪽에 많다. [사후 추수 인터뷰에서 앤드류는 결혼 생활의 불화를 말하면서 이 설명을 확인해 주었다. 그는 유독 외롭고, 결핍감을 느끼고 불안해하면서 다른 여성을 대할 때는 냉담하게 대했다고 회상했다.] 우리가 앤드류의 개인적인 타로 리딩을 검토하고 있지만, 그것은 복합적이기 때문에 우리는 추가로 이와 같이 일반적으로 회복 중인 내담자 집단에 대해서도 말하고 있다.

역방향 은둔자가 우리 연구에서 남성의 사인(signature) 카드로서 역할을 할 수 있지만, 어떤 카드의 역방향에서 추론되는 것은 그 반대, 즉 카드의 건강한 표현과 잠재력을 지적함이 그 올바른 의미다. 5장에서 보았듯이, 반대는 타로를 관통하는 핵심 주제다. 분석적 용어에서 트럼프의 역방향은 이미지의 원형적 핵을 보호하는 병리화된 콤플렉스를 의미한다. 그 고유의 스펙트럼에서 은둔자는 무의식적 마음, 자기 성찰을 위해 '의도적으로 물러남'을 상징한다. 그러나 여기에서는 좌절되었기 때문에(예, 역방향) 이 가능성은 앤드류에게 그림자의 잠재력을 그대로 유지하고, 나아가 일반 남성의 경우에는 폭력적으로 주먹을 휘두를 위험이 있다. 원칙적으로 나는 이 주제가 홈피스 등과 같은 치료 프로그램에 일정한 심리적 기능, 다시 말해서 은둔자의 고독, 자기 반영, 진정한 길을 내포하는 방법에 의한 정신적-영적 회복을 가져올 것이라고 생각한다.

다음으로, 앤드류의 전진하려는 움직임을 가로막고 있는 '장애물' 위치의 옆쪽에 누워 있는 것(그리하여 스프레드의 적절한 흐름을 막는)은 '이전의 어떤 관계 청산을 위한 정신적 투쟁' '신뢰의 상실 또는 사랑의 상실'을 의미하는 카드인 검의 7이다[사후 추수 인터뷰에서 이것은 여섯 달 후 앤드류가 여전히 상세하게 기억하는 유일한 카드였다]. 잡은 검과 포기한 검 사이의 차이를 보여 주는 이 카드의 표상은 버린 두 자루의 검은 앤드류가 남달리 감당하기 힘든 고민(그는 현재 다섯 자루의 검을 '어깨에 짊어지고 있다.')의 '분리된' 제공자로 남아 있음을 의미한다. 이는 사람의 다섯 손가락처럼 인간의 복잡성과 일반적인 욕망을 의미한다. 7에서 둘과 다섯의 깨어진 조합, 즉 분열과 정신적 부담을 본다. 즉, 앤드류는 버린 두 검에서 분리되어 있다. 이것은 일차적 신뢰의 상실을 의미한다. 분리되어 나왔으면서도 그는 자신의 '영웅'의 어깨로 정신적 짐을 지고 날라야 한다.

앤드류가 해야 할 일은 항상 그렇지만 치료 전에 거부되고 분리된 것을 깨닫는 것이고 그것을 깨달을 때 통합이 가능하다. 이러한 것은 스프레드 구성 자체 속에서 시각적으로 나타난다. 즉, 위치 2(형태상 유일하게 수평적인 배치)는 모든 리딩에서 반드시 수직으로 수정한 뒤에 다른 것들로 재정리할 수 있다. 사실 건강한 은둔자는 다시 일어나서 고통스럽게 버림받은 친구를 재검토하고 재통합해야 한다. 이렇게 할 때 거부된 것을 전개할 수 있다. [우리의 사후 추수 인터뷰에서 앤드류는 최근에 일어난 일을 말했다. 내용은, 타로 카드 리딩 3개월 뒤 그의 아내는 그를 다시 집으로 받아들였다. 그러나 그는 "나는 여전히 아내가 나를 사랑하지 않을 수도 있다고 생각한다. 나는 계속해서 아내의 사랑을 되돌리려고 노력하고 있다."라고 말했다.] 안타깝게도 현재의 위치에서 지금 역방향으로 있는 건강하지 못한 은둔자는 그러한 기회가 오기를 기다리면서 자기 역동과 자기 연민에 빠져 있다. 적절한 타로 카드 리딩을 통해 상담자는 내담자의 문제를 바로잡고 이 기회를 잡을 수 있는 방법을 찾는 것을 돕는다. 앞에서 말했듯이 리딩은 전형적으로 집단 1 카드가 질문자와 의미 있는 관계를 명확히 설정할 때까지 진행해서는 안 된다. 리더는 유연하고 세심한 자세로 이 카드들이 어디에서 그 의문과 관련되어 있는지를 정확히 확인해야 한다. 이 집단은 치료 초기 단계에서 상담자와 내담자 간의 '치료 동맹'의 형성과 같은 의미를 가진다. 즉, 이것은 해결을 위해 노력해야 할 분야와 현안을 확인한다. 요약하자면, 현재 드러난 문제를 다음과 같이 나타낼 수 있다.

- 현재 상황: 역방향 은둔자 ≅ 사회적 고립, 두려움
- 현재의 장애물: 검의 7 ≅ 신뢰의 상실, 사랑의 상실

묶음 2: 위와 아래(5-3)

역방향 컵의 6 / 역방향 컵의 10. [양극단에서 목표와 토대를 상호 연관시킨다.]

'위' 컵의 6은 전통적으로 '어린 시절의 달콤한 기억', 향수, 동경을 의미한다. 그러나 이 경우 카드는 역방향으로 그 반대를 의미한다. 이미 보았듯이 반대들(조합될 때)은 저지되거나 두 개로 쪼개질 때 변함없이 신경 불안의 형태로 밖으로 드러난다 해도 주어진

카드의 전 스펙트럼을 가진다. 당연히 '목표와 이상'의 이 고정된 위치에서의 역방향은 시각화하고 의도화하는(행동 변화를 위해 반드시 필요한 전제 조건을) 앤드류의 제한된 능력이 현재 '불쾌하고 혼란스러운 어린 시절의 기억으로 교란되고' 있다는 것을 의미한다(역방향 컵의 6).

어린 시절의 다정함의 구체화된 사진이 없는 상태에서, '대상의 불변성'이 없기 때문에 앤드류는 자기—위로에 필요한 정서—표상이나 미래 목표를 시각화하는 정신적 초점이 결여되었을 뿐 아니라 그 자신의 죄를 포함한 관념 작용을 즉각적으로 차단할 수 있는 능력도 손상될 수 있다. 이 목적을 위해 작동하는 습관적 대리 행동(마약, 술, 섹스)을 발견한다는 것은 놀라운 일이 아닐 것이다. [사후 추수 인터뷰에서 앤드류는 문제가 끊이지 않았던 자신의 가족사를 들려주었다).

기질상 앤드류의 아버지는 성질이 급하고 화를 잘 냈다(앤드류에 따르면, '이탈리아계 화-중독자'다.) 앤드류는 자신이 열 살 때 일찍 돌아가신 어머니의 죽음을 괴로워했다. 앤드류의 어머니는 이러한 아버지의 공격성을 참지 못하고 알코올 중독자가 되어 종종 "이 술집, 저 술집을 돌아다니면서 며칠 밤을 집에 돌아오지 않고는 했다." 그런 일이 있고 나면 앤드류의 집에서는 불같은 화와 신체적 학대, 입에 담지 못할 욕설과 이혼의 위협이 있었다. 당시 앤드류는 사춘기였다. 물론 이 정보는 리딩 전 또는 리딩이 진행되는 동안에는 말하지 않은 것이었다.]

그의 '존재의 장'을 대표하는 앤드류 '아래'에서(위치 3) 우리는 마찬가지로 우울한 정서성의 물 요소에 숨겨진 심리적 '기초'를 발견한다. 폴락은 '하늘의 무지개 같은 사랑에 빠진' 정서적으로 풍부한 컵 10이 역방향일 때 "모든 감정은 그것에 저항한다. 대개 낭만적이거나 가정적인 감정이 매우 부담스러운 상황으로 잘못되면 폭력적인 감정, 화 또는 기만을 만들어 낸다."[2]라고 지적한다. 이 스프레드 위치에서 앤드류의 땅과의 커넥션, 즉 그의 정서적 '토대'와 닿은 공격적인 감정에 의해 내부에서 파괴된다. [사후 추수 인터뷰에서 앤드류는 결혼 초기에 에이미는 자신이 아직 아이를 키울 준비가 되어 있지 않다고 생각하고 임신 중절 수술을 했다고 말했다. "나는 아이를 갖기를 원했습니다. 내 생각에 중절 수술이 우리 관계를 이미 망친 것 같습니다. 또 아내는 섹스에 나보다 흥미가 없었습니다. 나는 원하는 사랑의 손길을 받지 못하고 있었습니다."] 이러한 화난 감정은 분명 심리적 역전에 의해 계속 남아 있다.

이상을 종합해 보면, 이 집단은 둘 다 균열되거나 역방향 컵(감정의 그릇)을 통해 인식되는 그의 위와 아래의 양극단, 즉 앤드류의 심리적 하늘과 땅, 그의 시각과 운동성을 반영하면서 앤드류를 정서적으로 좌절시키고, 화나게 하고 건조하고 목마른 상태에 방치한다.

이 수직선은 위에서 아래로 다음 사항에 상응하는 유사 '몸의 중심들(차크라, 에너지 포인트, 경락 등)'을 가진 질문자의 '심리적 공간'을 은유적으로 대표한다.

- 머리(목표/이상) ≅불안한 어린 시절 기억
- 눈/ 입(현재 상태) ≅고립/두려움
- 가슴(장애물) ≅불신/상실
- 다리/ 발(토대) ≅폭력적 내부 파괴

묶음 3: 원인과 영향(4-2-6)

검의 시종 / 검의 7 / 역방향 컵의 왕. [선형적 진행과 인과관계를 보여 준다.]

'과거'의 검의 시종은 앤드류의 문제 있는 가족력의 불안한 극복 전략의 단서일지도 모르는 '스파이 행위와 비밀과 관계된 정신적 분리'의 공식적 태도를 제안한다. 검의 시종은 조심스럽고 교활하며 경계심이 강하다. 앤드류의 경우 약간의 편집증이 의심된다. '장애물' 위치(검의 7)에서 논의한 감당하기 힘들고 원하지 않았던 기억 '위'(역방향된 컵 6)의 섞기 이전의 분열적 경향을 감안할 때 '과거'에 나타나는 검의 시종은 상담자에게 기초적인 편집증 병리를 진단하게 한다.

구두 인터뷰 없이 순전히 동시성 원리를 통해 이제 앤드류의 과거의 철회와 비밀의 패턴은 선택한 카드와 고정된 리딩 위치를 통해 가정된다. 이제 문제적 영향, 즉 역방향 컵의 왕을 만들어 내는 과정과 '인과적 요인들'을 좀 더 살펴보자. 어떤 수단으로도 결론을 내리기가 힘들었던 공식은 다음과 같은 방정식을 취한다.

$$\text{과거의 원인} \div \text{현재의 장애물} = \text{미래 영향}$$

$$\text{(검의 시종)} \qquad \text{(검의 7)} \qquad \text{(역방향 컵의 왕)}$$

첫눈에 매우 인상적인 '컵의 왕'이 '미래 영향' 공간을 차지하고 있는 것을 확인할 수 있는데, 이것은 사회적으로 책임감 있는 성숙한, 봉사하는 인간, 감성적 지성 및 열정을 상징한다. 여기에서는 이 카드의 역방향의 결과, 즉 '악, 기만 및 타락'이라는 정반대의 효과를 가져온다. 낭만적이게도 폴락은 역방향 컵의 왕은 "종종 여성일 경우도 있지만 남성이 더 많은데, 부정직하고 횡포를 휘두르는 연인"[3]을 설명한다고 주장한다. 그러나 반대의 법칙들은 건강한 컵의 왕도 이 가능성의 스펙트럼 내에 거주한다. 다시 말해서, 반대 영향에 대한 역전 요소들, 즉 기만과 타락을 강조한다고 주장한다. [앤드류는 다음과 같이 말했다. "나는 항상 성적인 것은 물론이고 내가 필요한 것은 무슨 일이 있어도 차지하려고 했다. 나는 항상 공격자였다. 나는 혐오스러운 언어를 사용하면서 내가 원하는 것을 얻지 못했을 때 아내에게 언어 학대를 일삼았다."]

그러나 다소 빠르게, 실질적으로 어떠한 직접적인 정보도 제공되지 않은 상태에서 타로는 앤드류의 결혼 생활에서 작용하는 보다 민감한 어떤 역동을 포착했다.

이 인과 축을 단순화하면 다음과 같다.

- 과거 원인: 검의 페이지 ≅ 비밀과 편집증(의 일차적인 것은)
- 현재의 장애물: 검의 7 ≅ 불신, 상실(을 지나)
- 미래의 영향: 컵의 왕(역방향) ≅ 기만, 타락(을 낳는다)

묶음 4: 자아/대상(7-8)

심판/지팡이의 8. [자아 정체성과 대상관계의 구조적 구성 요소를 반영한다.]

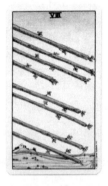

자아 위치에서의 심판(우리가 본 두 번째 트럼프)은 아마 지금까지 타로 리딩에서 가장 희망적인 조짐일 것이다. 일반적으로 메이저 아르카나가 스프레드에 나타날 때 이 카드는 보다 넓은 범위의 원형적 의미와 심령적 에너지를 가지고 있는 것으로 간주되기 때문에 마이너보다 무게가 더 주어진다. 심판 카드는 자기 선언과 궁극성, 즉 '성찰을 위한 깊은 부름, 즉 어떤 중요한 변화 또는 새로운 공약을 선언하고 지지하기 위한 내부의 압박'을 의미한다. 앤드류의 첫 번째 리딩 참여가 그 자신의 자기 심판 경향성을 알기 위한 것이었지만, 나는 여기서 심판은 앤드류가 치료와 회복에 대해 인식한 단계, 즉 자기 책임을 더 적극적으로 가리키고 있다고 생각한다.

이 연구에서 자신들의 카드를 읽는 데 동의한 대부분의 사람처럼 앤드류의 정직함은 그의 에고의 힘만큼 의심스럽지는 않았다. 그는 진행 중인 회복 프로그램이 자신의 삶의 전환점이었다는 것과 그의 긍정적인 믿음이 자신의 현재의 자기 정체성으로 이어졌다는 것을 솔직히 인정했다. 여기에서 심판은 심리적 변화에 대한 앤드류의 의식적 실행을 반영한다(다른 역동적인 힘은 심리적 변화에 양보를 하지 않았지만). 그러나 상대적으로 약하거나 분열된 에고 구조의 경우는 트럼프 카드가 '에고' 위치에 나타날 때는 명백히 영웅적인(또는 비열한) 자기 인식 속에 나타나는 과도한 폭등(또는 폭락)에 대비해야 한다. 내담자가 언급한 프로그램의 목표와 적극적으로 동일시하는 것은 특정 치료 단계에서는 모든 형식의 회복 프로그램에서 매우 흔한 일이다. 앤드류와의 사후 추수 인터뷰를 통해 판단할 때 앤드류의 조정 과정에 대한 실행이 점점 커지고 있는 것은 책임감에 대한 보다 현실적인 생각이 개입하고 있는 것으로 보였다. '타인' 카드의 경우 이 위치의 지팡이의 8은 앤드류의 현재의 중요한 타인들에 대한 인식을 반영한다. 말하자면, 그와 사이가 멀어진 그의 아내 에이미를 생각할 수 있다. 이것은 또한 다른 사람들이 그를 어떻게 인식하는지에 대한 그의 경험도 가지고 있다(내면화된 대상관계들). 불 짝 패에는 '신속성과 마음의 움직임', 다시 말해서 심리적인 '붉은 깃발'의 빠른 상승의 의미가 내포되어 있다. 지팡이의 8은 가정적인 불이 결혼 생활을 통제할 수 없는 상태로 만든 신속함, 특히 망가진 대상관계가 그 불에 기름을 어떻게 부었는지를 증명한다.

이 카드에서 결여된 것은 감정의 강도를 조정하고 억제하고 지연시키는 능력이다. 이 카드 의미 스펙트럼의 보다 적극적인 관점에서 아리엔은 지팡이의 8을 '직관과 영적 통찰력을 사용하는 완전함으로 이어진 영적 다리' [4]로 설명한다. 이 문맥에서 볼 때 에이미는 진정으로 앤드류의 치유가 통과해야 하는 다리가 된다. 그러나 앤드류의 경우, 이 낙관적 가능성의 치료적 기대(자기와 타인에 대한 왜곡된 인식이 수정된 후)는 조정 과정에 대한 '마술적 기대'가 커서는 안 된다. 해석에서 강조점은 파괴적 인식과 통제 상실이 다시 발생할 수 있는 신속성에 두는 것이 보다 바람직하다. [앤드류는 솔직하게 다음과 같이 털어놓았다. "나는 주로 그 영역에 대한 내 기대 때문에 이전에는 매우 폭력적이었다. 성적으로도 그랬다."] 현재로서는 그러한 기대가 진정으로 사라졌다는 증거는 거의 없다. 이 카드와 이슈는 두 번째 연구에서도 다시 다루게 될 것이다. 이 묶음을 요약하면 다음과 같다.

- 자아 개념: 심판 ≅ 현황 점검, 책임
- 대상 개념: 지팡이의 8 ≅ 빠른 상승, 영적인 다리

묶음 5 : 희망 / 저항(9-2)

역방향 펜타클의 3 / 검의 7. [전형적으로 서로 의존하는 희망과 저항 간의 관계를 보여 준다.]

이미 장애물 카드(검의 7)에서 논한 것과 같이, 묶음 1과 3에서 기본적 불신과 상실이라는 카드의 주제는 무의식적으로 대상의 희망

과 공포에도 영향을 미친다고 가정해야 한다. 이 희망과 공포는 역방향 펜타클 3에 반영된다. 일반적으로 '희망' 위치에 질문 카드가 뒤집어져 있다면 그림자 스펙트럼(예, 공포와 불안)을 가리키고, 만약 카드가 바로 되어 있다면, 주로 긍정적인 스펙트럼(희망과 낙관주의)을 가리킨다. 두 양상 모두 이 경우 카드의 역방향은 다시 한 번부정적인 측면을 강조하지만, 전형적으로 '희망'과 관련된다.

역방향 펜타클 3의 경우 '평범, 불참(non-participation), 무감동, 어색함(clumsiness)'을 의미한다(Pollack). 반면에, 바로 되어 있을 경우에는 특히 그 개인의 신성한 구조(one's own sacred structure)를 만들고 구성하는 데 희망적인 면을 나타낸다. '신성한 구조'로 앤드류의 결혼을 관련시킬 수 있다. [사후 추수 인터뷰에서 앤드류는 현재의화해 노력은 주로 목욕탕을 수리하는 것과 같이 오랫동안 내버려 둔 집안일을 마무리하는 일과 관련되었다고 말했다. 남자들은 집안일을 하는 것을 통해 자신의 사랑을 나타낸다.]

그러나 앤드류의 개인적인 공포, 즉 친밀감, 성적 욕망, 의사소통, 결혼 생활의 재건과 같은 관계적 과제 속에 어색함과 부끄러움에 대한 자기 인지는 외적인 노력으로 막을 수 있다. 이것은 그의 봉쇄(blockage)와 저항의 주요 기여자가 되었다. 두 번째 효과는 역설적으로 펜타클 3(바로 되어 있는 상태)의 희망적인 면 또한 지난 묶음에서 보았던 것처럼 앤드류의 소모적 희망(consuming wish)에 활기를 불어넣어 '신속' 하고 마술적인 화해에 대한 그릇된 기대에 기여할 수 있다(지팡이의 8). 그러한 희망은, 특히 그 상실과 굴욕이라는 피하고 싶은 두려움 때문에 타로 카드 리딩의 핵심적 문제, 즉 고독과 불신(역방향 은둔자/검의 7)에 대한 화와 분열에 지대하게 기여한다.

확실히 관계적 기술에 대한 치료적 지원은 앤드류의 저항을 완화할 것이다. 타로 카드는 일반적으로 단순히 어떤 상황의 활동적인 스펙트럼만을 지시하지는 않고 지배적인 측면과 관련된 힌트와 가능성도 포함한다. 카드는 그 상징적 풍부성과 다차원성을 통해 항상 어떤 극성의 양면을 반영한다. 주지하였듯이 타로는 대상에게 시각적으로(그것의 진귀한 재능) 많은 가능성과 모순을 보여 주면서 그러한 정신역학을 정확히 인지할 수 있는 민감한 도구를 제공한다. 묶음을 요약하면 다음과 같다.

- 예감:
    - 공포: 역방향 펜타클의 3 ≅ 내적인 어색함, 부끄러움
    - 희망: 펜타클의 3 ≅ 풍부한 외적 자원, 기술
- 저항: 검의 7 ≅ 불신, 상실

묶음 6: 해결과 지혜(10-11)

역방향 탑 / 달. [의식적 선택과 초월적 안내가 중재하는 심리적 운명을

나타낸다.]

　동양에서 말하는 '윤회'를 끝내고 '결과' 위치에 나타난 역방향 탑은 줄잡아 말하더라도 극적인 결말을 예시한다. 여기에서 트럼프는 모든 트럼프 카드의 이 최소 관용이 협상 또는 미봉책의 여지를 거의 남기고 있지 않기 때문에 '명료하고, 급진적인 이탈'이 궁극적으로 필요할 것이라고 말하고 있다. 앤드류는 '이 대단한 상아탑이 자신의 머리 위로 바로 떨어지지 않도록 자신의 옛 자아의 낡은 체계'를 버려야 한다. 주위에는 폭풍우가 몰아치고, 탑의 정면(페르소나)을 내리치는 번개는 '계시의 전광' 또는 '깨달음의 섬광'과 연관된다. 앤드류가 그 광선의 강력함에 의한, 임박한 붕괴에서 살아남으려면 힘차고 즉각적인 행동으로 전환해야 한다.

　그러나 역방향 탑은 역설적이게도 외적으로는 유순한 조건이지만 내적으로는 큰 위험을 가진, 즉 '자기 구금'이라는 위험을 의미한다. 폴락은 다음과 같이 말했다.

　(탑이) 역방향으로 나올 때 우리는 자신이 모든 경험을 하도록 하지

않는다. 우리의 반응을 빈틈없이 통제함으로써 우리는 그 고통을 완화할 수 있다. 우리는 또 모든 억압된 자질을 해제하지 않는다. 탑을 번개로부터 보호함으로써 우리는 그것에 사로잡힌 자가 된다.[5]

이 심리적 '감옥형'의 결말은 치료 관점에서 볼 때 분명 피해야할, 또는 최소한 의식적으로 준비해야 할 결과를 예언한다. 앤드류에게는 불행하게도 그 초기 양상은 이미 나타났다. 그는 6개월 뒤의 사후 추수 인터뷰에서 다음과 같이 말했다.

내가 집으로 돌아온 뒤에도 아내는 여전히 나를 차갑게 대하면서 나를 받아 주지 않고 여전히 나를 멀리했다. 우리는 거의 섹스를 하지 않았다. 나는 오랫동안 폭력적인 사람이었다는 것을 인정한다. 나는 화를 냈고, 그녀를 저주했고, 그녀에게 자주 욕을 했다. 나는 그녀의 사랑을 잃었다고 생각한다. 그래서 그 사랑을 다시 찾고자 한다.

그러나 무엇을 할 수 있는가? '병적 결정주의'의 힘은 격려나 해결책을 내놓지 않는 스프레드 자체는 말할 것도 없고, 앤드류의 심약한 성격과 결혼의 역동 모두에 깊이 스며 있는 것 같다. 결과 위치에 있는 역방향 탑의 경우에서 우리는 높은 압력의 밀폐된 결혼 환경 속에서 분투하고 있는 감옥에 갇힌 은둔자를 본다. 이는 반복된 폭력적 폭발을 위한 심리적 조건으로 볼 수 있다. 현재 핵심적 콤플렉스가 확인된 상태지만 카드의 해석은 앞으로 나아가는 행동에 필요한 전략을 제공하지 못했다.

그러나 해답은 희한하게도 '선물과 안내'로 선택된 마지막 카드,

즉 달을 통해 나온다. 이 카드만 리더가('임의로') 선택했다. 실제로는 해결책이 나타날 가능성은 점점 작아지고 있다. 달은 그것 자체로 무의식의 중요한 상징이다. 따라서 상상, 파동으로 구성되고 감정에 의해 각성된다. 달의 원형은 꿈과 신비주의, 상상과 광기, 감수성, 낭만 그리고 여성의 매력적 힘을 비롯한 모든 상징적 달빛 영역을 포함한다. 프란츠 출신의 마리-루이즈 본 프란츠(Marie-Louise von Franz)는 『남성과 상징(Man and His Symbols)』에서 다음과 같이 쓰고 있다.

> 무의식 속에서 사람은 불행하게도 달빛 풍경 속의 상황과 같은 상황에 있다. 모든 내용물은 흐릿하고 서로 상대방 속으로 파고든다. 따라서 사람은 무엇이 무엇이고, 무엇이 어디 있는지, 끝이 어디고 시작은 어딘지 정확히 알 수 없다.[6]

그러나 '의식의 창조적 매트릭스(융 이론)'로서 달의 왼쪽 길은 궁극적으로 앤드류의 고난의 회복을 보다 장기적인 분석, 이를테면 심층 작업, 꿈 해석, 점, 적극적 상상 등과 같은 것으로 데려갈 수 있다. 최소한 이것이 카드의 충고인 듯하다. 막연하고 모호하게 들릴지 모르지만, 달은 앤드류를 미래에 희미하게 보이는 역방향 탑의 '번개 치는' 감옥의 쇠창살로부터 구할 수 있는 유일하고 효과적인 처방을 제공할 수 있다.

달의 수비학에서 우리는 또 하나의 확실한 링크, 즉 우아하게도 18이라는 그 수의 값이 그 루트(1+8=9)로, 즉 트럼프 IX, 즉 은둔자 자체로 감소하는 것을 발견한다. 그 대응물은 이 리딩의 중심 주제,

즉 역방향 은둔자는 그 두 발로 바로 서야만 한다. 달이 제안하는 '선물과 안내'는 영혼과 구도자(18/9)와의 재결합의 가능성을 강력하게 복귀시킨다. 앤드류에게 이것은 스프레드의 시작으로의 의미 있는 복귀, 즉 역방향 은둔자를 의미한다. 이 동시성의 논리는 미완성의 상태로 남은 것으로 다시 돌아가는 길을 놓았다. 즉, 진실한 은둔자로서 앤드류는 이제 자신이 직접 치료 중인 무의식적 마음을 작동시킬 당장의 목적을 위해 스스로의 자기 투옥(역방향 탑)을 의도적으로 철회시켜야 한다. 즉, 내적으로 그는 진실한 은둔자의 길을 취해 깊은 무의식으로 길고 외로운 혼자만의 '영혼 만들기' 여행을 떠나야 한다.

이 결과는 리딩 전에라도 이미 감지했을 수 있지만, 이제는 효과적으로 확실히 밝혀졌다. 타로는 기탄 없이 앤드류를 원래 자신이 의식하지 못하고 있던 교훈, 즉 은둔자의 길로 다시 데려간다.

다음 내용은 묶음 6을 요약하고 있다(은둔자로 돌아가는 수점 작업은 없지만).

- 결과: 역방향 탑 ≅ 자기 투옥
- 선물/안내: 달 ≅ 영혼, 깊이, 여성

다음에서 나는 각 묶음 요약을 하나의 표로 만들어 쉽게 검토할 수 있게 했다. 다음 장에서는 두 번째 사례 연구를 소개하고자 한다. 이 사례는 그 리딩이 대부분이 여성 희생자의 복합적 프로파일로 매우 닮은 단일 대상을 반영한다. 이를 비슷한 형식으로 소개하였다.

앤드류의 카드에 대한 요약

다음 표는 묶음을 요약하여 편집한 것이다.

묶음 1: 핵심

현재 상황: 역방향 은둔자 ≅ 사회적 고립, 두려움
현재의 장애물: 검의 7 ≅ 신뢰의 상실, 사랑의 상실

묶음 2: 위와 아래(영적 축)

머리(목표/이상):   역방향 컵의 6 ≅ 불안한 어린 시절의 기억
눈/입(현재 상태):   역방향 은둔자 ≅ 고립/두려움
가슴(장애물):   검의 7 ≅ 불신/상실
다리/발(기초):   역방향 컵의 10 ≅ 폭력적 내부 파괴

묶음 3: 원인과 결과(시간 축)

과거 원인: 검의 시종 ≅ 비밀과 편집증(의 일차적인 것은)
현재의 장애물: 검의 7 ≅ 불신, 상실(을 지나)
미래의 영향: 컵의 왕(역방향) ≅ 기만, 타락(을 낳는다)

묶음 4: 자아 / 대상

자아 개념: 심판 ≅ 현황 점검, 책임
대상 개념: 지팡이의 8 ≅ 빠른 상승, 영적인 다리

묶음 5: 희망 / 저항

예감:
– 공포: 역방향 펜타클의 3 ≅ 내적인 어색함, 부끄러움
– 희망: 펜타클의 3 ≅ 풍부한 외적 자원, 기술
저항: 검의 7 ≅ 불신, 상실

묶음 6: 해결과 지혜

결과: 역방향 탑 ≅ 자기 투옥
선물/안내: 달 ≅ 영혼, 깊이, 여성

▶각주 ────────────────────────────────────●

1) Pollack, Rachel, *Seventy-Eight Degrees of Wisdom* (Part Ⅰ): *The Major Arcana;* Aquarian Press, 1980, p. 71.

2) Pollack, Rachel, *Seventy-Eight Degrees of Wisdom* (Part Ⅱ): *The Major Arcana.* p. 58.

6) Jung, Carl G., *Man and His Symbols;* Doubleday & Company, Garden City, New York, 1964.

12
사례 연구: 기사의 여인

그는 나에게 욕을 해 댄다.
내 면전에다 대고 나를 치카노(chicano)창녀라고 한다.
- 비비안(34세)

비비안

 여기에 제시하는 사실에 기초한 정보는 타로 리딩 실험이 있고 6개월 후에 한 시간 동안의 인터뷰를 통해 얻은 것이다.

34세인 비비안은 키가 크고 통통하고 활동적인 멕시코계 미국인 여성이다. 현재 그녀는 AA 학위를 이수 중이고, 지역사회 교육센터에서 일하고 있으며, 학위를 가진 간호사가 되는 것이 꿈이다. 비비안은 캘리포니아 샌디에이고에 5대째 살고 있는 중산층의 치카노 집안 출신이다. 그녀는 집에서 주로 영어를 사용했다. 네 명의 자매 중에 그녀는 '아빠가 가장 좋아하고', 어머니의 가사 책임의 많은 부분을 떠맡고, 자매들과 두루 친한 '착한 아이'였다고 말했다. 그녀는 "아버지는 왕이었고 어머니는 하녀였어요."라고 말했다. "아

버지는 항상 명령조로 매우 큰 소리로 말한 반면에 어머니는 아주 조용했습니다."

비비안은 워싱턴의 캐나다 국경 부근에서 16세에 만나 그 이듬해에 결혼했던 이주 노동자인 그녀의 남편 에르네스토와 몇 년째 별거를 하고 있었다. 그녀는 에르네스토를 자신의 '미국화된' 방식에 불편함을 느끼는 '단순하고, 보수적이며, 글을 모르는 멕시코 농장 노동자'라고 표현했다. [그는 내 처녀성을 바친 남자고, 두 번째로 키스한 남자였습니다. 나는 그의 여자였어요.] 그녀는 에르네스토가 술을 마시기 시작하기 전까지는 유순하고 소극적인 성격이었다고 말했다. 그는 술에 취하면 대화 중에 완전히 '지킬 박사와 하이드'가 되어 야만적인 우월성이나 공격성을 나타내거나 심한 편집증을 보였다. 구타를 당하거나, 집에서 쫓겨나지 않을까 하는 두려움에 뒤이어 서로 치고받는 싸움이라는 비극이 여러 해 동안 만성적인 주중 행사가 되었다. ["그는 나에게 욕을 해 댔어요. 내 면전에 대놓고 나를 치카노 창녀라고 했어요."]

비비안은 거의 11년 동안 이러한 분위기에서 살았고, 두 명의 아이를 낳아 그 생활에 '적응'했다. 사실 에르네스토는 주말마다 술에 취해 심한 폭력을 되풀이했다. 결국 알코올 중독과 폭력으로 파국의 상태에 이르게 되고, 비비안은 아이들의 안전에 불안을 느끼면서 에르네스토를 떠나 한 피난처로 몸을 피했다. 몇 달 뒤 그녀는 자신 소유의 아파트를 마련해 공식적으로 남편과 관계를 끊었다. 사후 추수 인터뷰 당시 비비안은 최근의 몇 가지 관계를 설명해 주었는데, 이것이 타로 리딩의 초점이 되었다.

- 현재의 상태: 역방향 펜타클의 5
- 장애물: 지팡이의 기사
- 기초: 역방향 마법사
- 과거의 원인: 역방향 검의 6
- 목표: 컵의 여왕
- 미래 효과: 검의 8
- 자아: 컵의 5
- 대상: 태양
- 희망: 지팡이의 페이지
- 결과: 악마
- 선물과 안내: 지팡이의 8

묶음별 해석

묶음 1: 핵심(1-2)

역방향 펜타클의 5 / 지팡이의 기사. ['현재 상황' 과 '장애물' 위치의 상호 연결과 관련된 타로 리딩의 중심 역동]

비비안의 경우, 카드 구성에서 명확히 나타나듯이 역방향 펜타클의 5는 가정폭력 희생자를 위한 여성의 피신처 내부에서의 일상적인 싸움을 의미한다. 우리 연구에서 첫 번째 위치에서 두 번(한 번은 역방향) 나타난 이 카드는 심리적이기는 하지만 어느 방향이라도 적

절한 것으로 보인다. 고전적 웨이트/스미스(Waite/Smith)상에서 카드의 심상과 전통적 의미는 회복 중인 희생자의 경험, 즉 '운의 역전'을 완벽하게 묘사한다.

그림에서 두 거지는 밝은 빛의 교회 창문을 지나 눈 속으로 황급히 간다. 펜타클들은 스테인드글라스 창문 속에 들어 있다. 외고집의 인물들은 분명 밖에서 안을 들여다보고 있다. 역방향 웨이트는 '혼돈, 혼란, 파괴, 혼동'을 의미한다. 비비안의 도전은 그녀와 같은 환경에 처한 모든 여성의 경우와 마찬가지로 겸손, 인내, 회복, 살아남음이라는 교훈이다.

'장애물' 위치 내의 비비안의 길을 횡단하면서 우리는 그녀의 저항의 대상과 그녀 문제의 중심, 즉 지팡이의 기사를 발견한다. 이 카드는 전체적으로 단연 통계적으로 가장 유의미한 연구 결과를 반영한다. 즉, 한 벌 또는 또 다른 한 벌에서 13회의 리딩 중 특별히 5회 (펜타클과 지팡이에서 각각 2회, 컵에서 1회) 나타난 여성 희생자의 두 번째 위치의 기사를 반영한다. 이 여성 묶음에 대한 '장애물'로서 너무나 많은 '빛나는 갑옷을 입은 기사'가 이상하게도 반복해서 나타나는 것에 대한 생각은 그 자체로서 흥미로운 주제다. 그러나 이 주제는 우리의 큰 목표의 제한 때문에 완전하게 정의할 수 없다.

일반적으로 기사는 탐구자나 보호자로, 완전한 성인이 아닌 중간 성인의 외향적인 남성적 에너지로 간주된다. 그러나 이제 '장애물' 위치의 한쪽 옆에 서 있는 이 전사는 그들의 임무 수행에서 약간 방해를 받은 것 같다. 사실 이들은 상당히 정렬이 흐트러져 있다. 전통적으로 지팡이의 기사는 '창조적인 모험의 불같은 정복자'로 간주된다. 그는 야망에 차 있고, 카리스마가 넘치며, 마술적인 힘을 가지고 있다. 격렬한 소년으로서 그는 종종 자신의 힘을 일상적인 현실에 정박시키는 데 필요한 어떤 기초적 영향력이 부족한, '지나치게 열심이면서 지나치게 힘이 넘친, 성급한 연인'으로 여겨진다. [비비안은 이 카드를 그녀가 에르네스토 이래로 마음을 뺏긴 남성과 연관시켰다. "그들은 제 아버지처럼 매우 강하고 독립적이고 매우 시끄러웠어요. 그들은 이중성격의 소유자였어요. 그들은 멋지면서도 매우 공격적이었어요."] 이러한 진술은 비비안의 외부 세계에 대한 중요한 단서를 제공하지만 우리는 비비안 자신의 과거의 성향을 간과해서는 안 된다. 그렇게 함으로써 기사는 내적으로 반대성적인(아니무스) 인물, 또는 더 나아가 그 둘의 조합으로서 공평하게 이해할 수 있다. ["리딩 당시 내가 만나고 있었던 사람인 레이먼드에게 나는 매우 지배적이고, 주도적이고, 공격적이었어요. 그는 여자 친구들을 구타한 적이 있고, 내 사연을 알지요. 우리는 끊임없이 다투었어요."]

'장애물' 위치에 빠져 지팡이 기사의 자연스러운 외향적 동요가 좌절되었다. 그 열정과 불꽃을 더 많이 일으키기 위해서는 산소가 필요한 그의 불 요소는 이제 이 상자 안의 스프레드 위치 안에서 숨을 헐떡인다. 조합은 치명적인 것이 되었다. 즉, 기사의 불과 같은 성격은 점점 울적해지고, 점점 더 좌절하고, 점점 더 변덕스러워지고, 점점 더 흥분하기 쉬워진다. 술은 위험한 발화제가 된다. 이것은 결과적으로 가정폭력으로 발전하는 또 다른 일반적인 활동적 정황을 설명한다. 즉, 불같은 우울한 좌절은 술과 관련되어 있다. 리딩은 이러한 남자다움(그리고 '여성다움')에 대한 모든 욕망은 어떤 희생을 치르더라도 저항을 받아야 한다는 것을 보여 준다.

간단히 요약하면 다음과 같다.

- 현재 상태: 역방향 펜타클의 5 ≅ 운의 역전
- 현재의 장애물: 지팡이의 기사 ≅ 좌절, 변덕

묶음 2: 위와 아래(5-3)

컵의 여왕 / 역방향 마법사. [양극에서 공기와 흙이 상호 관계를 갖는다.]

그림의 컵의 여왕은 비비안의 점점 계발되고 있는 자각과 치료 잠재력을 반영한다. 여왕은 양육자이고 기사의 불을 끌 필요가 있을

때 필요할 것으로 생각하는 물 요소에서는 대부분 집에 있다. 비비안은 이제 여왕의 사랑에 대한 완전한 태도인 보호, 신뢰, 부드러움, 친밀함을 가치 있는 (그리고 이전에는 알려지지 않은) 관계 목표로 인정한다. 이것은 긍정적인 조짐이다. 무엇보다도 레이철 폴락은 다음과 같이 주장했다.

> 컵의 여왕은 의식을 느낌에 결합한다. 그녀는 자신이 원하는 것이 무엇인지를 알고 그것을 얻기 위해 단계를 밟아 간다. 그러나 그녀는 항상 사랑에 대한 자각을 갖고 행동한다.[1]

[비비안은 인터뷰 때 정서적으로 조종되는 것을 점점 싫어하고 있었다. "나는 응석을 받아 주는 것을 원하지 않았어요. 나는 힘과 평등을 원했죠." 그녀는 AA 학위를 마치기 위해 다시 노력하기 시작했다. 간호학을 공부하는 그녀의 목표, 또는 지역사회 봉사에 들이는 그녀의 노력은 치료와 양육이라는 성숙한 여왕의 이상을 반영한다.]

그러나 '아래'에서 비비안의 기초는 성가신 역방향 트럼프, 즉 역방향 마법사에 고정되어 있다. 그의 창조적인 재능, 채널을 가진 의지, '형태 가변성' 잠재력 때문에 역방향 마법사는 역전될 때 활기 없고 능력보다 낮은 성적을 얻은 상태, 즉 '권위 없는 상태'로 남는데, 이것은 비비안에게는 '변화 에너지가 저지되거나 차단된' 것을 의미한다고 할 수 있다. 그녀는 드러나는 개인적 힘의 축적을 강한 의지 활동으로 바꿀 수 없다(이것은 반대 법칙을 통해 부활하게 될 마법사를 위한 희망적 가능성으로 남아 있지만).

대신에 비비안은 토대 없음, 고갈, 집중력 부족 및 이 카드가 역으로 나올 경우에 의미하는 힘없음으로 고통받는다. 여왕(위)에서 보다 건강한 꿈을 이루었다 해도 그녀 발 아래의 창조적 행위자는 빈혈과 곤경 상태에 빠져 있다. 그녀는 자신이 원하는 것에 대한 생각을 가지고 있지만 그것을 추구할 수단이 부족하다. 결과적으로 비비안은 지팡이의 기사 앞에서의 취약성과 모순은 상대적으로 변화하지 않은 것처럼 보일 수 있다. ["나는 레이먼드를 정말 믿을 수 없습니다. 나는 그와 섹스를 하고는 달아납니다. 나는 그를 압니다."]

비비안의 '심리적 공간'을 위에서 아래로 유사한 '신체 중심들'로 은유적으로 구성하는 수직축(앤드류의 경우에 우리가 본 것처럼)은 다음과 같다.

- 머리(목표/이상) ≅ 사랑의 자각
- 눈/입(현재의 상태) ≅ 운의 역전
- 가슴(장애물) ≅ 변덕스러운 좌절감
- 다리/발(기초) ≅ 의지의 결핍

묶음 3: 원인과 영향(4-2-6)
역방향 검의 6 / 지팡이의 기사/검의 8. [선형적 진행과 인과관계를 보여 준다.]

과거 원인의 검의 6은 전통적으로 '문제가 많은 물을 건너 새로운 땅으로 나아가는' 것을 의미한다. 카드 이미지에서 뱃사공이 우리 속에 갇힌 한 여인(아이와 함께)과 깊은 물을 건너가고 있는데, 이것은 내부적으로 무의식적 변화 위로 에고가 여행하는 것을 상징한다. 이 이행은 미묘하고 잠재적인 위험을 가지고 있지만 궁극적으로는

한 사람과 모든 사람이 자신에 대해 냉정(검)을 유지하면서 다소 노출되었지만 잘 만들어진 '배'가 흔들리게 하지 않는다면 성공을 낳는다. 다시 한 번 타로 이미지는 여성 희생자의 도전을 통렬하게 포착한다. 즉, 동요, 어둠, 혼동의 시기를 거쳐 새롭고 알려져 있지 않은 목적지로 꾸준히 이동하기 위한 도전인 것이다.

불행하게도 비비안의 경우 과거의 피난 시도는 카드의 역방향이 지시하는 것처럼 그다지 능숙하게 이루어지지 못했다. 불행하게도 잘 문서화되어 있음으로써 이러한 일은 종종 폭력적 결혼 생활에서 탈출하고자 하는 여성의 경우가 그러한데, 이 사실은 비비안이 직접 확인하고 있다. [비비안은 에르네스토를 떠나면 잠재적으로 치명적인 보복이 따를 것이라는 것을 알고 있었다. "그는 칼을 들고 나를 쫓아왔고 나는 욕실로 달아나 욕실 문을 잠갔어요. ……결국 그를 떼어 내는 데 네 명의 남자가 필요했어요." 비비안은 자녀들의 신체적 안전에 대해 두려움을 느끼고 다시 탈출을 시도했다. 이 경험은 미래의 갇힘에 대한 두려움을 느끼게 했을 뿐만 아니라 레이먼드와 같은 불같은 정복자와 더 이상 의미 없는, 위험한 접촉을 꺼려 하게 했다.]

에르네스토에게서 탈출하기 위해 온갖 고생을 다한 후에는 또 한 번의 불같은 사랑의 대상과의 만남(위치 2에서 논한 것과 같이)이 차라리 자살과 같을 수 있는데, 이러한 경우를 카드에서는 미리 경고('예언')하고 있다. 검의 8에서 줄에 묶이고 눈을 가린 채 잡혀 가는 여인이 예시하는 '미래 효과'는 과거의 반복적 실행과 함께 오는 예상 가능한 '희망 없음과 마비'를 생생하게 보여 준다. 이는 상습적 학대의 위험한 '복귀 효과'를 저버린다. '성가신 6'과 '우울한 8'(앤드류의 병에서 반복적으로 목격된 검의 '고뇌에 차고 분리된 7'은 말할 것도 없고) 간의 무시해도 좋은 검의 성장(수적으로) 간격으로 판단할 때 이들과 같은 두 번째 단서들은 가해자와 희생자 간의 고전적인 재현이라는 불길한 인상을 남긴다("왜 그녀는 돌아가려고 하는가?" 이 왜곡된 심리적 고리 밖에 있는 사람들은 이 곤혹스러운 질문을 너무도 자주한다). 아직 지금까지 묶음으로 묶은 것을 기초로 본격적인 예견을 하기에 앞서 고려해야 할 것이 더 있다. 지금까지의 것들을 정리해 보면 다음과 같다.

- 과거 원인: 역방향 검의 6 ≅ 실패한 탈출(의 일차적인 것은)
- 현재의 장애물: 지팡이의 기사 ≅ 변덕스러운 좌절(을 지나)
- 미래의 효과: 검의 8 ≅ 희망 없음, 마비(를 낳는다)

묶음 4: 자아 / 대상(7-8)

컵의 5 / 태양. [자아 정체성과 대상관계의 구조적 구성 요소를 반영한다.]

여기서 우리는 비비안이 자신을 관계 속에서 보는 방식을 대표하

는 '에고' 위치로 간다. 컵의 5는 '슬픔, 비애뿐만 아니라 수용과 최후의 부활'을 기술한다. 세 개의 컵은 넘어져 내용물을 밖으로 쏟고 있지만 두 개는 서 있다. 세 개의 역방향 컵 속에서 비비안은 사랑(변변치 않지만)과 실연을 슬퍼한다. 정서적 투자의 구유는 이제 그 원래의 근원, 즉 흙 자체로 들어간다. ["나는 두 명의 다른 남자에게 두 명의 다른 사람이었습니다."] 그 인물 뒤에 위치한, 즉 사람의 모습 뒤에 있는 보이지 않는 두 개의 남아 있는 컵은 대기 중에 있는 새로운 낭만적 결합을 상징한다. 리딩의 완전한 문맥이 보이지 않을 때, 이것은 그다음 과정이 보다 큰 만족을 주는지에 따라서 좋은 소식일 수도 나쁜 소식일 수도 있다.

비비안의 이름으로 그다음에 위치하는 태양은 그녀가 특별한 것과 일반적인 것을 구분할 수 있다는 것을 의미한다. 비비안이 컵의 5에서 혼자 확인하는 비애와 슬픔과 반대로, 여기에서는 바깥 세계 태양이 '대상' 위치에서 증명해 보이는 '강력한 자유의 거대한 분출'로 긍정적으로 인식된다. 이 진홍색 트럼프는 매우 필요한 낙관주의, 에너지 빛을 많이 제공한다. 특히 어떤 트럼프가 항상 개인의 에고를 바탕으로 하는 성격의 범위보다 큰 가능성을 의미할 때는 더욱 그렇다.

태양의 공명과 생명력은 비비안에게 모든 종류의 관계에 대해서 보다 신선하고 보다 무르익게 하는 가능성을 갖게 한다. 과거에 너무도 많은 매력적인 방화범을 유혹했던 불 기질은 이제 태양의 건강, 활동 및 밝음의 자연적 풍부함 속에서 보다 더 즐길 수 있다. 이 분위기 속에서 개인으로 '사랑의 대상'은 불꽃을 부추기는 데는 덜 추구된다. 적어도 이 위치에서 카드의 극적인 등장이 의미하는 가능성은 더욱 그러하다.

아리엔은 태양을 "팀워크, 파트너십, 공동 연구의 보편적 원리"[2]라고 설명했다. 이런 맥락에서 리더는 업무 관계, 우정 및 공동체 활동은 보다 적절한 인맥을 제공할 수 있다고 주장한다. 이 가능성은 질문자에게 이전에 그다지 고려하지 않았던 건강한 대안의 이미지를 준다.

이를 요약하면 다음과 같다.

- 자아 개념: 컵의 5 ≅ 복귀 전의 비통
- 사물 개념: 태양 ≅ 공동체 활동, 건강

묶음 5: 희망 / 저항 축(9-2)

지팡이의 시종 / 지팡이의 기사. [전형적으로 서로 의존하는 희망과 저항 간의 관계를 보여 준다.]

'희망' 위치에서 겸손하게 머무는 지팡이의 시종 가운데 '장애' 위치에 있는 지팡이의 기사가 우리의 고집 센 연하의 사람으로 번역

된 것은 약간의 혼란을 느끼게 한다. 그의 형같이 그렇게 과격하지 않은, 그는 전통적으로 보이지 않은 가능성처럼 익명의 메시지로 초기의 시간들처럼 '모르는 것' 혹은 '여행지 대성당'과 함께 묘사되어 있다. 각 시종들은 그중 가장 단순한 상황에서 일반적인 것을 적합하게 제각각의 특성으로 묘사했다. 그들은 그들의 성실하고 무지함에서는 어린아이다.

'불의 형제'(9-2)에서 그들을 매혹시키며 연결하는 이 점들의 선은 비비안의 환상적인 삶의 희망적인 측면을 말한다. 그녀가 그녀의 남성형을 온화한 것으로 번역함에 따라서 불가사의하고 위험한 것인지 어떤지를 점칠 수 있다. 그러나 그가 충분한 카리스마를 가지고 있는가? 그리고 다시 말하자면, 이 불의 소년이 남자가 될 때 무슨 일이 일어날 것인가? 모든 것을 다시 경험해 본 착각인가? 이러한 '희망과 실패'에 대한 끊임없는 잔소리는 머지않아 배우거나 배우지 않을 때까지 비판적 학습을 하기를 제안한다. 아마도 비비안은 아직 젊은 황태자가 완전히 제외되지 않은 상태에서 그녀 자신의 파괴적인 경향성에서 완전히 탈출하지는 못했을 것이다.

[추수 인터뷰를 통해 비비안은 에르네스토와 레이먼드 사이에서 2년 동안 있었다고 말했다. 흑인 남자 '스코트'는 6피트 5인치의 힘센 남자로 결혼했던 사람인데, 지팡이 시종으로 보일 만큼 완벽하게 맞아떨어지는 사람이었다. "그는 나의 아버지처럼 목소리가 크고 지배적이었어요. 그러나 그는 결코 나를 통제하려고 피곤하게 하지 않았어요. 그는 나에게 다른 남자로 보이길 원했고, 우리는 서로의 편안한 정거장이 되었지요." 또한 비비안이 말하길, 그녀는 (6개월 전에) 타로 카드를 읽었는데 그날 밤이 어떠했는지를 보고 매우 놀라며, "나는 레이먼드(기사)와 격렬한 언쟁을 하고 있었는데 곧 이어 '갑작스럽게' 지팡이인 스코트(시종)로부터 전화가 걸려 왔어요."라고 했다. 그들은 그때까지 1년 동안 말하지 않고 있었다.] 그렇게 위험한 희망과 방해는 배열에서 애처롭게 나타났지만, 그녀가 지팡이의 정중함과 뜨거운 사랑을 통해 힘든 집착에서 벗어나 생명력을 일으키는 것처럼 보였다. 태양과 컵의 여왕에 대한 희망적인 신호는 묶음 5의 잠재적인 흐름과 반대로 충분하지 않았을지도 모른다.

- 예감:
  - 희망: 지팡이의 시종 ≅ 온화한 심부름꾼
  - 공포: 지팡이의 시종 ≅ 지배적인 선동가
- 저항: 지팡이의 기사 ≅ 조급한 성격으로 빨리 화내며 좌절함

묶음 6 : 해결 / 지혜(10–11)

악마 / 지팡이의 8: [의식적 선택과 초월적 안내가 중재하는 심리적 운명을 나타낸다.]

전통적으로 악마는 환상과 분열 그리고 압박적인 파괴자로 묘사된

다. 악마의 출현은 지금-현재를 '점령'하는 상태이고, 불길한 전조다. 악마를 수비학적 관점에서 보면 트럼프 15와 6처럼(15＝1＋5＝6) 사랑 안에 그 뿌리를 두고 있다. 짐승은 바위 같은 덩어리 위에서 그를 사로잡은 악마 사이에 자리를 잡았고, 마주 보고 있는 균형 잡힌 조합인 그들의 상징들은 변질된 사랑을 묘사한다. 우리가 본 것처럼 이것은 비비안에게는 매우 흥미로운 관심을 갖게 한다. 이것은 이전에 둘 사이가 다른 것을 인정하지 않을 수 없게 한다. 그의 발 아래에서 악마의 쇠사슬로 묶여 있는 것이 남자의 모습이고, 여자의 형태는 사기, 학대, 집착 그리고 노예 상태로 그 경향성을 나타낸다. 그러한 것들 모두로부터 비비안의 미래 운명 안에 그의 출현이 이미 예정되어 방해받고 있는 것은 실제로 놀라운 것이 아니라 불운한 것이다. 역방향의 탑을 통해 바라는 것은 앤드류를 위한 것으로, 만약 이것이 실패로 예정된 결정이 가능하다면 의식적이든 아니든 실패를 막기 위한 것이 되어야 했다. '결정' 상태는 그 자신으로, 때때로 지팡이가 작용하거나 그 반대의 것으로 선택되는 사이에 질문하는 것으로 묘사되며, 그것은 어떤 수준을 통해서 당신의 운명 안에 드러나므로 고려할 필요가 있다.

폴락은 "넓은 의미에서 (악마)의 상징은 그 자신의 숨겨진 어두운 면에 형성된 삶의 에너지를 말하며, 그것은 일반적인 방법으로는 들어가지 못하는 것을 의미한다(고딕체는 저자가 추가한 것임)."[3]라고 했다. 우리는 태양으로부터 바깥으로 비쳐 나오는 '채워진' 삶의 에너지를 보았다. 바깥 세상이 비비안에게는 빛나는 놀이터로 나타나기 시작한다.

그러나 악마에 의한 그림자 작업은 진실로 다가오고 있었던 것이 아니라 아마도 역방향 마법사의 무감각한 면을 품고 있으며 내면은 바보처럼 보인 것이다. 그러한 면을 실제 서론에서 언급한 가정폭력 현상으로 비추어 보면, '매우 이상한 양파, 즉 개인과 그의 환경 간에 많은 폭력적 환경에 둘러싸여 양산된 결과'다. 슬프게도 비비안에 대해 읽히는 비극적인 암시를 담은 내용이 되풀이되는 것은 그녀의 장래에 대해 더 강한 비극적 암시를 추측하게 했다.

그럼에도 불구하고 지팡이의 8번(우리의 마지막 카드)은 타로에서 이별을 의미한다 — 비비안뿐만 아니라 일반적인 경우에도 그런 의미다. 이러한 경우는 앤드류 사례에서 우리가 이미 '사랑의 화살'로 함축적인(기다리는 사람) 토론을 했다. 특히 이에 관해서는 순식간에 확 타올라서 분쟁이 일어나는 불길의 성분에 대하여 논의했다. 앤드류에게 이 카드는 '빠른 확대'로 여겨진다. 그러나 우리는 최종 위치에 있는 카드를 다루고 있기 때문에 '안내와 선물'을 좀 더 높은 각도로 접근할 필요성을 느끼며, 현대 타로 해석자들이 각 카드의 '지혜 수준'을 무엇보다도 중요시한 첫 번째 사람인 안젤레스 아리엔의 견해로 돌아온다. 이미 언급한 것처럼 아리엔은 지팡이 8을

"전체적으로 직관과 영적 비전을 사용하는 영적 다리"[4]라고 설명하였다.

   이러한 설명은 일반적으로 타로에 적용되는 해석을 나타낸 것이다. 의심할 여지없이, 타로는 직관과 영적 비전을 전체적으로 사용하도록 돕는 다리다. 그러나 비비안에 대한 카드의 안내는 절박하고 독특하다. 그녀는 그녀 자신이 카드를 통해 읽게 되는 경고와 통찰의 내용을 기억하고 노력을 감내해야 한다. 이런 견해의 초월적인 논리는 '영적 다리'에서 고통받는 비비안의 주기로부터 해방의 선물을 주는 역할을 한다. 동시에, 타로는 이 견해에 대한 안내자가 된다.

   비비안 카드의 요약은 일반적인 결말을 제공하기 전에 뒤이어 계속된다. 앤드류와 비비안이 그들의 타로 배열을 통하여 언어적으로 상호작용을 하는 방법에 대한 이 흥미로운 배움 때문에 나는 부록 B에 남성 가해자와 여성 피해자 간의 '타로 대화'를 포함했다.

비비안의 카드에 대한 요약

다음의 표는 묶음을 요약하여 편집한 것이다.

묶음 1: 핵심

현재 상태: 역방향 펜타클의 5 ≅ 행운의 반전

현재 장애: 지팡이의 기사 ≅ 좌절, 발산

묶음 2: 위와 아래

(공간의 축)

머리(목표/이상):   컵의 여왕 ≅ 사랑의 깨달음

눈/입(현재):   역방향 지팡이의 5 ≅ 운의 반전

가슴(장애물):   지팡이의 기사 ≅ 격분하기 쉬운 좌절

다리/발(기초):   역방향 마법사 ≅ 의지의 부족

묶음 3: 원인과 영향

(세상의 축)

과거 원인(의 정도):   역방향 지팡이의 6 ≅ 도피 실패

현재 장애(통하여):   지팡이의 기사 ≅ 격분하기 쉬운 좌절

미래 효과(산출):   지팡이의 8 ≅ 희망이 없음 , 활동 불능

묶음 4: 자아 / 대상

자아 개념: 컵의 5 ≅ 돌아오기 전에 슬퍼함

대상 개념: 태양 ≅ 함께함, 건강함, 생기 있는 힘

묶음 5: 희망 / 방해

  예상:(양극성)

  – 희망: 지팡이의 시종 ≅ 친절한 전달자

  – 공포: 지팡이의 시종 ≅ 충동성 제어

  방해: 지팡이의 기사 ≅ 격분하기 쉬운 좌절

묶음 6: 결과와 지혜

결과: 악마 ≅ 학대, 사기, 타락, 지배

선물/안내: 지팡이의 8 ≅ 완전한 다리, 견해와 직관력

사례 연구 결론

빅터 맨스필드(Victor Mansfield)는 『동시성, 과학, 그리고 영혼-만들기(In Synchronicity, Science, and Soul-Making)』에서 이차적이고 우연한 사건이 일어나는 것의 의미가 동시성 현상을 뜻한다는 최종 분석을 논의했다. 그는 다음과 같이 설명했다.

그저 무의식의 존재를 확인하는 것이라면, 상징적으로 풍부하고 수많은 꿈의 해석을 만족하거나 완성된 것으로서 받아들이지 않았을 것이다. 그것은 그 사람의 개인적 특성을 어렵게 설명하는 것이라 볼 수 있다.[5]

맨스필드의 관찰에서 타로 방법 그 자체는 궁극적으로는 이차적으로 중요한 것이라고 제안한다. 반면에 타로가 자극하고 명료화시키는 통찰은 무엇보다도 중요하다. 순수한 동시성의 관점에서 볼 때 나는 여기에 동의해야만 한다. 타로 카드는 도구이며 매개 수단이지, 산물이나 운명의 결과는 아니다. 그것은 원단에 불필요한 것을 완전히 없앤 후 적당한 때에 의미 있는 주름을 넣는 것과 같은 순간적인 가르침과 있는 그대로를 비쳐 볼 수 있는 철학적 통찰력이 있는 솜씨 좋은 여자 재봉사와 같은 것이다. 그것은 의미 있는 교환이다. 또한 앞으로 잠재적으로는 심리치료 방법의 수단으로 고려되어야 한다.

심리학적 측면에서 새로운 방법으로 흥미를 갖게 하는 한편, 증상의 경감을 위한 그들의 탐구는 완전한 의미에서는 오히려 앞지른 것처럼 보인다. 그리고 그러한 '치료'로 불리는 것으로 퍼진 타로 자체의 깊이, 통찰력, 이해의 견해는 귀중한 것이다. 다른 것보다 상위에 있는 그들은 범상한 존재이면서 불안정한 우리의 한계를 극복하게 하고, 우리를 끌어내어 사람의 가슴에 어떤 활기를 불러일으킨다. 최종 분석에서, 타로의 정당성은 그것을 사용하는 사람의 경험에 의하는 두꺼운 덮개 속의 솜을 재판단하는 것일 수밖에 없다. 앞의 3장에서 조사한 예비 연구 편에서 그들은 자신들의 대상에서 오는 경험으로부터 오로지 최후의 대답을 할 수 있었다. 그러나 우리는 많은 양상 속에서 서로에게 영향을 주는 많은 폭력적 행위 속에 매우 이상한 양과 형태의 가정폭력을 보았다. 명백하고도, 서로 다른 개개인의 이야기는 특유한 주제와 단 하나밖에 없는 것을 이야기하는 부차적 줄거리를 싣고 있다. 그럼에도 불구하고 타로의 매개 수단을 통해서 다수에게 공통으로 적용되는 어떤 유형이 나타났다.

맨스필드의 결론은 이 책의 중심에 그 자신의 방식을 매우 잘 나타내었다. 그러나 그것이 독특한 통찰력을 나타내지는 않는다. 이 비법의 도구가 실제적인 도움을 주는 것은 그것이 포장된 문화와는 다른 것이라는 데 있으며, 타로는 본질적으로 분리되어 우리에게 희망을 갖게 한다. 이 연구에서 나는 불합리한 수단을 통해 합리적인 적용을 확립하여 건전한 철학과 경험의 토대를 만들려고 했다. 가정폭력에 특별히 초점을 맞추어 나는 단지 판도라의 상자에 노크를 했다. 동시성의 중심을 통하여 관계하는 여행의 가능성은 그 자신의 상상력에 의해 오로지 한계에 도달하고 미지의 영토에 도달하려는 그들의 용기에서 비롯된다.

예비 연구의 가설을 살펴보면, 타로는 인간적 경험의 원인을 나타내는 동시성적 반영물로, 가해자 및 피해자의 성격에 일관되게 나타나는 특정한 의미를 지닌, 근원적인 집단 경향성을 보여 줄 것이다. 주의 깊은 리더는 나의 견해에 지지하며 나와 함께하리라 믿는다. 여기에 보고된 예비 연구는 미완성이다. 그러나 시사하는 바는 있다. 만일 그렇다면 동시성의 가설은 그것이 비록 누군가의 '습관적 요인'에 본능적인 반영에 대한 확실한 도전일지라도 간직해야 한다.

계속되었던 실험과 과학적인 조사에 의해 그러한 경향을 이루게 된 것은 그것이 그들의 노력과 결부되어 충분한 흥미를 가지게 된 것이며, 이는 다른 사람들을 위한 이 책의 한 부분에서 이루어진 것이라 생각한다. 확실히 이것은 경험적인 증명으로 불규칙한 것에 대한 증명의 시도이고 실험상의 오류와 방법적 결함이 있는 것이라 비판받을 수 있다. 의심할 것 없이 더욱 엄격한 실험설계, 통제집단들의 사용, 다른 예언자와의 상호관계, 다중반복실험과 다른 측정보다 더 다루기 쉬운 증명과 통계적 분석이 요구된다. 이와 같은 것은 대단히 중요하다. 만일 우리가 이 일을 하는 데 작은 오명보다 더 많은 훌륭한 평판을 갖게 된다면 이것은 더욱 필요하다. 이 어려운실험의 길의 결과가 안 좋을 경우 그 가치는 솔직히 보다 큰 과학적인 타당성이 타로에 일어나게 된다. 그렇다면 틀림없이 다음 이 시대에, 타로는 세계에 대한 잠재적 기여도가 훨씬 크게 될 것이다.

그러나 최후에 우리의 진실한 연구를 통해 개개의 주제에 대하여 카드의 탁월한 지식으로 깊이, 스스로 강력한 의미를 발견했다 할지라도 우리는 결코 알지 못할 것이다. 개개인의 상징 집단에서 집단적인 커다란 진행 속의 관찰자처럼 앞에서 기술한 실험이 어떻게 될지라도 모든 것은 우리 자신을 위해서 결정하는 것으로 돌아간다.

이것이 신비한 우주 속에 살고 있는 우리의 폭넓은 사고가 단지 중심으로의 회귀로 돌아간다는 것에 비추어 볼 때 참으로 의미심장하다 할 수 있다.

▶각주

1) Pollack, Rachel, *Seventy-Eight Degrees of Wisdom* (Part Ⅱ) *The Minor Arcana;* Aquarian Press Limited, 1980, p. 52.
2) Arrien, Angeles, *The Tarot Handbook: Practical Applications of Ancient Visual Symbols;* Arcus Publishing Company, 1987, p. 92.
3) Pollack, Rachel, (Part Ⅰ) p. 57.
4) Arrien, Angeles (as above).
5) Mansfield, Victor, *Synchronicity, Science, and Soul-Making;* Open Court. 1995, p. 29.

13
심리학과 타로가 만날 때

우리의 의심은 흔히 얻을 수도 있는 행복을 두려워하게 해
서 잃게 만드는 반역자다.
- 윌리엄 셰익스피어, 『자에는 자로』 Act 1, Sc. 5

이 책은 일반적인 사고나 전통적인 지혜, 잘 알려진 일상적인 설명에서 벗어나, 지식을 쌓는 형태의 즐거움을 객관적 절차로 나아가는 방식과는 근본적으로 다른 접근으로 안내한다. 이른바 우연히 힘을 획득하고 그것을 마음대로 사용하는 위치에 놓인 여러분의 지식의 본능적 신뢰에 도전하는 것이다. 이 기대의 섬세함과 미묘함을 인정함으로써 심리학적 실습과 매일 개개인의 일상 안으로 침투하는 형이상학적인 토대로 고민거리를 해결하도록 용기를 북돋워 준다.

앞에서 기술한 대로 타로와 심리학 실재가 만날 때 약간의 조정이 필요하다. 또한 신비한 그림의 이상한 보따리를 가지고 묘한 길들을 통해 부호화된 형태를 지혜롭게 말하는 타로의 노련한 전문가처럼 우리의 토론은 사람의 상상력을 촉진시킨다. '행운을 염원하는 그 작은 카드' 는 질문에 따라 작은 보드 위에 놓이는 것이다. 사실 타로는 현재의 어려움을 함께하는 것이 규범이기 때문에 그들 자신이 관계되어 있거나, 선례에 따라가는 경우가 많지 않다. 그리고 성공을 위하여 보장된 것이 없으면서도 자아—발견과 깨어 있음 안에서 결정하며 실험을 통한 일정한 계획 없이 본능적 탐구에 의존한다. 더불어 리딩에 대한 대가를 필요로 한다면 모두가 거부하지 않고 주저없이 이를 지불한다.

우리는 이 고대로부터 내려오는 예술 중 가장 독특한 예술인 타로를 통하여 마음의 승강기 속 통로를 따라 표현된 상징적 의미의 수평 지형도에 근거하여 타로의 상상 세계 속에 있는 골짜기를 항해한다. 타로는 선박 안에 가동 중인 기계장치와 같은 역할을 하면서, 보편 타당성과 상반되는 구성상의 규칙들이 서로 의존하고 현재 중심적이고 동시성을 가진다. 우리는 여행하는 동안 계속되는 험난한 지역을 지나면서 능숙하게 등반하기 위해 필요하다면 손과 오래된 발판조차도 안정된 근거로 확립하려고 애를 썼다. 우리의 임무는 처음부터 심리학과 타로의 이상한 연관성으로 묶여 있었다. 말하자면, 원거리 통제를 위해 경쟁자도 없이 그들은 함께 드러누운 것이다.

　우리는 스스로를 포기했다. 타로의 영역은 우리가 알고 있는 세상의 정해진 영토에서 침해받지 않고, 소중하고 눈에 보이는 분명한 것을 지키는 의미의 것이 아니다. 우리는 때때로 완벽히 지키고(만일 우리가 정직하다면) 보호하며, 견고히 방어하면서도 또 다른 한편으로는 맹목적으로 개척하고 소진한다. 정확히 말하면, 타로는 뉴에이지나 올드 에이지와는 아무런 관련이 없다. 또 다시 그런 비교를 하는 것은 전혀 무의미하므로 결국 영원하고 형태가 없고 토대가 없는 것이라고 할 수 있다. 타로 영역은 지성과 감성처럼 세상에 잘 알려진 것과는 정반대로 보완적인 것일 수 있다. 그들은 보이지 않은 반쪽이자, 상상의 친구들이자 이면(裡面)일 수 있다. 그리고 우리는 유일하게 두 가지 범주를 결합시키는 것이 가능하다고 생각되는 '은연중에 동일시하는 명백한 이중성'을 깨닫기를 제안했다. 수피학자인 헨리 코빈(Henri Corbin)'이 쓴 상상에 관한 내용을 살펴보면 다음과 같다.

　세상은 마음대로 바꿀 수 있는 가상현실인, 상상의 세계…… 세상은 지성과 감각의 세계처럼 실제로 존재하는 순간과 계속 양극이 공존한다. 이 세상은 세상을 느낄 수 있게 하는 자신의 능력을 필요로 한다. 다시 말하면, 상상력의 힘은 순수한 이성적 가치인 인식의 기능을 가진 능력으로 지적인 관념이나 인식되는 감각처럼 그것은 실제와 같다.[1]

특히 우리는 '가능성의 잔상'이라 불리는 심리학적 정보의 경계 속에 존재하면서 상상의 힘을 경험하는 것처럼 여러 가지 상태를 설명했다. 잔상은 어떤 특수한 범위를 따라서 배열된 것을 따로 떼어 놓게 되는 구성 요소로서 규정된다. 그리고 가장 순수한 감각의 가능성은 물론 자연스럽게 일어나거나 일어날 것 같은 것을 제안한다. 그것은 보다 좋거나 보다 나쁜 것을 위해 제외할 수는 없다. 특히, 이 연구에서 토론한 특별한 규모의 가능성을 포함하고 있다. 첫째, 순식간에 동시적으로 공존하기 위해서 알려진 심리학적 경험의 스펙트럼, 둘째 개별적 타로 카드 속의 의미 있는 스펙트럼, 셋째 치료자와 내담자 사이에서 타로가 손쉽게 개입하여 치료에 도움을 주는 스펙트럼 등이다. 이러한 영역에서 타로와 심리학이 만날 때에는 좋은 가치를 추구할 가능성이 있다.

이 장에서는 타로 카드를 통해 열등의식 아래 거대하게 확대되어 나타나는 인간 마음의 토대가 어떻게 구축되는지를 관찰하고 있다. 실로 우리는 감정의 무질서와 그 성격의 혼란스러움을 모두 경험했다. 그러나 만약 정신병리학의 실제적 세계를 위해 최고의 타로 권위자에 대한 범주를 제한한다면 타로의 권위자는 선천적으로 타고난 자가 되어야 할 것이다. 나는 연구를 통해 타로의 가능성을 어렴풋이 증명해 보았다. '완전한 타로의 도전'(내가 그것을 불렀던 것처럼)은 근거가 있는 방법을 수단으로 하여 가해자의 있을 것 같지도 않은 연구와 가정폭력의 희생자를 통해서 언제 끝날지도 모르는 결과를 자극하여 흥미롭게 도출해 냈다. 만일 대단한 증명을 하는 것이 아니라면, 이 영역 안에서 더 많은 연구를 통해 우리의 터무니없지만 정당한 요구를 확실히 알아볼 수 있을 것이다. 예비 연구의 노력들은 단지 가능성의 통로를 경험에 의해 열어 갈 뿐이다.

타로는 예언하는 엄청난 능력을 가지고 있다. 그리고 실로 주관적인 경험을 창출한다. 즉, 다시 말하면 타로의 유일무이하고도 신비한 자산은, 첫째 본질적인 말에 의하기보다 상상을 제공하는 것, 둘째 경제성, 복잡성 그리고 간단한 조력 안에 요약되어 있는 것, 셋째 타로의 다차원성이 '깊은 인식력'의 조력 안에 있는 단순성, 넷째 타로의 초자연성이 각성을 통해 감동을 불러일으키는 힘, 다섯째 타로의 계획성이효과 있고 치료에 쓸모 있는 유용성으로 대단한 능력 등이다.

실제 세계에서의 타로를 위한 더 단단한 토대를 찾았다. 과학적인 연구와 분리되어 혼란스러운 영향을 주기도 하지만 우리는 심리학적 배경과 함께 타로와 자연적인 친근함을 보였다. 마음의 무질서한 혼란을 주는 타로는 보다 큰 심리학적 교양, 정확성, 경험성, 훈련을 위해 필요하다. 그리고 도덕적인 문화는 그것을 폭넓게 받아들이고 활용하게 한다. 우리가 그렇게 하는 것은 집시 복장을 하고 남의 돈을 빼앗는 사람이 입은 타로 옷을 벗겨야 하기 때문이다. 그리고 그들이 현상학적 마법을 간직한 직업으로서 카드를 하도록 허락해야 한다. 또한 우리가 타로를 보다 더 체계적인 방법으로 정립하면, 그것은 사전을 통해 건전하게 분류되어 심리학적 원리와도 일치하게 된다. 그리고 그 힘은 경험적인 탐구와 직업적인 훈련을 통해 더욱 더 유리하게 치료할 수 있도록 바뀔 것이다. 그러나 왜 우리는 그러한 다리를 건설하기 위해 공을 들여야 하는가?

간단하게 대답하자면, 첫째 '그것이 그곳에 있기 때문이고', 둘째 우리 모두가 도움받기를 필요로 하기 때문이다. 원형의 타로 상징들 깊은 곳에는 수(數) 원형들과 색깔, 이미지가 포함되어 있다. 본질적으로 심리학적 우선순위는 창작되거나 꾸며진 것보다 진실을 위해, 그리고 연구를 통해 사람에 의해서 발견된 사실을 우선으로 한다. 우리가 그들을 선택하든 안하든, 그들은 그곳에 있다. 우리는 보이지 않을 만큼 깊은 물속을 향해할 때 필요한 도구가 부족하다. 바보들의 여행은 가장 중요한 여행 계획도 없이 모든 곳을(무의식중에) 여행한다. 그러므로 이것은 높은 근원의 계시를 필요로 한다.

타로와 『주역』이 주는 계시는 서로 다른 두 세계를 우리에게 연결시켜 주는 특수한 나침반 그 이상도 그 이하도 아니다. 외부적 상황에 있는 그들에게 우리는 내부적인 힘의 안내자가 되기 위하여 우리가 이야기하는 것과 관련지어 그 방향을 바꾼다. 그들은 프로이트와는 전혀 다른 형태로서, 가장 구미에 맞는 20세기의 정신적인 작업 안에 결정적인 통찰력의 토대를 만들었다. 말하자면, 단어나 사물, 사건들을 정확히 이해하는 것은 '영적인 세계(무의식의)'와의 소통의 길로 향하는 징조(징후)가 된다. 그리고 모든 징조, 투쟁, 문제와 근원적이고도 비개인적이고 고도의 지적인 표현은 우리와 소통하고자 노력하고 있다. 그것들은 단어가 아니라 상징으로서 우리에게 말한다. 우리는 들을 필요가 있다. 예언은 우리 귀에 들리게끔 특별한 평가를 전한다.

제임스 힐먼(James Hillman)과 마이클 벤투라(Michael Ventura)는

도발적인 표제의 최근 저서, 『우리는 100년 동안 심리치료를 받았고, 세상은 더욱 악화되고 있다(We've had a Hundred years of Psychotherapy and World's Getting Worse)』에서 우리가 필요로 하는 최대한의 도움에 대해 확실히 증명했다. 아주 복잡하고 도발적으로 나쁘지 않다면 누가 논쟁하겠는가? 21세기가 되면 심리치료법의 장래에 동의하지 않는 몇몇 정신과 전문의는 살아남기 힘들 것이다. 보다 보편적인 수준에서 본다면, 자아 성찰과 자기 각성의 장래에 동의하지 않는 사람 역시 살아남기 힘들 것이다.

효과적이라고 알려진 전통적인 '이야기 치료법'은 현재는 근본적인 수술(보다 나은 약간의 '절제 수술')을 받고 있다. 아마도 오늘날 몇몇의 치료자를 통하여 나중에는 보다 더 나아질 것으로 예측된다. 현재 어림잡아 약 400여 개의 심리치료 학파가 우리를 당혹스럽게 하고 있다. 그러한 곳은 다른 곳들보다 나은 점 하나 없이 설득력 없는 증거를 가진 채 운영되고 있다. 오늘날 소용돌이치는 혼란 속에서도 시장의 힘, 그리고 이른바 건강 보호 개혁, 관리 의료, 치료의 연합과 의학적 치료, 치료의 간결함과 치료 목표의 강조, 비용 절감, 빠르게 변하고 있는 내담자 인구의 변화가 뚜렷이 나타난다. 그리고 컴퓨터 혁명은 전통적인 심리치료가 지금까지 해 온 표준적인 실제를 재고하기를 요구한다. 내가 제안했던 것처럼 아마도 타로가 낭랑하게 울려 퍼지며 노래하는 이러한 변화의 흐름은 실현 가능한 기회다. 타로 역사가인 신시아 자일스는 다음과 같이 말했다.

마술적인 철학은 오랜 문화적 구조가 확실히 붕괴될 때 꽃을 피운다. 많은 방법으로 피어나는 포도나무는 폐허가 된 건물의 분해된 벽들

로 어느덧 스며들어 가게 될 것이다.[2]

그러나 타로는 오히려 큰 기능을 제공할지도 모른다. 서양에 근거한 영적 전통과 문화적 경험을 함께하며, 황금빛 르네상스와 고대의 위대한 지혜에 대한 전통을 철학적으로 연결했다. 아직 기억에 생생히 남아 있는 중대한 사건들, 그리고 계속되는 치료와 회복으로부터 지속적으로 견딜 수 있도록 해 주는 것은 독특하게도 다중문화, 그리고 서로 다른 문화에 있다. 타로는 건강심리학적으로 기능하기 위해 복잡하고 광범위한 지도를 우리에게 제공한다. 마구 쏟아져 나오는 완성된 타로 덱은 눈에 띄는 창조적인 활동과 젊은 세대들에게 영감을 불러일으키는 매력이 있다. 말한 것처럼 시간과 장소에 제한받지 않는 타로의 보편적으로 인지할 수 있고, 접근하기 쉽고, 이문화(異文化)적이고, 언어 독립적이고, 영속적인 이미지는 유기적인 활동을 훼방하는 편협함과 텃새로부터 자유롭게 한다. 현재, 보다 실현 가능한 지도에 대해 논쟁하는 몇몇 사람들은 서양의 심리학 기록 보관소에 정상적이고 적합하고 상관있는 것 외에는 어떠한 열의도 기울이지 않고 있다.

타로는 심리-영적인 퍼즐에서 결정적으로 빼먹은 조각을 나타낸다. 즉 전통, 언어, 심상, 간단한 카드 덱의 배정은 그들 특유의 어감과 차원, 심리적 발달, 그리고 가능성의 스펙트럼에서의 인간의 잠재력을 반영한다. 일찍이 아리엔이 말한 것처럼 치료적 맥락에서 타로의 타고난 가치는 기능장애 행동의 진단적 범주에 대한 정신병리학적 지침서인 DSM의 다른 한쪽이라 할 수 있다. 타로는 형이상학적인 '그림' 책이다. 신성, 반영, 예언을 정의하고 인간적 잠재력과 가능성의 스펙트럼을 창조한다. 타로를 통한 심상 치유의 힘은 우리를 상상력이 풍부한 중심지로 이끈다. 타로 카드는 종교는 아니지만 신성한 도구다. 그리고 타로는 본질적으로 의식 교육도, 영적 활동도 아니다. 그러나 가능성의 예외적인 촉매제 구실을 한다. 중국의 속담에 "유능한 사람 뒤에는 항상 또 다른 유능한 사람들이 있다."라는 말이 있다.

끝으로 19세기의 위대한 프랑스 타로 마스터인, 엘리파스 레비(Eliphas Levi)의 말을 인용하고자 한다. 아마도 모든 타로 이론가들에게 가장 많은 영향을 준 '최후의 점성술사'인 레비는 타로가 어떤 고대로부터 내려오는 상징 체계의 매혹적인 유물로는 올바르지 않을지도 모른다고 말한다. 그러나 타로 카드는 비할 데 없는 실제적인 도구로써 이 시대의 현명한 열쇠라고 했다.

타로는 불후의 명작이며 피라미드처럼 단순하고 강하다. 그리고 영속성이 있기에 중요하다. 타로는 무수한 변형이 모든 문제를 해결할 수 있다는 것을 알고 있는 사람들의 모든 지식 체계를 요약한 책이다. 한 가지 생각에 의해 하나의 책이 만들어진다. 타로는 아마도 사람의 마음을 표현하는 가장 위대한 명작이며, 고대로부터 전수된 가장 아름다운 물건이다.

▶각주 ─────────────────────────────────

1) Quoted by Donald Sandner in his foreword to R.Ammann, *Healing and Transformation in Sandplay;* La Salle, Illinois, Open Court, 1991.
2) Giles, Cynthia, *The Tarot: History, Mystery, and Lore;* Simon and Schuster, 1992, p. 121.

부록

불가능한 것을 추구해서 가능한 최선의 것을 얻어 내라.

– 이탈리아 속담

마이너 아르카나

구와 속담

주: 기본적인 웨이트와 스미스(Waite/Smith) 타로의 이미지를 설명하고, 전통적인 설명은 버틀러의 『타로의 사전(Dictionary of the Tarot)』(1975년)에서 발췌했다. 그러나 의미들은 모든 덱에 적용 가능하다. 설명이라 되어 있는 부분은 저자가 집필한 것이며, 역방향은 카드의 '내적인' 면을 절충한 것이다. 가능성의 스펙트럼은 이 책의 사전에서 발췌하였다.

검(공기, 명료함, 사고)

검의 에이스

설　명: 지혜의 검(프라야나)/혼란과 정서적인 집착들을 단절한다/명료함/있는 그대로 그것들을 바라보라/(역방향) 혼란과 내적인 명료함

이미지: 곧게 선 검을 잡고 있는 천상의 손과 칼날의 끝은 왕관을 쓰고 있다. 왕관은 두 개의 가지로 장식되어 있고, 그중 하나는 붉은 열매를 가지고 있다. 태양의 요드도 이 카드에 있다.

전　통: 힘, 승리, 정복, 순수한 지성

"천 번을 재 보고, 단칼에 잘라라."(터키 속담)

가능성의 스펙트럼: (지성) 아이디어/지성, 환영/혼돈, 발견/투명함

설　명: 하나되지 않았지만 근접함/우정과 존경/대립/상호 관계/대극성에
　　　 대한 존중/(역방향) 깨진 신뢰/버려짐/배신/자기 신뢰

이미지: 바다 옆에 앉아 눈을 가린 사람, 그 손은 두 개의 검을 엇갈린 채로
　　　 잡고 있다. 그 위에는 초승달이 떠 있다.

전　통: 일치, 우정, 화합, 대극, 조화, 평정
　　　 "당신이 존중받기를 원한다면, 당신은 당신 자신을 존중해야만 한
　　　 다." (스페인 속담)

가능성의 스펙트럼: (신뢰) 우정/충성, 의심/배신, 친화력/존중

검의 3

설　명: 비탄과 슬픔/가슴을 관통한 마음/고된 통찰력/(역방향) 부정 혹은
　　　 보살

이미지: 같은 가슴을 관통한 세 개의 검

전　통: 슬픔, 실망, 눈물, 고전분투, 제거, 분리, 연기
　　　 "사랑이 있는 곳에는 고통이 있다." (스페인 속담)

가능성의 스펙트럼: (슬픔), 우울/비탄, 수치심/비난, 고통/내관(內觀)

검의 4

설　명: 기나긴 질병 후의 휴식과 회복/철회/부활/(역방향) 질병 혹은 명상의
　　　 부정/내적인 치유

이미지: 무덤 위에 놓인 기도하는 기사의 상, 벽에는 끝이 아래로 향해 걸려
　　　 있는 세 개의 검. 무덤의 옆 그 아래는 또 다른 검이 있다.

전　통: 은둔, 고독, 은둔자의 휴지(休止), 휴식, 회복기, 명상
　　　 "닫힌 마음은 닫혀져 있는 책과 같다. 즉, 나무의 토막과 같다." (중

국 속담)

가능성의 스펙트럼: (은둔), 휴식/은둔, 스트레스/고독, 정신적 정화/재충전

검의 5

설　명: 자신과 친구에 대한 충성 사이의 분쟁/두 사람 혹은 물건의 손실에
　　　대한 슬픔/변화가 일어난 후에 앞으로 나아가기/(역방향) 분열/의식
　　　적으로 주의력이 나뉨

이미지: 그의 왼쪽 어깨의 두 개의 검을 잡고 있는 사람. 그의 오른손에 아
　　　래로 향한 세 개의 검의 칼 끝. 그의 가까이의 있는 땅에는 두 개의
　　　다른 검이 놓여 있다. 두 사람은 낙담하여 떠난다. 악의적인 승리의
　　　표현은 그의 얼굴에 있다.

전　통: 패배, 상실, 실패, 비방, 하강, 파괴, 슬픔, 비통함
　　　"당신의 이웃을 사랑하되, 그 울타리는 허물지 마라." (독일 속담)

가능성의 스펙트럼: (슬픔) 투쟁/패배, 허락/경멸, 분리/불화

검의 6

설　명: 삶의 여정과 과도기/다른 저편을 발견하고자 깊고 위험한 강을 건너
　　　감/배에 당신의 기지(자각)를 지키는 것이 필요하며/아래(무의식)의
　　　깊은 강물 속으로 빠져들 위험이 따른다/뱃사공은 당신의 내적 안내
　　　자이며/여인과 아이는 여정 중의 중요한 하위 성격이다/('양육자'
　　　와 내면으로는 '상처입기 쉬운')/(역방향) 행동을 하지 못함/무모함/
　　　내적인 여정

이미지: 칼의 끝이 아래로 향한 6개 검들이 있는 배에 앉아 있는 두건을 쓴
　　　두 사람. 남자가 배를 젓고 있다.

전　통: 불안 후의 성공, 배로 하는 여정, 여행, 육신 혹은 영혼의 여정
　　　"잔잔한 바다는 숙련된 항해자를 만들지 못한다." (아프리카 속담)

가능성의 스펙트럼: (과도기) 통로/비행, 도피/마비, 여행/변화

검의 7

설 명: 관계와 우정을 희생하여 분쟁을 일으킴/순교와 배신/혼돈 속에서 교활해짐, (역방향) 현혹된/혼란스러운

이미지: 군인의 주둔지로부터 다섯 개의 검을 쥐고 훔쳐 도망가는 남자. 두 개의 다른 칼은 그 뒤에서 칼끝이 아래로 가 바닥에 서 있다.

전 통: 계획, 시도, 새로운 음모, 동요, 불명확성

"모든 이들은 자신의 짐들을 무겁게 여긴다." (프랑스 속담)

가능성의 스펙트럼: (방어) 무익함/단념, 회피/도피, 비밀/속임수

검의 8

설 명: 자신이 부과한 자아/인지 왜곡/자신의 부정적인 생각에 의해 제한되고/보지 못함/(역방향) 병리학적인 우울/부동

이미지: 사람의 왼쪽에는 다섯 개의 검이 서 있고, 오른편에는 세 개가 서 있다. 눈을 가린 사람이 묶인 채로 서 있다.

전 통: 분쟁, 비평, 비난, 장애, 위험, 우유부단, 속박

"강자가 곤경에 처하게 되면, 심지어 약자조차도 그를 공격하려 할 것이다." (힌두 속담)

가능성의 스펙트럼: (방해) 억압/정체, 죄의식/덫, 무기력/무력함

검의 9

설 명: 우울/걱정/정신적인 고뇌/(역방향) 자기 의심/심사숙고/자멸

이미지: 사람은 침대에 앉아, 눈을 가리고, 흐느끼고 있다. 그 뒤에는 9개의 검이 수평으로 놓여 있다. 침대의 이불에는 행성들의 사인들과 사

인들의 하우스 그리고 붉은 장미들이 번갈아 가면서 사각형의 디자인들로 장식되어 있다.

전　통: 걱정, 슬픔, 절망, 학대, 외로움, 죽음

"건강한 자는 희망을 품고, 희망을 품은 자는 모든 것을 가진다."
(아랍 속담)

가능성의 스펙트럼: (왜곡) 절망/고통, 우울/운명, 그림자/악마들

검의 10

설　명: 희망의 끝/복종으로 이끌기 위한 정체/더 이상의 애씀이 없음/지옥의 영역/에고가 죽음/근원으로 회귀/(역방향) 소멸과 분열의 두려움/전환하여 더 높은 근원으로

이미지: 남자가 얼굴을 아래로 하여 엎드려 누워 있다. 그의 등은 10개의 서 있는 검들이 관통하고 있다.

전　통: 멸망, 고통, 황량, 카르마적인 결과, 조화의 시작

"사람이 익사하기로 운명 지어졌다면, 그는 한 숟가락의 물에도 익사할 것이다." (이디시 속담)

가능성의 스펙트럼: (복종) 멸망/ 재탄생, 부정/진압, 전환/해방

검의 시종

설　명: 마음의 제자/미묘한 관찰을 바탕으로 사적인 사항들을 적는 탐정 혹은 스파이/상황을 확인하기/현실적인 시험/(역방향) 극도의 경계 혹은 그 밖의 예리한 자기 관찰

이미지: 젊은 남자가 바람이 부는 언덕 위에서 검을 휘두르며 서 있다.

전　통: 주의 깊은, 날카로운, 미묘한, 책략적인, 스파이 혹은 경쟁자, 비밀스러운 봉사

"당신이 할 수 있다면, 부자와 강한 자를 속여라. 그러나 그들을 모

욕하지는 마라." (일본 속담)

가능성의 스펙트럼: (관찰) 초연/교활함, 의심/편집증, 타산/주의

검의 기사

설   명: 빨리 움직이고/모든 무의미한 것들을 잘라 버려라/통찰력 속의 위
대한 기술/명료함을 위한 탐구/지식의 구도자/(역방향) 강박관념/과
도한 지성/혹은 선(仙) 수련자

이미지: 바람을 가로질러 검을 휘두르며 격렬하게 말을 타고 가는 기사. 그
의 옷은 나비와 붉은 빛의 새들로 장식되어 있다.

전   통: 낭만적인 기사도 정신, 숙련됨, 용맹한 용기, 영리함, 능력
"당신이 풀 수 없는 것을 묶기 위해 급하게 서두르지 마라." (영국
속담)

가능성의 스펙트럼: (통찰력) 집중/식별, 합리화/강박관념, 평가/절감

검의 여왕

설   명: 독립적인/성격적으로 자기를 희생하는 여인/정직과 명확성을 위
해 봉사/있는 그대로의 상황들을 바라보는 것에 대한 화답으로 슬
퍼함/(역방향) 남성적인 요소가 지배하는/속임수적인/구상하기 혹
은 통찰력을 깊이 간파하기

이미지: 날개 달린 천사와 나비로 장식된 왕좌에 앉아 있는 단호한 여왕. 그
의 왕관 역시 나비로 장식되어 있다. 그녀는 오른손에 검을 굳게 쥐
고 있다.

전   통: 슬픔과 친밀함, 과부 생활, 뚱한, 슬픔의, 아주 명민하고 지적임
"투명한 양심만큼 부드러운 베개도 없다." (프랑스 속담)

가능성의 스펙트럼: (정확성) 통찰력/정직함, 보복적인/독선적인, 조화/일관성

설　명: 공평하고 객관적인 지식/객관적인 정보와 기술된 정보를 바탕으로
　　　치우침 없이 판단하는 법정의 판사/명령과 권위/(역방향) 판단적인/
　　　편견을 가진/구체화된 자각

이미지: 초승달, 하현달, 나비, 여성들이 새겨진 돌로 된 왕좌에 앉아 있는
　　　단호한 왕. 그의 왕관에는 날개 달린 천사의 무늬들로 섞여 있다.
　　　그의 오른손에는 검을 쥐고 있다.

전　통: 아이디어들로 가득함, 권위의 남자, 판사 혹은 비평가, 지성, 대장,
　　　변호사, 힘

　　　"말한 것을 조사하되, 말한 사람을 조사하지 마라." (아랍 속담)

가능성의 스펙트럼: (명료함) 정확성/판단, 지성적으로 처리하는/판단적인,
　　　구체화하는/자각

컵(물, 가슴, 느낌, 치유)

컵의 에이스

설　명: 모든 단계의 정석적인 충만함/행복/풍요/(역방향) 정서적인 단절/혹
　　　은 영적인 헌신

이미지: 분수와 같은 황금의 성배를 쥐고 있는 천상의 손. 분수에서 물과 요
　　　드의 다섯 줄기는 연꽃이 있는 연못으로 떨어진다. 컵에는 역방향
　　　의 'M' 이라고 새겨져 있다. 하얀 비둘기는 부리에 십자가와 함께
　　　하얀 원을 담고 있는 컵 속 아래로 향하여 날고 있다.

전　통: 초월적인 사랑, 기쁨, 행복, 풍요

　　　"사랑과 달걀이 신선할 때, 그것들은 최상이다." (러시아 속담)

가능성의 스펙트럼: (정서) 수용성/유동성, 절망/무감각, 욕망/희열

설　명: 정서적인 상호관계 — 가슴의 단계에서 함께하기/사랑에 빠짐/합
　　　일/사랑하는 관계/(역방향) 상호적인 마찰/합일의 충동/혹은 영적
　　　인 합일

이미지: 두 명의 연인이 컵을 잡고 있다. 그들 위에는 카두세우스와 함께 날
　　　개 달린 사자의 머리가 떠 있다.

전　통: 함께하기, 결혼, 치유

　　　"사랑엔 규칙이 없다." (이탈리아 속담)

가능성의 스펙트럼: (관계) 합일/교제, 합병/포기, 매력/존중

컵의 3

설　명: 기쁨의 경험/(여성적인) 관계의 과정/나눔/자발적인 정서의 자연
　　　스러운 흐름/(역방향) 쓴맛/지나친 찬양/혹은 함께하는 황홀경

이미지: 풍요로운 대지에서 세 명의 여인이 높이 컵을 쥐고 있다.

전　통: 기쁨, 풍요, 비옥함

　　　"기쁨을 함께하면 기쁨은 배가 되고, 슬픔을 나누면 슬픔은 반으로
　　　줄어든다." (스웨덴 속담)

가능성의 스펙트럼: (표현) 축하/기쁨, 항의/씁쓸함, 애정/공유

컵의 4

설　명: (관계에서) '잃어버린 조각'을 현실화시키거나 붙잡기 위해 노력함/
　　　구성/정의/혹은 관계를 맺지 못해 불만족/(역방향) 미숙한 경계/혹은
　　　이성적인 지성

이미지: 나무 앞에 앉아 있는 몽상가. 세 개의 컵은 그 가까이 땅에 놓여 있
　　　다. 천상의 손이 네 번째의 컵을 주려고 한다.

전　통: 지금 현재의 상황에 불만족, 지침과 혐오, 뒤섞인 기쁨, 새로운 지식
　　　　"지금 사랑하고 있는 것을 얻을 수 없다면, 손이 닿는 곳에 있는 것
　　　　을 사랑하라." (프랑스 속담)
가능성의 스펙트럼: (기대) 위안/불안, 냉담/무감각, 약속/가능성

컵의 5

설　명: 몇몇 중요한 정서의 과정을 상실하여 슬퍼함/이미 엎질러진 물에
　　　　대해 울부짖음/새로운 사랑의 경험은 필연적인 슬픔의 완성을 기다
　　　　리고 있다/(역방향) 부정/충격/복잡한 이별 혹은 분리-개별화
이미지: 검은 옷을 입고 있는 남자가 강 옆에 쓸쓸하게 서 있다. 그 앞에 쓰
　　　　러져 있는 세 개의 컵이 땅에 놓여 있고, 그의 뒤에는 세워진 두 개
　　　　컵이 있다.
전　통: 실망, 부리, 조화의 결여, 우정 혹은 기쁨의 상실
　　　　"우리는 물건을 분실하고 나서야, 그 물건의 가치를 안다." (프랑스
　　　　속담)
가능성의 스펙트럼: (분리) 상실/슬픔, 황폐화/충격, 집착/놓아 버리기

컵의 6

설　명: 지나간 꿈들의 달콤한 향기를 다시 일깨움/향수병은 어린 시절과
　　　　사춘기 시절을 연상시킨다/기억/젊음의 달콤한/(역방향) 감상적인
　　　　혹은 과거에 고착됨/깊은 동경
이미지: 다섯 개의 뾰족한 하얀 꽃들과 함께 여섯 개의 컵들이 있다. 어린
　　　　소년은 소녀에게 그 컵 중의 하나를 건넨다. 여섯 개의 컵들은 다채
　　　　로운 꽃들로 가득하다.
전　통: 과거를 통해 작업하기, 희미해진 과거, 기억들, 향수병
　　　　"견디기 어려웠던 일은 다시 회상하기에 달콤한 것이다." (프랑스

속담)

가능성의 스펙트럼: (기억) 정감/향수, 후회/고착, 부드러움/동경

컵의 7

설 명: 지나친 생각은 결정을 내리지 못하게 한다(햄릿)/많은 길/너무 많은 선택으로 인해 압도당함/하나를 선택하는 것이 최상임(혹은 정체의 함정들을 무릅쓰고 감행하라)/(역방향) 선택 사항의 결여/상상을 하지 못함/혹은 잠재적인 성격의 활발하게 지각함

이미지: 그림자의 형상은 하늘에서 7개의 컵을 보고 있다. 하나의 컵에서 천사의 머리가 떠오른다. 또 다른 컵에서 뱀이 떠오른다. 또 다른 컵에서는 성이 떠오르고, 네 번째의 컵에서는 보석이 떠오른다. 다섯 번째의 컵에서는 괴물이 떠오른다. 여섯 번째의 컵에서는 후광과 함께 가리개를 한 형상이 있다. 일곱 번째의 컵에서는 화환이 있다. 일곱 번째 컵의 해골 형상은 내용물을 설명해 주려고 하므로 그 컵은 두 배로 흥미로운 것이다. 그 컵은 그러한 설명을 하는 유일한 컵이다.

전 통: 환영적인 성공, 상상과 비전

"의심스럽다면, 질주하라!" (프랑스 재향 군인회의 속담)

가능성의 스펙트럼: (다채로움) 환상/가능성, 파편/반영, 선택/풍부

컵의 8

설 명: 내적인 여정, 영혼의 어두운 밤/직감적으로 내면으로 끌어당김/자동적으로 외부 세상/당신의 느낌을 따르라/내면으로 향함/(역방향) 통제의 상실/영혼의 상실/자아의 상실

이미지: 고독한 밤의 풍경. 사람은 8개의 컵에 등을 돌린 채 기울어져 가는 초승달 아래에서 걸어간다.

전   통: 버림받은 성공, 돈의 문제에서 비현실적임, 내면으로 향함

가능성의 스펙트럼: (은둔) 여정/철회, 호흡 곤란/정체, 하강/박탈

컵의 9

설   명: 기쁨과 행복/포만과 풍요/정서적인 만족/(역방향) 탐닉/소비/중독
     혹은 자기만족

이미지: 줄지어 서 있는 컵 앞에 만족하며 앉아 있는 풍채 좋은 남자

전   통: 물질적인 성공, 행복, 진실, 충성, 자유
     "개집은 소시지를 지킬 만한 장소는 아니다." (덴마크 속담)

가능성의 스펙트럼: (충만) 기쁨/즐거움, 탐닉/중독, 유지/만족

컵의 10

설   명: 사랑에 빠짐/도취/희열/삶보다 더 큰 (확장), '하늘의 무지개' (덧없
     음)/(역방향) 정서적으로 텅 빈/흘러넘침/혹은 뉴미노즘

이미지: 남자와 여자는 하늘에는 무지개의 컵들을 보고 있다. 그들 가까이
     에는 두 명의 아이들이 춤을 추고 있다(W/R). 사랑하는 연인 한 쌍.
     그녀는 머리에 장미를 꽂고 있다.

전   통: 영속적인 성공, 다가오는 행복, 만족, 우정
     "비록 나무가 아주 크게 자란다고 할지라도, 낙엽들은 땅으로 되돌
     아간다." (말레이시아 속담)

가능성의 스펙트럼: (영감) 긍정/감사, 확장/수축, 흥분/심취

컵의 시종

설   명: 꿈꾸는 젊음/모든 것이 좋게 들리지만/그 어떤 것도 발현되지 않았
     다/로맨스/시/질투/열정/종종 무의식적인 요소로 인한 우울함/(역

방향) 미성숙/불안정함/유동성/감정을 노골적으로 드러냄

이미지: 바다의 옆에 서 있는 시종. 그는 물고기가 뛰어오르려는 컵을 잡고 있다.

전　통: 쾌락을 꿈꾸는 독신자, 유혹과 속임수, 술책

"사랑은 우리에게 많은 것이 존재하지 않는다는 많은 사실을 말해 준다." (우크라이나 속담)

가능성의 스펙트럼: (상처입기 쉬움) 순수/개방, 우울함/불안정, 애정/의존

컵의 기사

설　명: 가슴의 구도자/성스러운 성배에 관한 탐구/낭만적인 영웅/용감한 가슴/보살/유혹하는 음유시인/(역방향) 나르시즘/여성화/돈주앙적인/돈키호테식의/혹은 박티 헌신

이미지: 날개가 달린 헬멧을 쓴 기사는 강과 산을 향하여 사막을 건너려고 한다. 그는 컵을 나르고 있다. 그의 옷은 붉은색 물고기로 장식되어 있다.

전　통: 그의 비전 속에 살고 있는 몽상가, 연인, 경쟁자, 유혹하는 사람, 타인, 항해자, 마약 상인, 오컬트, 강한 성적 경향성

"가득 채워진 컵은 반드시 조심스럽게 운반해야 한다." (영국 속담)

가능성의 스펙트럼: (가슴) 로맨스/탐구, 나르시즘/불의, 열정/이상화

컵의 여왕

설　명: 여왕을 양육하는 치유/영혼/가슴/정서와 움직임/가슴의 여왕/(역방향) 도움을 주려는 증후군(헬퍼 신드롬)/상호 의존/정서적인 추론 혹은 여신 숭배

이미지: 바다 옆 의자에 앉아 있는 여왕. 그녀는 천사들로 장식된 화려한 컵을 잡고 있다. 그녀의 의자는 날개를 가진 인어 천사로 장식되어있

으며, 머리 부분에는 가리비의 모양이 섞여 있다.

전　통: 수용, 성찰, 환영, 정직하고 헌신적인 아주 공평한 여인, 물의 물속 부분(크롤리)

"당신이 어디를 가든지, 온전히 당신의 가슴과 함께 가라." (공자)

가능성의 스펙트럼: (양육) 보호/치유, 질식시킴/벌함, 주기/받기

컵의 왕

설　명: 치유하며/느끼는 왕/오늘날의 테라피스트/의사/외교관/주로 자비와 인류에게 봉사하는 데 참여하는 사회 지도자/(역방향) 사기꾼/박애주의자/구루/영감적인 시인

이미지: 왕은 바다의 중앙에서 돌의 벽돌 위에 있는 왕좌에 앉아 있다. 물고기 장식은 그의 목걸이 펜던트다. 배경에는 뛰어오르는 물고기가 반복하여 나타난다. 그는 오른손에 컵을 잡고 있고, 왼손에 연꽃 홀을 쥐고 있다.

전　통: 정직한 사람, 철학적인 혹은 이상적인, 친절, 자유, 관대함

"당신 자신을 즐겨라. 인생은 생각보다 짧다." (중국 속담)

가능성의 스펙트럼: (자비) 지혜/지원, 조종/배신, 감정이입/동정심

지팡이(불, 영혼, 에너지)

지팡이의 에이스

설　명: 새로운 시작/창조적인 영의 탄생/창조적인 근원/권능/(역방향) 태초의 혼돈/혹은 영적인 깨달음

이미지: 구름으로부터 잎을 가진 지팡이를 잡고 있는 손. 요드(Yods)의 형상 속에 다른 잎들도 보인다.

전　통: 창조, 발명, 진취적인 정신, 에너지, 힘, 불의 힘, 탄생, 행동, 직관적
　　　 인, 남성적 리비도

　　　 "비전이 없는 곳의 사람들은 멸한다." (잠언 29:18)

가능성의 스펙트럼: (열망) 시작/창조, 어두움/격앙, 개별화/모험

지팡이의 2

설　명: 세상/정신이 분리/새로운 창조적인 가능성들/상상/타인들에게 미
　　　 치는 힘/창조적인 협력/(역방향) 상상의 결여/텔레파시

이미지: 바다 저편을 바라보며 전쟁터에 서 있는 남자. 그의 오른손에는 지
　　　 구본을 들고 있으며, 그의 왼손에는 지팡이를 들고 있다. 그의 오른
　　　 쪽에는 벽을 기대어 서 있는 또 다른 지팡이가 있다. 그의 왼편 벽
　　　 쪽에는 성 앤드루 십자가가 있고, 하나의 가로축에는 하얀 백합꽃
　　　 이 있으며, 다른 한쪽은 붉은 장미가 있다.

전　통: 지배, 다른 이에 대한 영향력, 오컬트적인 지식, 전쟁과 도전에 대
　　　 한 사랑, 세속적으로 부유함

가능성의 스펙트럼: (선택) 통합/집중, 혼돈/걱정, 가능성/공명

지팡이의 3

설　명: 잠재적인 확장/방향을 찾기 위해 '하나의 길' 과 '두개의 길' (자아
　　　 혹은 타인) 사이의 선택/(역방향) 방향을 잃어버림/의도를 상실/상상
　　　 하기

이미지: 바다 혹은 사막이 무엇인지를 살펴보는 남자. 이 카드의 배경의 색
　　　 깔은 때로는 노란빛의 바다를 보여 주는 노란색이다. 그의 오른 손
　　　 에는 하나의 지팡이를 잡고 있고, 그의 왼편에 또 다른 지팡이가 서
　　　 있다. 그의 오른편 뒤편에 홀쭉하게 세 번째 지팡이가 서 있다.

전　통: 확고한 힘, 노력, 발견

"할 것인지, 안 할 것인지를 확실하게 하라." (미국 속담)

가능성의 스펙트럼: (의도) 노력/행위, 양면성/무기력, 시각화/방향

지팡이의 4

설　명: 창조적인 생활양식/에너지의 구조화/(역방향) 저자의 장애물/흩어진 자원/내적 훈련

이미지: 잎이 달린 지팡이는 꽃들로 장식되어 있다. 명백하게 지팡이 뒤의 사람들은 축하를 하고 있다.

전　통: 가정의 평온, 번영, 평화

　　　　"신이 그의 교회를 가지고 있다면, 악마는 그의 예배당을 가지고 있을 것이다." (스페인 속담)

가능성의 스펙트럼: (창조) 자유/통로, 현상 유지/부동, 감사/통합

지팡이의 5

설　명: 분쟁 혹은 투쟁/경쟁/의미가 없는 소란스러운 말들/진실된 느낌과 접촉하지 못한 표면적인 논쟁들/(역방향) 내면의 전쟁/내면의 비평/혹은 내적인 유도 운동

이미지: 막대기와 같은 지팡이를 가지고 놀고 있는 다섯 젊은이들

전　통: 다툼, 싸움, 반대, 경쟁, 소송, 투쟁

　　　　"당신이 흙을 던진다면, 당신의 땅만 잃어버릴 뿐이다." (텍사스 속담)

가능성의 스펙트럼: (분쟁) 경쟁/노력, 수동적인 공격/전투, 분열/다채로움

지팡이의 6

설　명: 최상의 성공을 기대하며 전쟁 속으로 행진해 가기, 자신의 자원과 지원을 움직이기/용맹스러운 자신감과 어려움에 직면했을 때의 낙

천주의/(역방향) 자신감의 상실/실패의 두려움/잠재적인 성격들이 활동함

이미지: 승리하여 말을 타고 있는 젊은이. 그의 지팡이는 승리의 화환이 씌워져 있다. 그는 지팡이를 가진 채 걸어가는 다른 사람들과 동행한다.

전　통: 투쟁 후의 승리, 시도, 희망, 욕망, 기대

"앞으로의 길을 알기 위해서는 다시 돌아와서 물어보라." (중국 속담)

가능성의 스펙트럼: (긍정주의) 성취/승리, 완고함/패배주의, 자신감/기대

지팡이의 7

설　명: 어려움을 직면한 용기/입장을 고수하기와 단호한 입장을 취하기/(역방향) 확립된/교착상태/영속성

이미지: 싸울 준비가 된 남자는 6개의 공격하는 막대기와 싸우기 위해 막대기와 같은 지팡이를 사용한다.

전　통: 용기, 협상, 경쟁, 주의, 도전

"좋은 울타리가 선한 이웃을 만든다." (미국 속담)

가능성의 스펙트럼: (영속성) 시험/장애, 완고함/불변, 충성/위치성

지팡이의 8

설　명: 아주 효력이 있는 통로의 에너지/고의성/단호함/목적 지향적인/강렬한 심령적인 연결들/강렬한 연애/(역방향) 짝사랑/질투/집중하지 못함/천리안

이미지: 8개의 지팡이가 서로 나란히 하늘을 날고 있다. 지팡이들의 비행은 명백하게 종결지으려는 중이다.

전　통: 행위, 신속함, 강한 에너지, 질투의 화살

"겨냥하는 것만으로 충분하지 않다. 반드시 그것을 명중해야 한다." (이탈리아 속담)

가능성의 스펙트럼: (목표) 단언/움직임, 목표가 없음/분산됨, 집중/방향

지팡이의 9

설 　명: 힘과 승리/반대 세력들 속에서의 힘/창조적인 힘/심령적인 협력/(역
　　　　방향) 힘의 오용/흑마술/채널링
이미지: 지팡이를 기대고 서 있는 남자. 그의 머리는 붕대를 감고 있다. 그
　　　　의 뒤에는 다른 8개의 지팡이가 서 있다.
전 　통: 준비성, 저력, 힘, 건강한 에너지, 성공의 실현
　　　　"당신을 향해 다시 돌아올 화살은 쏘지 마라."(쿠르드 속담)
가능성의 스펙트럼: (힘) 전력/지배, 제압/괴롭힘, 잠재력/기민함

지팡이의 10

설 　명: 과중한/무거운 짐/지침과 소모/당신의 잠자리에 너무 많은/(역방향)
　　　　일중독자/압도된/과도하게 자극받음 혹은 재충전/재공급
이미지: 10개의 무거운 지팡이를 들고 가는 남자
전 　통: 억압, 잔악함, 카르마, 소모
　　　　"우리는 샘물이 마르고 나서야 물의 소중함을 안다." (프랑스 속담)
가능성의 스펙트럼: (억압) 짐/과도한 확장, 덫/학대, 고갈/소모

지팡이의 시종

설 　명: 방랑자 혹은 전령/익명으로 비밀스러운 정보를 캐내기/큰 결과물
　　　　의 유산/정체불명의 사절단/피리 부는 사나이/타인/(역방향) 의무에
　　　　대한 두려움/부적절한 성격/혹은 마법사의 실습생
이미지: 사막에서 불도마뱀으로 장식된 옷을 입고 지팡이를 들고 서 있는
　　　　어린 남자

전　통: 젊은 검은 남자, 전령, 사절단, 의사소통

　　　"가슴이 생각한 것을 혀가 말하게 하라." (루마니아 속담)

가능성의 스펙트럼: (의사소통) 메시지/정보, 변장/몽롱함, 공유/보여 주기

지팡이의 기사

설　명: 충동적인 기사/성급한 연인/카리스마적인 불의 개시자/영적인 전
　　　사/그가 필요하고 나눈 것을 얻기/마니아/치고 도망가기/(역방향)
　　　좌절/격노/시간만 낭비하는/연금술사/요기/마법사/예술가

이미지: 사막을 가로질러 말을 타고 가는 기사. 그의 옷은 불도마뱀으로 장
　　　식되어 있다. 불길의 깃털은 그의 투구를 통해 흘러나온다.

전　통: 충동, 자신감, 여행자, 버려짐, 비행

　　　"분노가 일어나면, 그 결과를 생각해 보라." (공자)

가능성의 스펙트럼: (결심) 추구/끈기, 충동적인/폭발적인, 카리스마/전사

지팡이의 여왕

설　명: 여성 행정관/활력제/그녀는 왕의 궁전을 경영한다/심령적인 에너
　　　지를 지배하기/창조적인 프로젝트/촉매제/(역방향) 격정적인/교활
　　　한/충동적인/기를 꺾는/혹은 영매/심령적인/변형시키는 자

이미지: 사자의 왕좌에 앉아 있는 여왕. 그녀의 왼손에는 해바라기를 잡고
　　　있으며, 그녀의 오른손에는 지팡이를 들고 있다. 검은 고양이는 왕
　　　좌 앞에 있다. 사자와 해바라기의 형상은 그녀 뒤의 차양에서도 나
　　　타난다.

전　통: 검은 여인, 매력적인 힘, 격렬한 분노, 풍요, 지속적인 에너지

　　　"일이 끝날 때쯤의 충고는 너무 늦다." (루마니아 속담)

가능성의 스펙트럼: (에너지) 통로/촉매제, 반발력/더딤, 천천히 걷기/채널링

설　명: 침착하면서 사나운 통치자/정통함과 노력 없음/그 스스로 창조한
　　　　우주의 중심에서/정화/(역방향) 자기파괴/폭군/과대망상증 혹은 공
　　　　상의/신비적인

이미지: 사막에서 도마뱀과 사자의 왕좌에 앉아 있는 왕. 그의 옷은 불도마
　　　　뱀으로 장식되어 있다. 그의 오른손에는 지팡이를 잡고 있다. 그 옆
　　　　에는 불도마뱀이 있다.

전　통: 기혼 남자, 정직하고 양심적인, 지식, 영적인 힘, 용기, 힘
　　　　"모든 여우가 그 자신의 꼬리를 돌보게 하라."(이탈리아 속담)

가능성의 스펙트럼: (비전) 권능/통치, 독재적인/과대망상적인, 구현하기/상
　　　　상하기

펜타클(흙, 부, 응집화)

펜타클의 에이스

설　명: 열매를 맺음/응집화/파종/심기/그라운딩/부와 물질적인 안락/(역방
　　　　향) 밀도/둔함/물질 혹은 고착하기와 확고한 뿌리들

이미지: 별이 새겨진 노란색 동전을 잡고 있는 천상의 손. 그 아래에는 장미
　　　　로 된 울타리와 하얀 백합으로 가득한 정원이 있다.

전　통: 호의적인 조건들, 물질적인 부, 풍요와 번영, 수익
　　　　"천 리 길도 한 걸음부터 시작된다." (중국 속담)

가능성의 스펙트럼: (구현) 개념/씨앗, 둔함/혼돈, 기초/핵심

펜타클의 2

설　명: 곡예사/균형을 잡고 유지하기/조화로운 변화/두 개의 명백한 부분

으로 절묘하게 다루기/균형 잡힌 대극성/(역방향) 서툼/분열 혹은 태
극권/내적인 평화/조율

이미지: 바다 가까이에서 춤추는 젊은 사람. 그는 뫼비우스 띠로 둘러싼 두
개의 펜타클로 곡예를 하고 있다.

전　통: 변화 가운데 조화, 모든 형상 가운데 변화, 곡예사, 장애물과 어려움
"변화하는 것과 더 나은 것을 위해 변화하는 것, 이 둘은 별개의 것
이다." (독일 속담)

가능성의 스펙트럼: (양극성) 균형/변화, 분열/일방적임, 은총/건강

펜타클의 3

설　명: 자신의 사원을 짓기/기초부터 당신의 세상을 건설하기/솜씨/자신
의 창조/개별화의 과정/(역방향) 간결하지 못함/나태함/의존 혹은 책
임감

이미지: 일을 하는 석공을 관찰하는 수도승과 두건을 쓴 남자

전　통: 건설, 물질적인 습득, 사업, 능숙한 노동, 무역, 장인정신
"짓는 것보다 넘어뜨리는 것이 더 쉽다." (라틴 속담)

가능성의 스펙트럼: (구조화) 일/정교하게 만듦, 방해/모독, 구체화/짓기

펜타클의 4

설　명: 응집화와 세속적인 힘의 필요성으로/당신의 물질적이고 실질적인
관심을 구조화하기/재정적인 계획/(역방향) 탐욕/축적/형상에 대한
집착 혹은 땅과의 연결을 종교 의식화함/네 방향/기초화

이미지: 왕은 생각에 잠기어 앉아 있다. 그의 왕관에는 하나의 펜타클이 있
다. 그의 무릎 위로는 또 다른 펜타클이 있다. 세 번째와 네 번째는
그의 무릎 아래에 있다.

전　통: 물리적인 힘에 관한 기술, 물질적인 이익, 욕심이 많음, 안정

"얇은 합의서가 두꺼운 소송서보다 더 낫다." (독일 속담)

가능성의 스펙트럼: (형상) 힘/획득, 집착/ 탐욕, 구조/형상

펜타클의 5

설 명: 행운의 반전/생존/바깥에서 안을 보기/당신의 대금을 지급하기/겸
손함과 수치심을 느낌/안식처가 없음/구걸/(역방향) 악행/수치심/노
예 근성/혹은 포기/무집착/입문

이미지: 두 명의 거지가 밝게 켜진 교회의 창문을 지나간다. 그들은 눈발 속
에서 서두른다. 펜타클들은 채색된 유리창 속에 혼합되어 있다.

전 통: 물질적인 어려움, 상실 혹은 행운의 반전, 장애, 혼란, 파멸
"고기가 전혀 없는 것보다 항아리에 쥐라도 들어 있는 것이 낫다."
(루마니아 속담)

가능성의 스펙트럼: (상실) 원함/필요성, 열망/시기, 겸손/조정

펜타클의 6

설 명: 주고받기/계산과 회계/보답으로 당신이 얻은 것을 측정하기/(역방
향) 점수-유지하기/면밀하게 조사/강제성/인색함/혹은 평정/책임/
통렌(티베트 불교)

이미지: 거지에게 돈을 주는 부유한 상인. 그의 왼손에 그는 황금 저울을 들
고 있다.

전 통: 번영, 선물, 만족, 측정
"당신이 부유하다면, 수확하는 것뿐만 아니라 저축하는 것도 생각
하라." (벤저민 프랭클린)

가능성의 스펙트럼: (타협) 주기/받기, 사로잡힘/강요하기, 측정/비교

펜타클의 7

설 명: 수확 전의 지연/기다리는 동안의 인내/고려할 시간/접근/평가/무
　　　행위/(역방향) 인내하지 못함/실패/심사숙고/행위 속의 행위

이미지: 농부는 덩굴에 정확하게 잘 익은 6개의 펜타클을 우울하게 바라보
　　　고 있으며, 일곱 번째 펜타클은 그의 발 아래에 있다.

전 통: 완전하지 않은 성공, 성장과 함께 지연, 실패, 황폐
　　　"당신이 분노하는 순간에 참는다면, 당신은 100일 동안의 슬픔에
　　　서 벗어날 것이다." (중국 속담)

가능성의 스펙트럼: (인내) 연기/원숙, 실패/좌절, 배양하다/증식하다

펜타클의 8

설 명: 실습생/ '폭발적으로 어떤 것을 만들어 내기'/훈련화된 자발성/전
　　　문적 지식을 향상시키기/(역방향) 반항/기면/기계적임/내면의 공부/
　　　영적인 실습/명상

이미지: 원 안에 별표를 새기는 목세공인. 그들 중의 다섯 개는 그 옆에 걸
　　　려 있으며, 일곱 번째 펜타클은 그의 의자에 기대어져 있으며, 여덟
　　　번째 펜타클은 그 옆의 바닥에 놓여 있다.

전 통: 기술, 기교, 신중함, 장인정신, 야망, 준비
　　　"자유 시간을 가지고 싶다면, 당신의 시간을 잘 사용하라." (벤저민
　　　프랭클린)

가능성의 스펙트럼: (훈련) 연구/실습, 적절함/반역, 구별화/반복

펜타클의 9

설 명: 고상함과 문명화/느긋하게 지낼 수 있는 행복한 성취/훌륭한 것들/
　　　질과 자연적인 미학/아름다운 정원/(역방향) 본능적인 만족/완전함/

모방/혹은 미학적인 평가/심리학적인 차별

이미지: 잘 익은 포도의 덩굴에서 보이는 한 여인. 그녀의 왼손에 새 한 마리가 앉아 있다. 그녀의 가운은 비너스의 행성 사인의 모양을 한 꽃들로 장식되어 있다.

전　통: 사려 깊음, 신중함, 성취, 세속적인 성취

"당신이 할 수 있는 것을 하고, 당신이 소유하고 있는 것을 지켜라. 바로 그것이 당신이 부유해질 수 있는 방법이다." (스코틀랜드 속담)

가능성의 스펙트럼: (문명화) 풍요/단순성, 자연/본능, 양육/세련됨

펜타클의 10

설　명: 결혼과 가족/공동체 내에서의 안정 · 집에서의 안정/축적된 부/미래의 투자/(역방향) 가족 위기/이혼/의무의 두려움/내적인 안정성/자존감/자신을 양육

이미지: 정문 앞에 앉아 있는 가장. 그 가까이에 그의 자녀들과 손자, 개들이 있다. 잘 익은 포도와 초승달은 이 카드에 역시 나타난다.

전　통: 가족 문제, 재산, 안정된 집, 번영, 만족, 성공

"여자는 결혼 전에 울고, 남자는 결혼 후에 운다." (폴란드 속담)

가능성의 스펙트럼: (구체화) 번영/안정, 적합/탕진, 의무/투자

펜타클의 시종

설　명: 과학도/객관성/외부에 있는 것을 관찰하기/공정하고 사실적인 정보를 구하기/(역방향) 물질적인/피상적인/자기 성찰/감각적인 자각

이미지: 젊은이가 펜타클을 들고서 꽃밭에 서 있다.

전　통: 신청, 공부, 성찰, 근면, 사업 관리

"당신이 물건을 살 때, 귀를 사용하지 말고 당신의 눈을 사용하라." (체코 속담)

가능성의 스펙트럼: (객관성) 해부/분석, 구상화하다/구획하다, 분리하다/수축하다

펜타클의 기사

설　명: 보수적인/매우 가치 있는/다소 '고지식한' 기사/성실한/인내심이 있는/접지한/무딘/현실적인 발을 찾는/(역방향) 밀집한/적절한/외모/돈/욕심쟁이와 지나치게 동일화시킴/자연주의자/내과의사/신체에 정통한 자

이미지: 흑마의 등에 탄 기사는 그 앞에 펜타클을 가지고 있다. 그의 투구에는 참나무가 씌워져 있다. 부분적으로 얼굴 가리개로 보호를 하고 있는 기사는 갑옷을 입고 펜타클을 들고 있다.

전　통: 사용, 책임감, 신뢰감, 남자, 설립의 지지자
　　　"먼저 독자적인 수입을 안정화하고, 그 후에 덕을 행하라." (그리스 속담)

가능성의 스펙트럼: (실용성) 경제/유용함, 밀집도/강제, 회계/포함

펜타클의 여왕

설　명: 가정의 여신/평범한 마법을 하는 성숙하고 심미적인 양육자/자기 신뢰/현세의 찬란한 빛/아이들/동물/식물과 나무들을 사랑하는 연인/물리적인 의식/(역방향) 광장 공포증/혼수상태의/지나치게 부모 다운/불안정함/혹은 자기 치유/자연과의 교감

이미지: 양의 머리가 있는 왕좌에 앉아 있는 여왕. 그녀는 장미꽃들 아래의 꽃밭에 앉아 있다.

전　통: 풍요, 관대함, 지성, 영혼의 위대함
　　　"손님에게 주인 노릇을 해야 한다면, 손님의 강아지에게도 주인이 되어라." (러시아 속담)

가능성의 스펙트럼: (평범한 마법) 집/행복, 공포증의/부주의함, 감각적인/전
체성

펜타클의 왕

설　명: 사업 권력자/선구자/짐수레꾼 · 상인/세속적인 지도자/부를 만드
는 자/세속적인 힘/타고난 고결함/(역방향) 부패와 탐욕/지나친 야
망/완고함/오만/혹은 크나큰 위대한 내면의 힘/자신감

이미지: 황소의 머리가 있는 왕좌에 있는 왕. 그의 오른손에는 그 끝에 구가
달린 홀을 가지고 있다. 그의 왼손은 펜타클이 놓여 있다. 그의 배
경에는 돌로 된 성이 있다. 그의 옷은 포도 넝쿨과 잘 익은 포도 무
늬가 장식되어 있다.

전　통: 응집화, 사업적인 힘, 현실성, 보존
"부유한 사람은 좋은 성품을 필요로 한다." (히브리 속담)

가능성의 스펙트럼: (책임감) 성취/진취적인 정신, 부패/실패, 고결함/확장

사전

No.	비밀	힘 (목적)	결합 (조직화)	연속성 (과정)	정서적인 각성(동기)
1	마법사	의지	힘	변형	정통
2	고위 여사제	통찰력	관통	직관	정통
3	여황제	양육	사랑	치유	창조
4	황제	명령	구조화	건설	권위
5	신비 사제	안내	윤리	배움	이해
6	연인	관계	조화	조정	합일
7	전차	성취	행위	추구	도전
8	힘	자신감	인내	수용	자존감
9	은둔자	지혜	은둔	내관(內觀)	영혼
10	운명의 수레바퀴	변화	시기	흐름	기회
11	정의	평정	조화	조정	동등
12	거꾸로 매달린 사람	자각	정지	복종	초월
13	죽음	변모	분열	죽음	생명
14	절제	변형	통합	혼합	세련
15	악마	분리	대극	속임수	지배
16	탑	파괴	저항	비움	자유
17	별	광휘	영감	출현	희망
18	달	정신	상상	변동	정서
19	태양	의식	에너지	행위	자각
20	심판	결의	완성	깨어남	책임
21	세계	전체성	보편성	참여	축하
0	바보	가능성	개방	발견	유희

메이저 아르카나

설명과 속담들 0-22

> 주: 이미지는 기본적인 타로 웨이트와 스미스 타로의 이미지를 설명하고, 전통적인 설명은 버틀러의 『타로의 사전』(1975년)에서 발췌했다. 그러나 의미들은 모든 덱에 적용 가능하다. 설명이라 되어있는 부분은 저자가 집필한 것이며, 역방향은 카드의 '내적인' 면을 절충한 것이다. 가능성의 스펙트럼은 이 책의 사전에서 발췌하였다.

0 바보

설　명: 사기꾼/경험하고자 탐구하는 영혼/완전한 잠재력/열린 공간/구분 없는 영혼/실수를 할 수 있는 자유/상황에 적절한 카르마가 없는/초심자의 마음/광기의 지혜/성스러운 아이 원형/자유/발명과 엉뚱함/(역방향) 어리석음/협박/혹은 '내면의 아이'

이미지: 젊은 사람이 절벽의 끝에 자리를 하고 있다. 그는 왼손에 하얀 꽃을 들고 있고 그의 개는 기쁨으로 짖고 있다.

전　통: 어리석음, 마니아, 방종, 무질서, 사려 깊지 못함, 혼돈, 에테르, 처음과 끝, 시작과 끝

"절대로 황급하게 움츠리지 마라." (텍사스 속담)

가능성의 스펙트럼: 가능성, 개방, 발견, 유희

I 마법사

설　명: 삶이라는 실험 속의 마법사/그는 어두움을 빛으로/어려움을 편안

함으로/무질서를 질서로/이상을 현실로 변형시킨다/영감을 받은 교감/바른 발언/기교적인 수단/헤르메스와 머큐리신이 합쳐진/마음의 민첩성/(역방향) 마법적인 (천진스러운) 생각/무력함/혹은 '영혼의 연금술사'

이미지: 마법사는 탁자 뒤에 서 있다. 그가 들어 올린 오른손에는 지팡이가 있다. 그의 왼손은 땅을 향해 가리키고 아래로 쭉 뻗어 있다. 그의 머리 위에는 뫼비우스 띠가 있다. 그 앞의 탁자에는 펜타클, 지팡이, 컵, 검의 네 짝패의 상징이 있다. 붉은 장미는 그의 위쪽에 피어 있고, 빨간 장미와 백합은 그의 앞쪽에 피어 있다.

전 통: 의사소통의 기술, 의지 혹은 의지의 연습, 자신감, 의식의 시작, 의지와 솜씨, 기량의 부족

"물고기는 강둑에 있을 때 비로소 물고기라 한다." (아일랜드 속담)

가능성의 스펙트럼: 의지, 힘, 변형, 정통

‖ 고위 여사제

설 명: 내면의 영혼의 여신/가장 미묘한 지식의 유지자와 과거 경험의 인상 (고대 이집트의 아카사적인 저장고)/심원한 직관적인 앎/그녀는 대극성을 동일하게 만든다/(역방향) 막힌 정신적인 통로들

이미지: 이시스의 고위 여사제. 그녀의 가슴에는 태양력의 십자가가 있다. 초승달이 그녀의 발 아래 있다. 그녀는 보아즈(Boaz)와 야긴(Jachin) 기둥 사이에 앉아 있으며, 장막은 석류들로 장식이 되어 있다. 그녀의 무릎에는 동그랗게 말린 토라 경전이 있다. 그녀는 머리에 초승달과 하현달 그리고 보름달 혹은 세 여신을 상징하는 왕관을 쓰고 있다.

전 통: 영적인 신부와 어머니, 운명, 비밀의 길, 심령적인 능력, 기억, 잠재의식

"물이 고요하다고 해서 악어가 없다고 생각하지 마라." (말레이시아 속담)

가능성의 스펙트럼: 통찰력, 관통, 직관, 신비

III 여황제

설　명: 아니마 혹은 여성적인 원리/어머니/양육자/자궁/비옥함/대지의 신성한 어머니 원리/우주적인 사랑/비너스/데메테르/이샤타/타라가 함께하는/수용 · 치유/(역방향) 숨 막히게 함/불임증 혹은 강하게 자신을 진정시킴

이미지: 석류로 장식된 가운을 입고 앉아 있는 여황제. 그녀의 머리에는 별의 왕관이 씌워져 있다. 그녀의 오른손에는 홀을 들고 있다. 비너스의 상징 도구는 가슴에 있다. 아래에는 잘 익은 밀들이 있다.

전　통: 풍작, 비옥함, 행위, 우주적인 사랑, 아름다움, 행복, 따뜻한 어머니 여신

"신은 모든 곳에 있을 수 없으므로, 그는 어머니를 만드셨다." (유대인의 속담)

가능성의 스펙트럼: 양육, 사랑, 치유, 창조

IV 황제

설　명: 지도자/선장/탐험가/아버지/아니무스의 형상 혹은 '내면의 황금처럼 빛나는 사람'/남성적인 원리/로고스/구조/명령/조직화/현상을 유지하는 자/사각형 네모의 현실/생각을 조절/화성이 지배하는 양자리와 함께하는/(역방향) 오만한/제어하는/혹은 내적 법칙/다르마

이미지: 양의 머리로 꾸며진 왕좌에 앉아 있는 황제. 그는 왼손에 십자가가 없는 구를 들고 있다. 그의 왼손 끝 부분에 안사타 십자가가 새겨진 홀을 가지고 있다.

전　통: 사내다움, 안정, 힘, 보호, 가장의 정치, 경계, 일시적인 힘과 저력 "아는 것과 행위를 하는 것은 하나이고 같은 것이다." (사무라이 속담)

가능성의 스펙트럼: 명령, 구조화, 건설, 권위

V 신비 사제

설　명: 영적인 교사와 가르침/특정하게 인간 윤리라는 세속적인 영역과 관련이 있는 가치들/영적인 필요성/구루/심리학자/영적인 권위/현실적인 발과 함께 신비로운 길을 가는 능력/다소 은둔하나 가족/무리/추종자에 의지하는/(역방향) 주교적인/거만한/독선적인/내면의 안내자와 내적 권위

이미지: 성 베드로의 열쇠를 지니고 앉아 있는 교황. 그의 모습에서 로마 교황의 3중관의 양식화된 옷을 입고 있는 것으로 보인다. 왼쪽 전경에는 교차된 성 베드로의 열쇠가 있다. 그의 오른쪽 전경에는 교황의 십자가가 있다.

전　통: 외부적인 종교, 전통적인 교의, 자비, 친절, 선함, 오컬트적인 지식, 다리를 만드는 자(Pontiflex), 육신의 외부 세상과 영혼과 비물질적인 것의 내적인 세상과 함께하는 물질을 연결하는 자

"신을 찾아라, 그러나 암초를 벗어나려면 자신이 노를 저어야 한다." (인도 속담)

가능성의 스펙트럼: 안내, 윤리, 배움, 이해

VI 연인

설　명: 관계의 기술/대극성의 통합/전체성과 친밀감의 진실된 내용/남성성과 여성성의 합일/열정과 자비/(역방향) 자신을 사랑함/증오/무감각/혹은 심리학적인 '결합'

이미지: 아담과 이브를 축복하는 천사. 이브는 웃고 있는 뱀이 휘감고 있는

선과 악의 지식의 나무 앞에 서 있다. 아담은 불꽃의 나무 앞에 서 있다.

전　통: 인간적인 사랑, 지혜와 쾌락, 매력, 사랑, 미, 선택, 성스러움과 저속한 사랑

"아름다움과 사랑에 빠진 가슴은 결코 성숙하지 못한다." (터키 속담)

가능성의 스펙트럼: 관계, 조화, 화해, 합일

VII 전차

설　명: 행동을 취하기/도전/변화와 다양성/장애를 넘어선 승리/언어와 의사소통의 스승/정치적인 힘/대중에게 말하기/거대한 공간/승리하려는 근성/(역방향) 냉혹함과 침략/혹은 내적인 여정

이미지: 승리의 전차를 타고 있는 왕. 전차는 스핑크스가 움직인다. 차양은 별들로 장식되어 있고, 링감(lingam)과 요니(yoni)는 마차 앞에 나타난다. 왕의 가슴에는 밝게 빛나는 사각형이 있으며, 그는 8개의 별이 달린 왕관을 쓰고 있다.

전　통: 영향력, 정복, 승리, 장애를 극복함, 승리의 기질, 언변

"행위 없는 비전은 백일몽일 뿐이지만, 비전이 없는 행위는 악몽이다." (일본 속담)

가능성의 스펙트럼: 성취, 행위, 추구, 도전

VIII 힘

설　명: 영적인 힘/본능을 길들이는 여성성/미녀와 야수의 신화/부드러움으로 정복/위험을 감내하는 용기/생명력과 전체성/요기 혹은 보살/장애를 극복/인내/(역방향) 정신적으로 약함/사내다움/혹은 내면의 힘

이미지: 머리 위에 뫼비우스의 띠가 있는 여성이 사자의 턱을 벌리고 있다.

그의 개와 함께 있는 단호한 왕

전　통: 내면의 힘, 우정, 에너지를 강하게 함, 힘, 견고함, 영적인 힘, 생명력

　　　　"당신이 선택할 수 없다면, 용기를 내어라." (유대인 속담)

가능성의 스펙트럼: 자신감, 인내, 수용, 자존감

IX 은둔자

설　명: 지혜의 구도자 · 영적인 여행/아주 독립적이고 결의적인/현자의 원
　　　　형/외부적인 인정에는 신경을 쓰지 않음/혼자 있는 가치, '근면함으
　　　　로 그 자신을 구원하려고 함(붓다)' /생의 목적/개별화의 과정/내면
　　　　을 바라봄과 자신을 은둔시킴/강한 자아감/(역방향) 고독/편집증/반
　　　　사회적/혹은 내적인 안내자

이미지: 등불을 들고 있는 승려

전　통: 성취, 성지 순례, 외로움, 내적인 지혜, 감추어진 우주적 마음, 내적
　　　　인 삶

　　　　"당신이 좋은 충고를 바란다면, 노인과 상의하라." (루마니아 속담)

가능성의 스펙트럼: 지혜, 은둔, 내관(內觀), 영혼

X 운명의 수레바퀴

설　명: 적절한 시기에 관한 비밀/생명의 수레바퀴/당신이 움직여야 할 때
　　　　와 적절히 멈추어야 할 때를 아는 것/변화/순환/계절의 법칙에 관
　　　　한 지식과 모든 순환적인 형상들/다르마의 바퀴/기대하지 않은 기
　　　　회들/운명/오컬트적인 힘들(싯디들)/(역방향) 정체/붙잡음/주저 혹
　　　　은 내적인 확신

이미지: 웃고 있는 스핑크스가 수레바퀴를 타고 오르려고 한다. 그의 왼쪽
　　　　어깨에는 뽑힌 검을 잡고 있다. 수레바퀴 안에는 T-A-R-O라는 문
　　　　자가 적혀 있다. 그 문자들 사이에는 히브리 문자인 Yod-Heh-

Vau-Heh 혹은 여호와와 야훼(신의 4자음 문자와 언급할 수 없는 이름)가 적혀 있다. 부가적으로 수성, 유황, 소금과 물의 상징이 있다. 카드의 네 개의 모퉁이에는 4개의 천계의 야수, 4원소의 지품천사들이 있다. 오른편에는 아누비스가 떠오른다. 왼편에는 뱀의 형상의 티폰(TyPhon)이 하강한다.

전 통: 인간사의 유동성, 행운(선과 악), 진화, 변화, 이익, 돈, 운명
"악어 옆을 지나기 전까지 악어의 긴 입을 보고 외치지 마라." (자메이카 속담)

가능성의 스펙트럼: 변화, 적절한 시기, 흐름, 기회

XI 정의

설 명: 조화/정렬/조정/동등함/식별하는 마음/시적인 정의/카르마를 지배하기/단순화하기/식별의 검 (프라야나)/균형의 저울/신성한 보답/(역방향)하나로 치우침 혹은 내면의 조화

이미지: 왼손에는 저울을 가지고 있으며, 오른손에는 위로 솟은 검을 들고 있는 정의의 여신, 사각형의 도구들은 그녀의 왕관에 장식되어 있고, 원을 에워싼 사각형은 그녀의 망토를 조이는 데 사용된다.

전 통: 평등, 정의, 카르마, 법, 조화, 평정, 공정함, 우주적인 법칙, 다르마
"의심될 경우에는 자비로운 면을 배우는 것이 최상이다." (율법의 속담)

가능성의 스펙트럼: 평온, 조화, 조정, 평등

XII 거꾸로 매달린 사람

설 명: 일시 정지된 마음/패턴을 깨뜨리기/ '패턴을 전환하기' /초연/세상을 거꾸로 봄/일시적으로 걷기/세상을 멈추기/의식을 바라보기/시각화/명상/앎의 다른 방식들/견해를 구하기/(역방향) 냉담함/연관

해제/혹은 자기관찰

이미지: 남자가 생명의 나무 타우 십자가에서 거꾸로 매달려 있다. 그의 머
리는 지복의 후광에 둘러싸여 있다. 또 다른 관점에서 이 남자는 고
통스럽지 않으며, 지복의 비전을 가진 것처럼 보는 것은 중요하다.
카드가 역방향일 때 그의 다리는 숫자 4의 모습을 띤다.

전 통: 지혜, 신중함, 세심한 관찰, 자발적인 희생, 벌, 오컬트적인 지혜, 예
언적인 힘

"어느 누구도 흐르는 물에서는 그 자신의 모습을 볼 수 없다. 우리
는 오직 고요한 물에서만 그것을 볼 수 있다." (도교 속담)

가능성의 스펙트럼: 자각, 중지, 복종, 초월

XIII 죽음

설 명: 초연과 해방의 우주적인 원리/타나토스/변형/죽음 · 재탄생/완성/
화현/소멸/길의 끝/(역방향) 무기력/망연자실/죽음 혹은 에고가 죽음

이미지: 검은 망토를 입은 죽음의 형상이 하얀 말을 타고 있다. 그의 왼손에
검은 부분 속에 하얀 장미가 있는 깃발을 들고 있다. 그곳에서 그는
죽은 왕과 호기심 어린 어린아이, 절망한 여인과 기도하는 주교 사
이를 말을 타고 지나간다. 태양이 떠오른다.

전 통: 변화, 변형, 낮은 곳에서 높은 곳으로 가는 통로, 종결, 파괴, 문자
그대로의 죽음, 재앙, 죽음과 부활, 재탄생, 영혼의 검은 밤

"생과 죽음은 따로 떨어진 것이 아니다. 그것은 단지 그렇게 보일
뿐이다." (미국 인디언 속담)

가능성의 스펙트럼: 변형, 해체, 죽음, 삶

XIV 절제

설 명: 중도의 길/불을 진정시키기/인내/예술적인 추구/연금술/에너지를

섞어 조화롭게 하기/통합과 시너지/땅에 한 발/물에 한 발 내려놓기/역설과 일하기/준비/천천히 걷기/(역방향) 방종 혹은 잠복

이미지: 천사가 한 발을 물에 담근 채 연못 옆에 서 있다. 연못에서 시작된 길이 산과 일출 속으로 이어진다. 연못 옆에는 노란 아이리스가 피어 있다. 그녀의 가슴에는 사각형 속의 삼각형이 있다. 그녀의 머리에는 태양의 상징이 있다.

전　통: 경제, 절제, 화해, 결합, 일치, 변형, 적절한 비율로 대극의 구성 요인이 섞임

"물의 깊이를 재고자 한다면, 두 발을 사용하지 마라." (중국 속담)

가능성의 스펙트럼: 변모, 통합, 혼합, 세련됨

XV 악마

설　명: 속박과 이원성/사기와 속임수/기지와 유쾌함/그림자의 면: 혼란과 악마들/기독교적인 악마가 아니라 산양의 신과 결합한 (환락과 관능의 그리스 신)/빠듯한 생활하기/관능/도취/의식적으로 감각들을 원함(탄트라)/(역방향) 그림자 반영/힘의 그림자/악마/오컬트적인 시험

이미지: 날카로운 발톱을 가진 악마가 검은 주춧돌에 자리를 차지하고 있다. 그의 오른손은 올려져 있으며, 첫 번째와 두 번째 손가락과 세 번째와 네 번째 손가락이 함께 붙어 있다. 토성의 사인이 그의 손바닥에 있다. 염소의 뿔 사이에 거꾸로 된 별 모양이 있다. 그의 왼손은 거꾸로 된 햇불을 들고 있으며, 남자 포로의 꼬리에 불이 붙어 있다. 악마의 오른편에는 여자가 있으며, 그녀의 꼬리는 포도 모양을 하고 있다. 두 포로는 느슨하게 체인에 묶여 있으며, 뿔이 나 있다. 웨이트 타로는 이 카드와 6번 연인 카드의 명백한 연결을 보여주려고 한다.

전　통: 악마, 두려움, 운명, 불행, 불의, 산양 신, 직관적인 행위, 시바, 제
　　　한, 물질적인 것에 속박

　　　"악마에 대해 이야기하면 그는 나타난다." (이탈리아 속담)

가능성의 스펙트럼: 분리, 대극성, 속임수, 지배

XVI 탑

설　명: 급진적이고 즉각적으로 일어나는 변화/갑작스럽게 깨어남(사토
　　　리)/외부로부터의 공격/내면을 산산이 부수기/배를 버려야 할 시간
　　　/ '상아탑' /이전의 위치에서 재구조화하는 것은 더 이상 불가능함/
　　　레이저 강도/(역방향) 핵심적인 가치가 흔들림/자신을 감금/혹은 급
　　　진적인 해체

이미지: 번개에 의해 충격을 받은 탑. 탑은 위쪽 창문의 불길이 이글거리고
　　　바다 옆에 있다.

전　통: 불쾌한 과도기적인 조건, 파멸, 자존심의 대한 처벌, 하강, 정신적
　　　인 장애, 지성을 오용함으로 하락함

　　　"모욕을 참고 견딘 자가 상처를 받는다." (유대인 속담)

가능성의 스펙트럼: 파괴, 저항, 비우기, 해방

XVII 별

설　명: 출현/드러내기/자존감/별이 되기/재에서 떠오르는 불사조/안내하
　　　는 불빛/날개 달린 아름다운 창조물을 만들어 내는 정서(아래)의
　　　연못을 반영하는 빛의 연금술사/정화/치유/(역방향) 무대 공포증/의
　　　례적인 마술

이미지: 벌거벗은 여인이 바닷가에 무릎을 꿇고 있다. 그녀는 두 개의 물병
　　　을 들고 있으며, 하나는 바다에 다른 하나는 땅에 물을 붓고 하나는
　　　땅에 붓는다. 그녀의 뒤에는 8개의 별이 있으며, 각각은 8개의 뾰족

한 끝을 가지고 있다. 일곱 개는 하얀 빛깔이며, 중앙의 것은 노란 빛깔이다.

전　통: 희망, 불멸, 내면의 빛, 가능성

가능성의 스펙트럼: 광휘, 영감, 출현, 희망

XVIII 달

설　명: 무의식적인/비이성적인/마법의/우주적인 여성성의 원리(음)/밤 시간과 달빛/꿈의 세상/환상/낭만/정서와 직관/내면으로 끌어당기기/민감함/(역방향) 정신이상/정서적인 범람/혹은 심령적인 뮤즈

이미지: 적도 부근의 초승달. 그 아래는 두 마리의 개가 있고, 그중 하나는 울부짖는다. 아래의 가재는 연못에서 출현한다.

전　통: 어두움, 속임수, 실수, 환영, 직관, 느낌, 정감, 신비, 낭만, 물과 일반적으로 여성성적인 원소, 영혼
"어두움 후에 모든 고양이는 표범이 된다." (미국 인디언 속담/Zuni)

가능성의 스펙트럼: 심리, 상상, 동요, 정서

XIX 태양

설　명: 의식/낮의 빛/이성적이고 뚜렷한/생명력과 활력/양/협동 작업과 협력/낮시간 동안의 활동/진동/창조성/유희/광휘로운 빛/치유/에너지/남자다움/영웅적 자질/에고/(역방향) 자아감/지침/혹은 아그니(불) 요가

이미지: 하얀 말을 타고 미소를 짓는 벌거벗은 아이. 그는 왼손에 막대기에 달린 긴 국기를 가지고 있다. 그 뒤에는 눈에 보이는 해바라기가 둘러싸인 정원이 있다. 위에는 영광 속에 태양이 떠 있다.

전　통: 의식, 초이성적인, 의지력, 기쁨, 우주적인 광휘, 물질적인 세상의

빛, 깨달음, 행복

"당신의 얼굴은 태양을 향하게 하고, 당신의 그림자는 당신의 뒤에 오도록 하라." (마오리족 속담)

가능성의 스펙트럼: 의식, 에너지, 행위, 자각

XX 심판

설　명: 결말/선언/완성을 향해 감/심원한 식별력을 현실화/새로운 모습을 탄생시키는 능력/당신의 피리를 소리 내기/단호한 입장을 취함/선택과 책임감/결과와 결정/(역방향) 재판/자기비판/자기실현화

이미지: 최후의 트럼펫을 부는 천사가 보인다. 죽은 사람들이 무덤에서 일어난다. 천사만이 트럼펫을 불고 있다.

전　통: 심판, 선택, 부활, 결과, 완성, 마지막 심판, 성취

"사람은 힘이 아니라 책임감을 가지고 있다." (미국 인디언 속담)

가능성의 스펙트럼: 결의, 완성, 깨어남, 책임감

XXI 세계

설　명: 우주/전체의 통합/위대한 만다라/생명의 춤/영을 물질적인 세상에 데려 오기/전체성과 개별화의 원리/마지막 트럼프/완성/완전함과 절대자/(역방향) 내향성/철회/혹은 신비주의/사마디

이미지: 전략적으로 한 개의 천만을 잡고 있는 여인. 그녀는 잎과 열매의 화환에 의해 둘러싸여 있다. 화환의 위에는 독수리가 있으며, 왼쪽 아래는 황소가 있고, 오른쪽 아래에는 사자가 있다.

전　통: 완성, 사람의 완성, 여행, 우주적인 의식, 보상, 우로보로스, 브라마, 확실한 성공

"독수리에게 비행하는 법을 가르칠 필요는 없다." (그리스 속담)

가능성의 스펙트럼: 전체성, 보편성, 참여, 축하

가해자와 피해자 간의 대화

주: 이 대화는 이 책의 327-349쪽에서 찾아볼 수 있는 복잡한 스
   프레드 위치들의 카드 해석을 엄격하게 기초로 한 것이다. 이
   원형들은 상호 개인적으로 연관성이 있는 것이 아니라 마치 독
   백처럼 개인적으로 말한 것이다.

현재 상황

그: (역방향의 은둔자) 나는 고독하고 외로운 사람이다. 나는 자신을 믿으
   며, 나의 신념에 진실하려고 애쓴다. 나는 외로운 사람이지만, 이상하
   게도 혼자 있는 것을 싫어한다. 나는 타인의 열의에 관해 개인적인 생
   각을 가지고 있다. 그렇지만 나는 이야기를 털어놓는 것이 불편하다.
   어느 누구도 믿지 않고, 타인의 인정에도 거의 신경 쓰지 않는다. 나
   는 추종자는 아니며, 내 자신의 길을 갈 뿐이다.

그녀: (펜타클 5번) 나는 내가 한때 즐겼던 온기와 아늑함을 찾고 있으며, 현
   재 추운 곳에 나와 있다. 나의 이전의 지성소는 나를 나약하게 만들었
   다. 이제 나의 빚을 청산할 시간이다. 그리고 여기 나를 위해 역시 어
   떤 교훈이 있다고 느낀다. 그러나 나는 충분한 자원을 가지고 있지 않
   다. 살아남기 위해 나의 자녀들과 나 자신을 돌보아야만 한다. 이도
   저도 아니게 나에게는 집이 없다. 여기 바깥은 추우며, 나는 떨기 시
   작한다.

장애물

그: (검의 10) 나 자신과의 전쟁, 즉 나의 전 인생을 걸었던 전쟁에서 항복하라는 신호에 저항했다. 그들은 나에게 고뇌와 내 마음속의 정신적인 전쟁에 관해 슬퍼해야만 하며, 나는 내 존재 중심에 있는 크나큰 부정성을 내보내야만 한다고 말한다. 그러나 이것을 할 수도 없으며, 하지도 않을 것이다. 나는 내 자신의 악마가 사라지는 것을 두려워한다. 내가 그들에게 맡겨 버리면, 그다음에는 그 어떤 것도 나에게 남아 있지 않을 것이다.

그녀: (지팡이의 기사) 나는 카리스마 넘치며, 호전적인 남자에게 끌리는 경향이 있고, 또한 나는 그들을 매혹시킬 수 있다고 생각한다. 나의 남편은 매우 열정적이지만, 나와 모든 이를 통제하려고 하며, 충동적이다. 원하는 것을 얻지 못할 때 쉽게 그는 좌절하고, 울적한 감정을 가득 채워 집으로 돌진한다. 종종 예고도 없이 너무 많이 술을 마신 후에 때로는 폭력적으로 폭발한다. 나는 자신이 똑같은 잠재력을 지녔다고 생각한다. 나는 열정적이며 호전적인 에너지와 함께 사랑과 증오 관계를 가지고 있으며, 이러한 일 전에도 상처를 잘 받았다.

기 저

그: (검의 2) 나의 노력의 밑바닥에는 지금 나의 관계에서 신뢰와 우정, 상호적인 존중을 키우려고 한다. 이것은 모두 나에게는 완전히 새로운 것이다. 내가 심지어 정서적인 친밀감을 다시 고려하기 전에 먼저 이 조건들이 존재해야만 한다.

그녀: (역방향의 세계 카드) 내 세상의 기저는 거꾸로 되어 있다. 나는 기반을 잃어버리고 올바른 방향으로 가지 못한다. 삶의 고동 속으로 다시 되돌아가고픈 나의 노력은 약해지고 사라졌다. 나는 다시 전체가 되기를 원한다. 나는 자유로운 삶과 춤추기를 원한다. 그러나 나 자신을

움직일 수가 없다. 나는 되돌아가기 위해 많은 것을 하였지만, 나는 정체되고 연결이 끊어진 것을 느낀다.

과거의 원인

그: (역방향의 여황제) 나는 어린아이로서 나의 아버지의 학대로부터 보호받고 위안을 주는, 모든 것을 사랑하고 심미적이며 양육의 여신을 꿈꿔 왔다. 왜냐하면 나의 어머니는 일관성이 없고 믿을 수도 없었기 때문이다. 나는 느낌으로부터 차단되었으며, 사랑의 보살핌과 타인들의 친절을 믿을 수 없다. 관계에서 진정한 양육자에 관해 조사하는 것이 그때부터 나의 비밀스러운 동기가 되었다.

그녀: (검의 9) 나는 과거에 매우 우울했다. 관계가 참을 수 없는 지경에 이르렀을 때, 나의 걱정과 부정성은 나의 생각에 정말로 영향을 주기 시작했다. 나는 사람으로서의 나의 무가치함을 확신하였으며, 모든 것에서 어두운 면을 보기 시작했다. 나의 우울적인 경향성은 아마도 내가 남편을 만나기 전에 시작되었다.

목표와 이상

그: (컵의 여왕) 나의 완전한 그림은 온유하고 보살핌을 주는 여인이 나를 이해하고 양육하는 것이다. 직관적으로 내가 필요한 것을 아는 누군가가 소년 시절부터 필요했다. 나의 이상적인 여인은 이전에는 완전한 여신은 아니었지만, 따뜻하고 양육하는 사람이며, 느끼는 방법과 타인을 사랑하는 방법을 가르치고, 내가 무슨 생각을 하고 있는지를 알며, 나를 사랑해 주기를 원하는 사람이다.

그녀: (지팡이의 6) 나의 목표는 외부와 내부의 모든 자원을 움직여서 나의 머리를 높이 치켜세우고, 앞으로 놓여 있는 내 새로운 노력과 도전이 무엇이든지 간에 그 속으로 출발하는 것이다. 어떤 어려움이 나를 기다

리든지 간에 나는 견뎌낼 나의 능력과 함께 재충전된 강한 자신감으로 가득 차 있다. 나는 성공할 것이라 믿는다.

가까운 미래(미래의 결과)

그: (역방향의 컵의 왕) 곧 나는 내가 존경하고 있는 자비롭고 선한 의지를 가진 성숙한 남자가 되려고 할 것이다. 그러나 그는 나에게 너무나도 신비로운 것 같다. 사실 나는 그와 반대적인 경향성인 승리, 즉 지배, 책략, 조작, 타인들과 떨어져 있기, 속임수와 관련이 많은 사람처럼 느껴진다. 물론 그 경우를 제외하고는 나는 검 10번의 위대한 복종을 진정으로 하고 싶다. 고통스러운 나의 가슴을 열도록 해 주소서. 내게 용기가 있는지 모르겠다.

그녀: (검의 8) 과거의 나의 우울적인 경향성과 함께, 특정하게 내가 끌린 매력 있으며, 모험적이며, 지배하려고 하는 괴짜인 사나운 기사 주변에서 관계의 패턴을 계속 유지한다면, 나는 곧 또 다른 우울증과 정체의 상태로 되돌아갈 것이다. 왜냐하면 나는 불과 함께 다시 놀아야 하며, 나를 태워 버리고, 오직 내 자신을 자책할 것을 잘 알고 있기 때문이다. ……나는 그렇게 될 것을 확신한다.

에고의 정체성

그: (심판) 나는 아주 큰 교차로에 있는 나 자신을 본다. 이제 도덕적으로 유리한 위치에 있거나 혹은 저주를 받을 부름, 즉 '그것을 하거나, 깨뜨릴' 시간이 되었다. 나의 회복 프로그램 중에, 나의 가족에게, 그리고 나 자신에게 진실되려고 확고한 결의를 해야만 한다고 매일 나에게 말한다. 내가 나의 책임을 회복할 수만 있다면 나는 공개적으로 똑바로 이것에 대한 서약을 선언해야만 한다.

그녀: (역방향의 죽음) 나는 이전 정체성을 완전히 상실하여 그것과 싸우는 여

인이다. 과거의 나, 내가 생각했던 모든 것은 이제 끝났다. 나의 결혼, 나의 가정, 나의 순수함, 나의 평판에 대한 것은 이제 사라졌다. 그러나 이상하게도 그러한 사실에 관한 충격은 받고 있지만, 나는 둔감하며 무감각하다. 그리고 나는 거의 실재하지 않는 것처럼 느껴진다. 죽음은 '새로운 시작'을 시작하게 한 다음, 지금 내 안에 있는 나는 엄청난 상실감을 느끼고, 방향을 잃어버렸다.

타인들(대상)

그: (역방향의 펜타클의 여왕) 나는 아내가 자신감과 자신에 대한 신뢰감을 상실한 것을 본다. 그녀는 약해졌으며, 솔직히 이러한 사실은 나를 겁나게 한다. 그녀는 더 이상 그녀의 본능을 신뢰하지 않고, 기분이 좋지 못하다. 그녀는 우리의 가정, 아이들, 동물들, 그녀의 신체적인 활동 등 상황들과 아주 연결되어 있었다. 그러나 이제 그녀는 리듬을 잃어버린 듯하다. 내가 그녀를 망치는 데 큰 역할을 했다는 것을 확신하며, 나는 그것에 죄책감을 느낀다. 나는 오직 그녀가 내가 왜 그렇게 할 수밖에 없었는지를 이해해 주길 바랄 뿐이다.

그녀: (지팡이의 7) 나는 남편을 방어적이면서도 투쟁적인 사람으로 본다. 그러나 그는 그런 힘과 나에 대한 지배를 순화시키려고 애쓰고 노력한다. 그러나 그에 대한 신뢰는 점점 희박하다. 그는 이전처럼 그의 의견을 강압적으로 세우지 않을 것이며, 더 잘할 것이라 단언한다. 그러나 나는 완고함과 나와의 관계에서 그 자신의 위치를 지키려고 하기 때문에 여전히 지배를 하려 함을 느낀다.

기 대

그: (역방향의 지팡이의 7) 내가 이전처럼 계속 방어적이며 호전적일 것에 두려움을 느낀다. 바로 이것이 자신을 보호하는 방법이다. 나는 고집

이 세다. 그러나 나는 단지 과거의 재연임을 깨닫고, 나는 죽은 사람이다. 나는 필사적으로 새로운 기술을 강하게 실천하며, 소신을 실행하고, 구두로 세련되게 나의 필요성을 설명하기를 희망한다. 그리고 그녀가 정서적인 요구로 나를 화나게 할 때, 다투지 않기를 희망한다. 나는 그녀가 이번에 시험할 것이라고 기대한다. 나는 오직 그 공격에 준비되기만을 희망할 수 있다.

그녀: (지팡이의 페이지) 나의 희망은 전 남편보다 더 젊고, 친절하며, 부드러운 사람을 만나는 것이다. 그는 의지가 강하고, 카리스마가 있으며, 모험적이고 당연히 성적 매력이 넘치지만, 나의 폭력적인 남편처럼 지배적이고, 충동적이며, 권력을 휘두르려고 하지 않는다. 나는 그저 지루한 남자에게는 끌리지 않는다. 그러나 물론 나의 두려움은 적절한 어린 시종과 같은 남자가 나의 남편처럼 똑같이 공격적이며 지배적인 남성으로 변하게 될지도 모른다는 것이다. 그것은 나를 다시 불태우는 것이며, 심지어 이번에는 나를 죽일지도 모른다. (그것이 나의 카르마와 같은 것이 아닐까?) 그리고 결국 다시 나는 우울해질 것이며, 길을 잃고, 가정 없이 죽게 될 것이다.

결과

그: (역방향의 탑) 운명의 힘은 내가 신념들과 나의 과거의 갑옷으로 입혀진 '상아빛' 탑의 행동들을 한다면 더 이상 살아갈 수 없다고 제안한다. 실질적으로 나의 폭력적인 자아를 멈추고 죽임으로 급진적이고 신속한 출발을 하지 않는다면, 나의 가정은 정말로 부서질 것이다. 내가 할 수 없다면, 방어적인 성격의 벽 안에 가혹하게 가두어 고통받고, 비난받을 것이다. 나는 자신의 피해자와 희생자가 될 것이다.

그녀: (컵의 7) 나의 미래의 운명적인 힘은 앞으로 더 불명확하게 다가온다. 지시하는 많은 사항과 가능성이 있을 것이다. 나는 우유부단과 심사

숙고, 정서적인 유혹에 상처받기 쉬울 것 같다. 나는 좋은 선택을 할 것이고, 나쁜 것은 재빨리 포기할 것이다. 그 밖의 것은 나 자신을 마비시킬 것이고 혼란으로 당황하게 만들 것이다.

선물과 안내(오라클이 말한다)

역방향의 은둔자에게: (컵의 10) 그들이 당신에게 선물로 준 글귀에 대해 성찰하라―"사랑, 상상, 그리고 모든 기쁨은 당신에게 선물로 올 것이다. 삶은 행복을 가져오고, 그저 고통의 부재만 있는 것은 아니다. 가정의 행복은 그러한 사태에서 귀중한 자질들을 자각하는 것에 기초로 한다." [레이철 폴락의 글 중에서]

기사의 숙녀에게: (황제) 그들이 당신에게 주는 안내의 글귀들을 성찰하라.―"건강한 사회의 확립된 구조를 따르라. 그러면 안정과 선행이 따를 것이다. 현실에 관한 확실한 이해를 찾아라. 그리고 당신의 일 중에서 순리와 친절을 창조하라." [상게서]

그렇게 역방향의 은둔자와 기사의 숙녀는 이야기했다.

참고 문헌

Ammann, R. (1991) *Healing and Transformation in Sandplay;* [in foreword by Donald Sandner], Open Court, La Salle, IL.

Anonymous (1985). *Meditions on the Tarot;* Element Classic Editions, MA.

Atamanspacher, H. and Primas, H. (1996). *The Hidden Side of Wolfgang Pauli [Journal of Consciousness Studies,* Vol. 3, No.2]; Imprint Academic, USA.

Arrien, Andgeles (1987). *The Tarot Handbook: Practical Applications of Ancient Visual Symbols;* Arcus Publishing Company, Sonoma, CA.

_____. (1993). *The Four Fold Way: Walking the Paths of the Warrior, Teacher, Healer and Visionary;* Harper, San Francisco.

Bakan, David (1958). *Sigmund Freud and the Jewish Mystical Tradition;* D. Van Norstrand, Princeton, NJ.

Bowker, John (editor) (1997). *The Oxford Dictionary of World Religions;* Oxford University Press, Oxford, U.K.

Buryn (Ed) (1995). *The William Blake Tarot;* Harper, San Francisco.

Butler, Bill. (1975). *Dictionary of the Tarot;* Schoken Books, New York.

Callahan, Roger J. and Callahan, Joanne (1996). *Thought Field Therapy^{Tm};* Indian Wells, CA.

Chalmers, David J. (1996). *The Conscious Mind: In Search of a Fundamental Theory;* Oxford University Press, New York.

Cirlot, J. E. (1962). *A Dictionary of Symbols (Second Edition);* Routledge & Kegan Paul, London.

Corbett, Lionel (1996). *The Religious Function of the Psyche;* Routledge, London.

Crowley, Aleister (1969) [Originally published in 1944]. *The Book of Thoth: A Short Essay On The Tarot of the Egyptians;* Samuel Weiser, York Beach, ME.

Diagnostic and Statistical Manual of Mental Disorders [Fourth Edition] (1994); American Psychiatric Association, Washington, DC.

Dunne, J. W. (1927). *An Experiment with Time;* Faber and Faber Ltd, London.

DuQuette, Lon Milo (1997). *Angels, Demons & Gods of the New Millennium: Musings on Modern Magick;* Samuel Weiser, Inc., York Beach, ME.

Edinger, Edward F. (1984). *The Creation of Consciousness: Jung's Myth for Modern Man;* Inner City Books, Toronto.

Ethnographic Portraits: The Inupiat Eskimo of Arctic Alaska; Internet: http:www.lib.uconn.edu/ArcticCircle/CulturalViability/Inupiat/1800s.html.

Fairbairn, W. R. D. (1952). *Psychoanalytic Studies of the Personality;* Tavistock Publications and Kegan Paul, Trench, & Trubner, London.

Fairfield, Gail (1985). *Choice Centered Tarot;* Newcastle Publishing Co., North Hollywood, CA.

Feng, Gia-Fu, and English, Jane (1972). *Lao Tsu: Tao Te Ching;* Vintage Books, New York.

Frank, J. D. (1973, 2nd edition). *Healing and Persuasion;* Johns Hopkins University Press, Baltimore.

Freud, S. (1964) [Original work published 1933]. *New Introductory Lectures* (Standard Edition), Hogarth, London.

Fishman, D. B., and Franks, C. M. (1992). *Evolution and Differentiation Within Behavior Therapy: A Theoretical and Epistemological Review.* In D. K. Freedheim (Ed.), *History of Psychotherapy: A Century of Change;* American Psychological Association, Washington, DC.

Fortune, Dion (1977) [Original published in England, in 1935]. *The Mystical Qabalah,* Samuel Weiser, Inc., York Beach, ME.

Gallagher, Shaum (1997); [Editor' s Introduction] *Journal of Consciousness Studies;* Vol 4, No. 5–6 (*Models of the Self*), pp. 399–405, World Copyright, Imprint Academic, Thoverton, U.K.

Getting, F. (1980). *Fate & Prediction: An Historical Compendium of Palmisry, Astrology, and Tarot;* Exeter, New York.

Giles, Cynthia, (1992). *The Tarot: History, Mystery, and Lore;* Simon and Schuster (Fireside) New York.

Greer, Mary K. (1988). *Tarot Mirrors: Reflections of Personal Meaning,* Newcastle Publishing co, North Hollywood.

_____. (1995) *Women of the Golden Dawn: Rebels and Priestesses;* Park Street Press, Rochester, Vermont,

_____. (1987) *Tarot Constellations: Patterns of Personal Destiny;* Newcastle Publishing Co, North Hollywood.

_____. (1984) *Tarot for Yourself: A Workbook for Personal Transformation;* Newcastle Publishing Co, North Hollywood.

Hall, James A. (1986). *The Jungian Experience;* Inner City Books, Toronto, Canada

_____. "Religious Images in Dreams" (1979). *Journal of Religion and Health* [18(4); 327–335].

Hillman, James (1995). "A Psyche the Size of the Earth" in Roszak, Theodore, Gomes, Mary E., Kanner, Allen D., *Ecopsychology: Restoring the Earth/ Healing the Mind*; Sierra Club Books, San Francisco.

_____, and Ventura, Michael (1992). *We ve Had A Hundred Years Of Psychotherapy and the World's Getting Worse*; Harper, San Francisco.

Jahn, Robert, and Dunne, Brenda (1987). *Margins of Reality: The Role of Consciousness in the Physical World*; Harcourt, Brace, Jovanovich, New York.

Johnson, Cait and Shaw, Maura D. (1994). *Tarot Games:45 Playful Ways to Explore Tarot Cards Together: A New Vision for the Circle of Community*; Harper San Francisco.

Johnson, Robert A. (1986). *Innerwork: Using Dreams & Active Imagination for Personal Growth*; Harper & Row, New York.

Jung, C. G. (1953–1979). *The Collected Works* (Bollingen Series XX, 20 Volumes); Trans. R.F.C. Hull, Trans; H. Read, M. Fordham, G. Adler, & W. McGuire, Eds.; Princeton University Press, Princeton, NJ.

____.Volume VI: *Psychological Types* ((1921)).

____.Volume VII (Part Ⅰ): *Two Essays on Analytical Psychology* (1926, 1928).

____.Volume VIII: *The Structure and Dynamics of the Psyche* (1947/54, 1952).

____.Volume IX: (Part Ⅰ): *The Archetypes and the Collective Unconscious* (1934/1950).

____.Volume XI: *Psychology and Religion: West and East* (1938, 1943, 1944, 1950).

____.Volume XV: *The Spirit in Man, Art, and Literature* (1930).

Jung, C. G. (1973). *Letters: 1906–1950*. Princeton University Press, Princeton,

NJ.

Jung, Carl G. (1964). *Man and His Symbols,* Doubleday & Company Inc., Garden City, NY.

Jung, C. G. (1961). *Memories, Dreams, Reflections;* Vintage Books, Random House, New York.

Jung, C. G. [edited by Joseph Campbell] (1975). *The Portable Jung;* Viking Penguin, New York.

Karasu, T. B. (1986). "The Specificity Versus Nonspecificity Dilemma: Toward Identifying Therapeutic Change Agents." *American Journal of Psychiatry,* 143, 687-695.

Kalff, Dora M. (1980). *Sandplay: A Psychotherapeutic Approach to the Psyche;* Sigo Press, Boston.

Kellog, Joan (1978). *Mandala: Path of Beauty;* ATMA, Inc., Belleair, FL.

Kendall, P. C., and Bemis, K. M. (1983). *Thought and Action in Psychotherapy: The Cognitive Behavioral Approaches.* [In M. Hersen, A. E. Kazdin, & A. S. Bellak(Eds.), *The Clinical Psychology Handbook* (pp. 565-592); Pergamon Press, Elmsford, NY.

Konrad, Sandor (1985). *Classic Tarot Spreads;* Whitford Press, Atglen, PA.

London, P. (1986). *The Modes and Morals of Psychotherapy* (second edition); Hemisphere, Washington D.C.

Mansfield, Victor (1995). *Synchronicity, Science, and Soul-Making,* Open Count, La Salle, IL.

Metzner, Ralph (1971). *Maps of Consciosness;* Collier Books, New York.

Mitchell, Stephen (1991). *The Enlightened Mind;* Harper Perennial, New York.

Needham, Rodney (1987). *Counterpoints;* University of California Press, London.

Newman, Kenneth, D. (1983). *The Tarot: A Myth of Male Initiation;* a Quadrant Monograph [published by the C.G. Jung Foundation for

Analytical Psychology, New York.

Nichols, Sallie (1980). *Jung and Tarot: An Archetypal Journey;* Samuel Weiser Inc, York Beach, ME.

Ogden, C. K. (1967). *Opposition: A Linguistic and Psychological Analysis;* Indiana University Press.

O' Neill, Robert V. (1986). *Tarot symbolism;* Fairway Press, Lima, OH.

Otto, Rudolf (1917, 1923). *The Idea of the Holy;* Oxford Press, London.

Ouspensky, P. D. (1976). *The Symbolism of Tarot: Philosophy of Occultism in Pictures and Numbers,* Dover, New York.

Peat, F. David (1987). *Synchronicity: The Bridge Between Matter and Mind;* Bantam, New York.

Pollack, Rachel (1980). *Seventy-Eight Degrees of Wisdom* (Part I): *The Major Arcana;* Aquarian Press Limited, Wellingborough, Northhamptonshire, U. K.

___. Part 2 *Seventy-Eight Degrees of Wisdom: The Minor Arcana* (1983).

Progoff, Ira (1973). *Jung, Synchronicity, and Human Destiny;* Delta Publishing Co., New York.

Reber, Arthur, S. (1985). *Dictionary of Psychology;* Penguin Books, London.

Riley, Jana (1995). *Tarot Dictionary and Compendium;* Samuel Weiser, York Beach, ME.

Ritsema, Rudolf and Karcher, Stephen [translators] (1984). *I Ching: The Classic Chinese Oracle of Change,* Element Books Limited, Great Britain.

Roberts, Richard, and Campbell, Joseph (1982). *Tarot Revelations;* Vernal Equinox Press, San Anselmo, CA.

Rohrig, Carl (1993). *The Rohrig Tarot Book;* Bluestar Communications, Woodside, CA.

Room, Adrian (1988). *Dictionary of Contrasting Pairs;* Routledge, London.

Rosengarten, Arthur, E. (1985). *Accessing the Unconscious, A Comparative Study of Dreams, The T.A.T. and Tarot* [doctoral dissertation]; University Microfilms International, Ann Arbor, MI.

Rosengarten, Arthur (1994). *Tarot as a Psychotherapeutic Tool;* self-published manual, Encinitas, CA [DrArt@electriciti.com].

Roszak, Theodore, Gomes, Mary E., Kanner, and Allen D. (1995). *Ecopsychology: Restoring the Earth/Healing the Mind the Mind;* Sierra Club Books, San Francisco.

Samuels, Andrew, Shorter, Bani, and Plant, Fred (1987). *A Critical Dictionary of Jungian Analysis;* Routledge & Kegan Paul Ltd, New York.

Slife, Brent (1993). *Time and Psychologicl Explanation;* SUNY Press, New York.

Snellgrove, D. L. (1959). *The Hevejra Tantra, Part* Ⅰ, Oxford University Press, London.

Streng, Frederick, J. (1967). *Emptiness: A Study in Religious Meaning.* Abingdon Press, Nashville, TN.

Vaughan, Fraces, E. (1979). *Awakening Intuition.* Anchor Doubleday, New York.

Van Eenwyk, John (1997). *Archetypes & Strange Attractors: The Chaotic World of Symbols;* Inner City Books, Toronto, Canada.

Von Franz, Marie-Louise (1980). *On Divination and Synchronicity;* Inner City Books, Toronto, Canada.

Waite, Arthur Edward (1971). *The Pictorial Key to the Tarot;* Harper & Row [originally under Rudolf Steiner Publications], New York.

Wachtel, Paul L. and Messer, Stanley B. (1997). *Theories of Psychotherapy: Origins and Evolution;* American Psychological Association, Washington, D.C.

Watts, Allan [with collaboration of Al Chung-liang Huang] (1979). *Tao: The Watercourse Way;* Pantheon Books, new York.

Wilhelm, Richard, and Baynes, Richard (1950). *I Ching or Books of Changes;* Bollingen Series XIX, Princeton University Press, NJ.

Weinrib, Estelle, L. (1983). *Images of the Self; The Sandplay Process;* Sigo Press, Boston.

Young-Eisendrath. Polly, and Hall, James A. (1991) *Jung' s Self Psychology; A Constructivist Perspective;* The Guilford Press, New York.

▶▶▶ **저자 소개**

아서 로젠가르텐은 자격을 갖춘 임상심리학자로서 지난 25년 동안 타로 리더이자 스승으로서 전문성을 발휘하였다. 그는 타로 서클을 지도하고, 캘리포니아 전역에서 심리학자들과 다른 조력 전문가들을 위한 상징과 동시성에 대한 교육 워크숍을 진행하고 있다.

▶▶▶ **역자 소개**

이선화는 교육학 박사이자 한국타로학회 초대회장으로서 미국과 인도에서 타로를 배우고 대안대학원 샨티구루쿨 타로학과에서 타로의 지혜를 전수하고 있다. 한국상담학회 수련감독전문상담사, 한국상담심리학회 1급 상담전문가다. 논문으로는 「상담 장면에서 타로의 적용 가능성」「타로에 대한 심리학적 이해와 상담자의 역할」이 있고, 역서로는 『타로 카드 100배 즐기기』『타로의 지혜』『오쇼의 변형/변형 타로 덱』이 있다.

타로와 심리학 -가능성의 스펙트럼-

2010년 8월 20일 1판 1쇄 발행
2022년 11월 25일 1판 5쇄 발행

지은이 • 아서 로젠가르텐
옮긴이 • 이 선 화
펴낸이 • 김 진 환
펴낸곳 • (주)**학지사**

04031 서울특별시 마포구 양화로 15길 20 마인드월드빌딩 5층
대표전화 • 02) 330-5114 팩스 • 02) 324-2345

등록번호 • 제313-2006-000265호

홈페이지 • http://www.hakjisa.co.kr
페이스북 • https://www.facebook.com/hakjisabook

ISBN 978-89-6330-443-4 93180

정가 **15,000원**

출판미디어기업 **학지사**

간호보건의학출판 **학지사메디컬** www.hakjisamd.co.kr
심리검사연구소 **인싸이트** www.inpsyt.co.kr
학술논문서비스 **뉴논문** www.newnonmun.com
원격교육연수원 **카운피아** www.counpia.com